名师名校名校长

凝聚名师共识
回应名师关怀
打造名师品牌
培育名师群体

"天山英才"教育教学名师培养计划

让初中的数学更"友好"

李 刚 / 编著

哈尔滨出版社

HARBIN PUBLISHING HOUSE

图书在版编目（CIP）数据

让初中的数学更"友好" / 李刚编著 . -- 哈尔滨：
哈尔滨出版社, 2024. 10. -- ISBN 978-7-5484-8228-4

Ⅰ. G633.602

中国国家版本馆CIP数据核字第20247E6N34号

书　　名：让初中的数学更"友好"
RANG CHUZHONG DE SHUXUE GENG "YOUHAO"

作　　者：李　刚　编著
责任编辑：孙　迪
封面设计：姜　龙

出版发行：哈尔滨出版社（Harbin Publishing House）
社　　址：哈尔滨市香坊区泰山路82-9号　　邮编：150090
经　　销：全国新华书店
印　　刷：北京虎彩文化传播有限公司
网　　址：www.hrbcbs.com
E-mail：hrbcbs@yeah.net
编辑版权热线：（0451）87900271　87900272
销售热线：（0451）87900202　87900203

开　　本：710mm×1000mm　　1/16　　印张：15　　字数：250千字
版　　次：2024年10月第1版
印　　次：2024年10月第1次印刷
书　　号：ISBN 978-7-5484-8228-4
定　　价：58.00元

凡购本社图书发现印装错误，请与本社印制部联系调换。

服务热线：（0451）87900279

目 录

上篇　教之遇
——探索初中数学教学的乐趣

中篇　学之识
——掌握初中数学学习的技巧

下篇 考之悉
——运用考试分析学生掌握初中数学的情况

上篇

教之遇

——探索初中数学教学的乐趣

"矩形"的说课稿

——"卡西欧杯"第六届全国初中青年数学教师优秀课观摩与评比活动"说课"一等奖作品

新疆昌吉回族自治州第一中学　李刚

　　承蒙学校教研组同事的帮助，以及校领导、各级教研员的栽培，本人得以有机会在 2008 年 11 月于广西桂林参加"卡西欧杯"第六届全国初中青年数学教师优秀课观摩与评比活动。在参加活动的过程中，除了获得"说课"一等奖带来的欣喜和受到的激励外，能够参加两年一届的全国中学数学教育界的盛会，获得宝贵的交流与学习的机会才是此生难得的，本人感觉作为初中数学教师的专业视野和格局都得到了巨大的提升。

　　以下是参加本次大赛的说课稿，作品凝练了当时作为青年数学教师仅有的全部的专业积累，体现了本人尚显青涩的数学观、教材观和学生观。其中难免存在很多有待商榷的地方甚至是不足之处。

说课稿

　　各位专家、各位同人，大家好，我说课的内容是：人教版八年级下册、第十八章、第二节：特殊的平行四边形——矩形。下面分别从教材处理、学习目标、教学重难点、教学过程四个方面向大家介绍设计思路。

一、教材处理

（一）教材的地位和作用

本节课的主要内容是：矩形的定义、性质及其一个推论。是以前一阶段"平行四边形的定义、性质、判定方法"的探究为基础，进行条件的进一步特殊化的后续的学习，是这条"四边形—平行四边形—矩形及菱形—正方形"，体现"一个图形不断特殊化"规律的定义链中重要的一环；同时也是通过经历"探索—发现—猜想—证明"的过程，巩固学生从合情推理递进到演绎推理的意识和向学生渗透"转化"思想的难得契机。本节课以及后续的层层递进的学习，必将有利于学生系统化和条理化地掌握四边形知识。

（二）教材的重组

（1）在探索矩形性质的环节中，我用几何画板课件演示平行四边形向矩形的变形过程，并显示边、角、对角线在连续变化过程中的实时数值。以此来代替教材中的加两根表示对角线的橡皮筋的平行四边形活动框架的实物演示。

（2）在得出性质后，及时补充了教材中所没有的针对矩形特有的和不具有的性质的概念性练习题。

（3）将教材中"推论的推导"和"例1"的教学顺序互换，使"例1"的教学环节前置。

（4）将"例1"中的第（1）问改为"一题多解"。

（5）在"例1"后紧接着安排一道教材中所没有的、针对"例1"所总结的解题经验的变式训练。

（6）在探究完"直角三角形斜边上的中线等于斜边的一半"这一推论后，放弃了教材中所提供的练习题，而是安排了两道能将这一推论和前一章刚学过的勾股定理相结合的习题。

二、学习目标

（一）知识与技能

（1）能理解在平行四边形的基础之上定义矩形。

（2）经历矩形性质的探究过程，掌握矩形的性质。

（二）数学思考

（1）体会"四边形—平行四边形—矩形"的层层特殊化的过程。

（2）通过观察、实验、猜想、验证、推理、交流等数学活动，进一步发展学生从合情推理到演绎推理的思维能力，以及即时运用新知识解决新问题的意识和能力。

（三）解决问题

（1）能利用矩形的性质进行有关矩形的边、角、对角线的计算和推理，并获得一些解题技巧。

（2）能将矩形问题化归到直角三角形中，并灵活应用"勾股定理""30°角所对直角边等于斜边一半""直角三角形斜边上的中线等于斜边的一半"三个结论来解决问题。

（四）情感态度

通过探究活动激发学生的学习兴趣，渗透转化思想，学会类比的研究方法，体会矩形的内在美和应用美。

三、教学重难点

重点：矩形的性质及其应用。

难点：灵活应用矩形的定义和性质解决问题。

四、教学过程

活动一：演示特殊化过程，引入课题

这个环节中，我用几何画板课件演示：一方面，平行四边形在向矩形的变形过程中，平行四边形这个基础始终保持；另一方面，当∠A＝90°时，变为小学阶段所熟知的特殊图形——长方形（在中学阶段我们叫作"矩形"），这样就完成了课题的引入。

设计意图：①追求一种自然、简捷、回归数学本质的引课方式。②追求"一箭双雕"的效果：既让学生明白了今天研究什么问题，为什么要研究这个问题；又让学生通过感受"一个内角是90°"这一条件的特殊性，使得学生在下一步中能自然、顺利地得出矩形的定义。

活动二：得出定义

学生在刚才的引课演示中，很顺利地自己归纳得出矩形的定义，充分地体会到这样定义的合理性和必然性。同时这里强化两个意识：一是先要给出定义的必要性，体现几何图形学习的一般顺序：定义—性质—判定—应用；二是图形的性质以及判定方法和一些后续的结论，实际上都是以定义为最根本的依据，特别是定义往往就是第一条判定方法。

活动三：矩形性质的探究

第一阶段：学生通过观察课件演示平行四边形特殊变化到矩形的过程中显示的两组对边、四个内角、两条对角线中不变的量和变化的量的规律及最终结果，类比平行四边形的规律，按边—角—对角线的顺序自行给出矩形性质的猜想，并进行了严格的证明。第二阶段：趁热打铁，提供了用于区分矩形和平行四边形的概念从属关系的小练习。

设计意图：第一，几何画板课件直观、生动地提供了特殊化过程中不变的量和变化的量，与矩形所具有的平行四边形的一般性质和它特有性质的这种对应的现象。这样做有利于诱导学生主动去经历：发现—实验—猜想—证明的探究过程。第二，小练习升华和深化了概念的理解，并强化学生用反例来否定一个命题的意识。

活动四：矩形性质的应用

立足于教材，而又不拘泥于教材，将教材中的例题改编成一题多解。

设计意图：从多个角度获得矩形问题的图形规律和解题经验。如学生通过总结获得"矩形的对角线把矩形分成两对全等的等腰三角形"的结论，可在一定程度上为下次解决此类问题节省思维时间，符合理解概念—掌握原理—形成方法的数学能力发展观。

活动五：变式训练

众所周知，我国义务教育阶段"双基"教育扎实的成果为世界各国所肯定，这里特别安排了一个加强解题经验的变式训练。学生通过证明：$\triangle ABE \cong \triangle AOE$ 得出 $AB = AO$，结合上面例题中总结的"矩形的对角线把矩形分成两对全等的等腰三角形"这一结论所得的 $AO = BO$，从而得出等边三角形 AOB，使问题关键点"一突而破"。整个过程采用学生独立思考和小组交流活动相结合的方式解决问题。

设计意图：一是使学生运用矩形性质和总结的解题经验去解决问题的能力得到强化。二是在学生活动上体现两个"适当"的理念：一个是"适当的难度"，一个是"适当的时机"。"适当的难度"可形容为"抛出那种让人非得使劲儿跳一下才能够得着的问题"；"适当的时机"是指：必须让学生先经过一定的独立思考，再去交流和补充想法，而不是一上来就讨论。三是注重板书，无论现代教育手段发展得多么先进，教师板书的示范对引导学生进行几何推理的严谨性、条理性，体现数学推理的过程美和逻辑美的作用，都是永远无法被代替的。

活动六：推论的发现和应用

第一阶段，利用课件呈现对图形逐层且形象直观的拆解过程，从"矩形的对角线的关系"中抽象出直角三角形"斜边与斜边上的中线关系"，从而帮助学生能顺利地探究出这一结论；第二阶段，安排两道对推论的巩固练习：一个是利用斜边求中线，一个是根据中线求斜边，而且两者都要用到上一章刚学过的"勾股定理"。

设计意图：一方面，这使学生获得了一次"利用'化归'思想，借助矩形性质研究直角三角形，创造性地发现新问题"的典型体验；另一方面，使学生感受到直角三角形中有很丰富的问题，并拓宽了学生解决直角三角形问题的渠道。

活动七：课堂小结

尝试用写"课堂随笔"的形式进行课堂小结。

设计意图：我们昌吉回族自治州第一中学初中数学组正在实验并推行让学生每天完成当天的作业后，在作业本上写数学日记，收到了不错的效果。所以我又在课堂小结上进行类似的尝试：第一，不必让学生去背诵本节课的知识点和概念；第二，让学生自我反思自己的听课效率和自己的注意力峰值点，改进听课方法；第三，让学生去归纳、提炼有用的数学方法、数学思想才是课堂教学效果追求的最高境界；第四，让学生最后就自己本节课学习中的疑惑提出问题，爱因斯坦说过："提出问题往往比解决问题更为重要"；第五，让学生当堂写下来，克服不善表达的缺点，更有助于学生整理思路，避免说后就忘。

以上是我对本节课的设计和过程的说明，请各位多多指教。

厘清教材逻辑　让教与学更自然

——"一次函数的图象和性质"教学实践

新疆昌吉回族自治州第一中学　李刚

数学教学要让学生从整体上把握数学概念和数学思想。于是，就需要有"整体"的教学设计。只注重定理本身的展开，而不考虑与其他相关知识的联系，这就造成了人为的知识割裂。笔者已从事初中数学教学多年，每到一次函数的章节，凭借"一条主线"——抽象函数模型→概括函数定义→画出函数图象→研究函数性质→应用函数知识，"两个翅膀"——"数"和"形"，注重数学思想的揭示和数学活动经验的积累，师生的教与学都能得心应手。但对于"一次函数的图象和性质"这一节总觉得似有懵懂，因而从未停止探索。

本轮教学中，我和备课组的同人反复斟酌后，把"19.2.2 一次函数"这一小单元划分为 3 个课时：一次函数的概念、一次函数的图象和性质、一次函数的应用（含待定系数法），对"一次函数的图象和性质"这一课时进行了重点突破。结合对《义务教育数学课程标准（2011 年版）》［以下简称《课标（2011 年版）》］的深度学习，达成了基于"整体建构"的教学共识：在数形互换的主线统摄下，以画"k 不变、b 变"图象→确立平移关系→基于平移由 $y = kx$ 的图象推理 $y = kx + b$ 的图象→改进为两点法画图→画"k 变、b 不变"图象→数形结合分析规律→概括图象和性质→性质应用，以这一脉络展开教学，最终形成 k 和 b 在几何意义和代数意义两方面的整体认知，在实践中取得了比较好的效果。

一、目标叙写

（1）绝大部分学生能熟练选取合适的两点画出一次函数的图象。

（2）通过结构化的探究过程，学生能自由转换，并叙述一次函数图象平移的"数"和"形"的意义。

（3）通过建立"k 不变、b 变"的几何直观，大部分学生会做一次函数图象平移的变式训练。

（4）通过"k 变、b 不变"的画图、对比，学生能从"数"和"形"两个角度尝试说出一次函数的性质。

（5）大部分学生能依据一次函数的增减性，进行图象上两点坐标大小的比较。

（6）大部分学生能结合 k、b 描述图象的大致位置，也能由大致位置判断 k、b 的符号。

二、基于"k 不变、b 变"的几何直观，确立 $y = kx + b$ 与 $y = kx$ 图象的平移关系

（一）师生合作，尝试画图

问题 1：在同一坐标系内画出函数 $y = -6x$ 与 $y = -6x + 5$ 的图象，首次尝试画一个函数的图象，列对应值表取点时应注意什么？

生 1：适当多取一些点。

生 2：一般正、负自变量都要取值，尽量取便于计算的，具体见表1。

表 1　问题 1 函数记录表

x	…	-2	-1	0	1	2	…
$y = -6x$	…	12	6	0	-6	-12	…
$y = -6x + 5$	…	17	11	5	-1	-7	…

（二）问题递进，聚焦平移

问题 2：回答以下问题。

（1）如图 1 所示，这两个函数的图象有什么共同点？它们的倾斜程度如何？

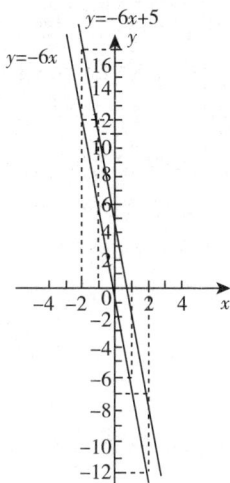

图1　问题1图象

（2）函数 $y = -6x + 5$ 的图象与 y 轴的交点坐标是什么？直线 $y = -6x + 5$ 和直线 $y = -6x$ 存在怎样的变换关系？

（3）比较两个函数的解析式，并观察对应值表，你能发现两个函数图象存在的这种变换关系的原理吗？

（4）基于上述，你能猜想函数 $y = -6x - 3$ 的图象和位置吗？它与 y 轴的交点坐标是什么？为什么？

（5）一般地，一次函数 $y = kx + b$ （$k \neq 0$）的图象与 y 轴的交点坐标是什么？

（6）进而联想：一次函数 $y = kx + b$ （$k \neq 0$）的图象与函数 $y = kx$ 的图象之间的关系。

（学生思考 2 分钟，交流 2 分钟）

生1：这两条直线互相平行，说明它们的倾斜程度一样。

生2：$y = -6x + 5$ 的图象与 y 轴的交点坐标是（0，5），直线 $y = -6x + 5$ 可以看作是由直线 $y = -6x$ 向上平移 5 个单位得到的。

生3：每取一个 x 的值，$y = -6x + 5$ 总比 $y = -6x$ 对应的函数值大5。在同一坐标系中，当横坐标相同，函数 $y = -6x + 5$ 会比函数 $y = -6x$ 对应点的位置高出 5 个单位。所以将函数 $y = -6x$ 的图象向上平移 5 个单位就得到了函数 $y = -6x + 5$ 的图象。

生4：每取一个 x 的值，$y = -6x - 3$ 总比 $y = -6x$ 对应的函数值小 3，故猜想函数 $y = -6x - 3$ 的图象可以由函数 $y = -6x$ 的图象向下平移 3 个单位得到。函数 $y = -6x$ 的图象经过原点，所以函数 $y = -6x - 3$ 的图象与 y 轴的交点坐标是（0，-3）。

生5：一次函数 $y = kx + b$ 与 y 轴的交点坐标是（0，b）。

生6：一般地，函数 $y = kx + b$ 与函数 $y = kx$ 的图象平行，函数 $y = kx + b$ 的图象可以看作是由函数 $y = kx$ 的图象平移而来。

师追问：具体是怎样平移的？

生7：要分两种情况。当 $b > 0$ 时，向上平移 b 个单位；当 $b < 0$ 时，向下平移 $|b|$ 个单位。

教师引导学生，归纳得出一次函数图象平移的规律。

（三）结论的内涵和外延

问题 **3**：回答以下两个问题。

（1）两个一次函数的解析式满足 k 的值相等时，它们的图象平行，反之可以得到什么结论？

（2）由一次函数解析式中 b 的正负号，可以得到它的图象怎样的信息？反之呢？

生1：若两个一次函数的 k 值相等，则图象平行（倾斜程度相同）；反之，若两个一次函数的图象平行（倾斜程度相同），则 k 值相等。

生2：当 $b > 0$ 时，图象与 y 轴交于正半轴；当 $b < 0$ 时，图象与 y 轴交于负半轴。反之，由图象与 y 轴交点的位置也可以确定 b 的符号。

设计意图：学生经历了完整的动手、动眼、动脑、动口的探究过程，问题驱动层层递进，使"问题驱动结构化"。涂荣豹教授主张"每课问题结构化"：要提出一系列问题，而这些问题要引领导向、环环相扣、形成结构、逐个解决，这样来推进教学。经过对结论内涵和外延的分析，延伸得出平移规律：①"平行"（$k \neq 0$）则"k 值相等"；②b 的值与图象和 y 轴交点之间的数形转换关系。

（四）由"数"到"形"

例 **1**：（由人教版八年级下册数学教材 93 页"练习"第 2 题改编）叙述以下每组函数图象之间的平移关系：

（1）$y = x - 1$，$y = x$，$y = x + 1$；

（2）$y = -2x - 1$，$y = -2x$，$y = -2x + 1$。

生1：函数 $y = x - 1$ 和 $y = x + 1$ 可以由函数 $y = x$ 分别向下和向上平移 1 个

单位得到。

生 2：函数 $y = -2x - 1$ 和 $y = -2x + 1$ 可以由函数 $y = -2x$ 分别向下和向上平移 1 个单位得到。

生 3：将函数 $y = x + 1$ 分别向下平移 1 个、2 个单位可以得到函数 $y = x$ 和 $y = x - 1$；将函数 $y = -2x - 1$ 分别向上平移 1 个、2 个单位可以得到函数 $y = -2x$ 和 $y = -2x + 1$。

设计意图：教材上没有提供图象平移的例题，而一次函数图象的平移，对于动态地认识其与正比例函数概念的关系，以及后面的用平移法求解析式都非常重要，故而将课后练习改编为例题。

（五）由"形"到"数"

例 2：如果直线 $y = (m + 1) x + 2$ 与直线 $y = -2x - 1$ 平行，则 k 的值为_____。

设计意图：这道题是逆用平移规律求解析式，可以发展学生的逆向思维，使学生更深刻地理解一次函数图象的平移关系。

（六）依据平移，"两点"画图

问题 4：在同一坐标系内画出函数 $y = 2x - 1$ 与 $y = -0.5x + 1$ 的图象，既然一次函数 $y = kx + b$ 的图象是由直线 $y = kx$ 平移得来的，那么函数 $y = kx + b$ 的图象是什么图形？我们能否更简便地画出它们？具体见表 2，如图 2 所示。

表 2　问题 4 函数记录表

x	…	0	1	…
$y = 2x - 1$	…	-1	1	…
$y = -0.5x + 1$	…	1	0.5	…

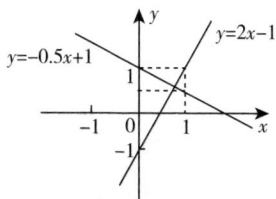

图 2　问题 4 图象

生：函数 $y = kx + b$ 的图象是直线，描点时各取两个点。

师：为什么？

生：根据"两点确定一条直线"。

师：取哪两个点好算？

生：分别取 $x = 0$ 和 $x = 1$ 时的点。

设计意图：师生合作画图是为了让学生在作图的原理认知上与教师同步，后续的作图练习则由学生独立完成。通过画这两个函数图象，既巩固了"两点式"画一次函数图象的技能，又为下一环节的探究提供了"几何直观"。

（七）"k 变、b 不变"学生作图

同学们在学案上的平面直角坐标系中，分别画出下面两组一次函数的图象：

（1）$y = x + 1$ 和 $y = -x + 1$；

（2）$y = 2x + 1$ 和 $y = -2x + 1$。（图略）

（八）由"形"到"数"概括性质

问题5：结合你自己画的以及例1中的图象，一次函数解析式中 k 的正负号与函数的图象之间是否存在规律？

生：当 $k > 0$ 时，直线 $y = kx + b$ 从左向右上升；当 $k < 0$ 时，直线 $y = kx + b$ 从左向右下降。

师：从左往右看，上升线上各点的纵坐标如何变化？下降线上呢？

生：从左往右看，上升线上各点的纵坐标逐渐增大；下降线上各点的纵坐标逐渐减小。

师：这样，我们就得出了一次函数 $y = kx + b$（$k \neq 0$）的性质。

（九）性质的内涵和外延

内涵：$k > 0$ 时图象是上升线（图象中 $y > 0$ 的部分与 x 轴的正方向夹角为锐角），$k < 0$ 时图象是下降线（图象中 $y > 0$ 的部分与 x 轴的正方向夹角为钝角）。

外延：直线 $y = kx + b$ 有两个点 (x_1, y_1) 和 (x_2, y_2)。当 $k > 0$ 时，若 $x_1 > x_2$，则 $y_1 > y_2$（x，y 大小关系一致）；当 $k < 0$ 时，若 $x_1 > x_2$，则 $y_1 < y_2$（x，y 大小关系相反）。

例3：在平面直角坐标系中，已知一次函数 $y = x - 1$ 的图象经过 $P_1 (x_1, y_1)$，$P_2 (x_2, y_2)$ 两点，若 $x_1 < x_2$，则 y_1 _____ y_2。

设计意图：这里采取从"形"到"数"的分步探究，给予学生"数""形"结合的明确指向，有助于数形结合思想的内化。对性质的内涵与外延的分析以及例3的安排，是从不同角度来阐释这一命题，有助于学生形成一次函数性质的命题域。

三、"k，b"综合运用，"数""形"整体认知

（一）从"数"到"形"的运用

填写表3。

表3　解析式规律分析表

直线解析式	上升/下降	与y轴交点坐标	经过的象限
$y = \dfrac{1}{2}x - 1$			
$y = 3x + 2$			
$y = -x + 1.2$			
$y = -3x - 3$			

（二）从"形"到"数"的运用

例4：如图3所示，由下列一次函数大致图象判断k，b的符号。

（1）k ＿＿＿＿ 0；（2）k ＿＿＿＿ 0；（3）k ＿＿＿＿ 0；（4）k ＿＿＿＿ 0；

（1）b ＿＿＿＿ 0；（2）b ＿＿＿＿ 0；（3）b ＿＿＿＿ 0；（4）b ＿＿＿＿ 0。

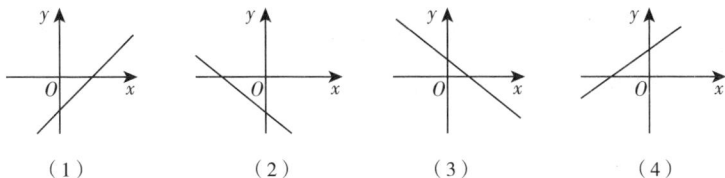

图3　例4图

设计意图：这里对教材再创造，对k，b参数分步研究后，将平移和一次函数性质的结论整合，综合运用才能形成数形结合的完整能力。

四、迁移应用，完善认知结构

例5：已知函数$y = (2m + 4)x + m - 3$，求：

（1）当m为何值时，y随x的增大而增大？

（2）当m为何值时，图象与y轴的交点在x轴下方？

（3）当m为何值时，函数图象经过原点？

（4）当m为何值时，该函数的图象平行于函数$y = -2x$的图象？

（5）当 m 为何值时，函数图象不经过第二象限？

设计意图： 在接近尾声之时，这一一题多问、综合变式的训练，几乎涵盖了本节课所有知识点的运用，学生经历了丰富的问题表征、数形转换、问题迁移的过程，又灵活地提取认知体系中的有用信息，促使其形成一次函数性质完整的知识体系。

五、课后反思

《课标（2011 年版）》对此明确了"能画出一次函数的图象，根据一次函数的图象和表达式 $y = kx + b$（$k \neq 0$）探索并理解 $k > 0$ 和 $k < 0$ 时，图象的变化情况"的标准，而课标上对"理解"的注解是：描述对象的特征和由来，阐述此对象与相关对象之间的区别与联系。因此，本节课的整体性主要体现在：数形结合的思想统摄全程，以"画图建立几何直观→转换代数意义"为统一模式，将 k，b 两个参数分段探究，最后整合应用，形成了一次函数图象和性质及其应用的整体认知。

参考文献：

[1] 陈锋. 数学课堂教学目标叙写的探索 [J]. 中学数学教学参考（中旬），2018（20）：60 – 62.

[2] 张奠宙，宋乃庆. 数学教育概论 [M]. 北京：高等教育出版社，2004.

[3] 涂荣豹. 数学教学设计原理的构建——教学生学会思考 [M]. 北京：科学出版社，2018.

[4] 中华人民共和国教育部. 义务教育数学课程标准（2011 年版）[M]. 北京：北京师范大学出版社，2012.

[5] 喻平. 数学学习心理的 CPFS 结构理论 [M]. 南宁：广西教育出版社，2008.

以画板思维辅助数学直觉的形成

——以"SAS"基本事实的"线上教学"为例

新疆昌吉回族自治州第一中学　李刚

笔者曾有幸参与了 2020 年秋季在新疆教育电视台面向全疆的线上教学，承担的是"三角形全等的判定"第二课时"SAS"的教学任务。要求录制该课时的净时间为 19 分 30 秒左右，建议分段录制而后剪辑合成。

一、教学任务分析

本节课的关键是在师生不能交互的条件下，怎样使学生顺其自然地接受"SAS"的基本事实。教材上提供的是用尺规作图来感受给定两边及其夹角条件下三角形的确定性。由于本学期学生没有经历手把手的指导和训练，如果用幻灯片的动画来模拟尺规作图的过程，学生可能会因缺乏利用尺规作图作一个角等于已知角的活动经验，难以形成对确定三角形形状和大小的直觉思维。因此，笔者考虑的是，如何立足更为有效的演示，引领他们凭借生活经验和形象思维进行自我模拟，达到从实验演示到结论生成浑然一体、一气呵成的效果，从而更容易地理解"SAS"这一基本事实。

笔者首先借鉴了江苏省宿迁市宿豫区第一初级中学李青老师在《中学数学教学参考》中发表的《三角形全等判定定理"SAS"的探索》一文中设计的数学实验。

二、教学设计改进

（一）原设计

师：同学们好！通过前课的学习我们已经知道，要判定两个三角形全等至少需要三个条件。首先我们已经知道"如果两个三角形的三边分别相等，那么这两个三角形全等"。今天我们来研究"有两条边和一个角分别相等"的情形，而"两条边"和"一个角"就其位置关系而言，又可以分成两种情况：一种是"两条边及其夹角"，另一种是"两条边及其中一边的对角"，我们先来研究"有两条边及其夹角分别相等"的情形，现在来看这样一个问题。

如图 1 所示，在△ABC 与△DEF 中有两条边分别相等，它们的夹角一个是 45°，另一个是 60°，这两个三角形能重合吗？我们来尝试一下。

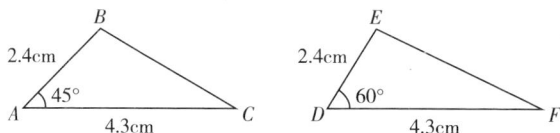

图 1　三角形 ABC 和三角形 DEF

（幻灯片演示把△DEF 经过平移后与△ABC 叠放在一起的过程）能看到△DEF 与△ABC 不重合！

但是，你能改变△DEF 中的某一个条件，使它们重合吗？

凭直觉，同学们会猜想：如果将△DEF 中的∠D 由 60°改为 45°，使∠D = ∠A，则它们有可能重合。下面来验证一下。

如图 2 所示，我们将△DEF 中的∠D 改为了 45°，现在我们将它们叠放在一起（幻灯片上演示平移、重合的过程），发现它们重合了，所以它们是全等三角形。

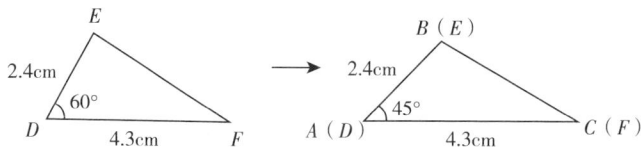

图 2　三角形 DEF 的转化

现在请同学们思考两个问题：

（1）如果△ABC 与△DEF 只满足∠A = ∠D 这一个条件，能不能保证它们重合？为什么？

（2）∠A 和∠D 在三角形中，与两条已知边分别是什么位置关系？这个例子给我们怎样的启示？

容易想到，若只满足对应角相等，而角的两条边"有长有短"，则不能保证它们重合。因此，必须先具备 AB 与 DE、AC 与 DF 分别相等的前提条件。

继而，由于∠A 和∠D 是图中分别相等的两边的夹角，我们推测：如果两个三角形有两条边及它们的夹角分别相等，那么它们有可能全等。

刚才的两个三角形给定了一个角度和两条邻边的长度，是一个特例。我们还需要验证一般情况：

探究：在纸上先任意画出一个△ABC，再画一个△$A'B'C'$，使∠A' = ∠A，$A'B' = AB$，$A'C' = AC$（即保证两条边和它们的夹角分别相等）。把画好的△$A'B'C'$剪下，放到△ABC上，它们全等吗？

画法：①画∠$DA'E$ = ∠A；②在射线$A'D$上截取$A'B' = AB$，在射线$A'E$上截取$A'C' = AC$；③联结$B'C'$（图3为模拟尺规作图的过程）。

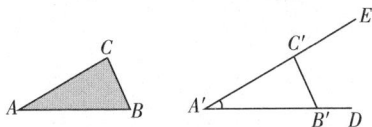

图3 模拟尺规作图的过程

将△$A'B'C'$平移至△ABC处（幻灯片上动画演示），发现它们能重合，即△ABC与△$A'B'C'$全等。由此，我们能确信这个结论在一般情况下也成立。

也就是说：如果两个三角形有两条边分别相等，且它们的夹角也相等，那么这两个三角形是全等三角形。这样，我们就得到了关于三角形全等判定的第二个基本事实：

两条边和它们的夹角分别相等的两个三角形全等（同前课的"边边边"定理一样，该定理可以简写为"边角边"或"SAS"。其中，符号"S"对应的是"边"，"A"对应的是"角"，因为这里的角是"两边的夹角"，所以角的符号要居于缩写的中间位置）。

我们用几何语言来表述这个基本事实：

在△ABC与△DEF中，$\begin{cases} AB = DE, \\ \angle A = \angle D, \\ AC = DF, \end{cases}$ 那么△$ABC \cong$ △DEF（SAS）。

由本地教研员牵头，其他学校的几位骨干老师组成的专家组，在听了原设计的试讲后，主要给出了两条反馈意见：一是引课时说"今天我们来研究'有两条边和一个角分别相等'的情形"，而紧接着的问题情境，却突然是有两条边分别相等，而他们的夹角不相等（一个是45°，另一个是60°），总感觉有些突兀，思维上有割裂感；二是从两条边分别相等而夹角不相等的情境，直接"跳"到了两条边及其夹角分别相等，使两个三角形重合的现实，此时两个三角形全等的结果难以让人信服，有人为导演之嫌。

（二）二次设计

（导入语与原设计相同）先来看一组数学实验：

如图 4 所示，在△BAD 和△CAD 中，AB 和 AC 边对应相等，AD 是公共边，即此时这两个三角形仅满足有两边分别相等，当然不能保证它们是重合的，于是我们来对它们施加第三个条件（鼠标拖动点 B 移动，已设定 B 点与 C 点在以 A 点为圆心、AB 长为半径的圆上）。

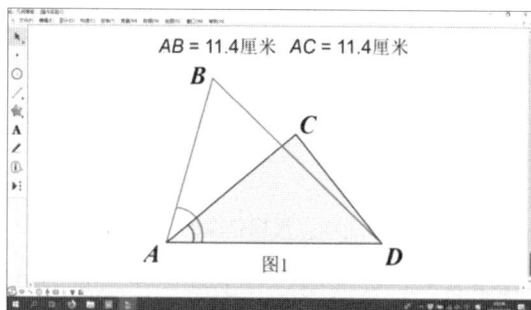

图 4　数学实验图 1

拖动点 B 演示一小段，如图 5 所示，在点 B 移动的过程中，虽然△BAD 的大小和形状在发生改变，但其中有哪些数量关系没有改变？

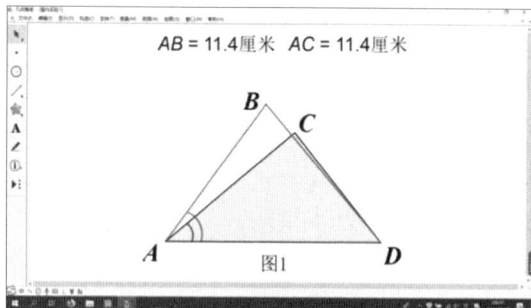

图 5　数学实验图 2

提醒学生观察并确认，此时虽然图形关系在变，但"AB = AC，AD = AD，即有两条边分别相等"的基本条件始终没有改变。请同学们继续观察两个三角形形状、大小关系的同时，留意两组相等的边所形成的两个夹角∠BAD 和∠CAD 之间大小关系的改变。

拖动点 B 与点 C 重合，如图 6 所示，此时你看到了哪些现象？

提醒学生观察，此时随着这两个夹角逐渐重合，这两个三角形也随之重合了。那么这个实验过程说明了什么呢？

图6　数学实验图3

这个过程能调动学生的直观想象，引导他们进行自我思维模拟，感悟到在两个关键条件（$AB = AC$，$AD = AD$）的限定下，由夹角的重合导致这两个三角形重合是必然的。

再来看图7，$\triangle BAC$ 与 $\triangle DAE$ 有一个公共角 $\angle A$，即此时这两个三角形仅满足有一个角相等，那当然也不能保证它们重合，现在我们来对它们施加第二、第三个条件。

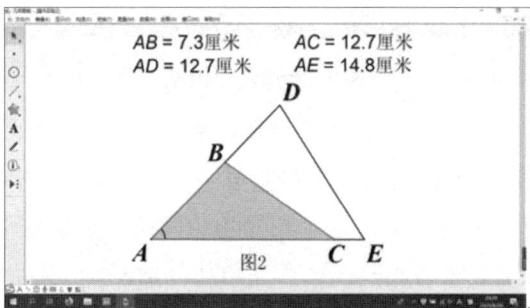

图7　数学实验图4

分别向点 D、点 E 的方向移动点 B（点 B 设定为只能在 AD 边上移动）、点 C（点 C 设定为只能在 AE 边上移动）各一小段。在点 B 和点 C 移动的过程中，两个三角形的边角中你注意到了哪些变化和不变的关系？

学生能注意到 $\angle A$ 是公共角的基本条件没有改变，而它的邻边 AB 与 AD，AC 与 AE 的长度在逐渐接近，如图8所示。

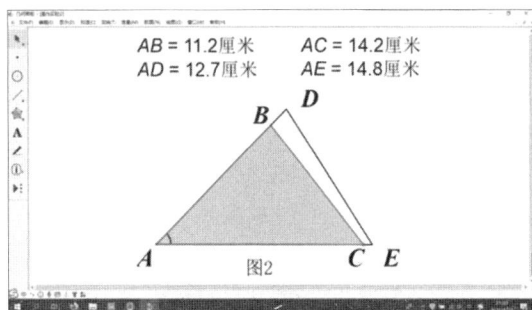

图8　数学实验图5

接着先后拖动点 B 与点 D 重合，点 C 与点 E 重合，如图9所示，此时你看到了哪些现象？

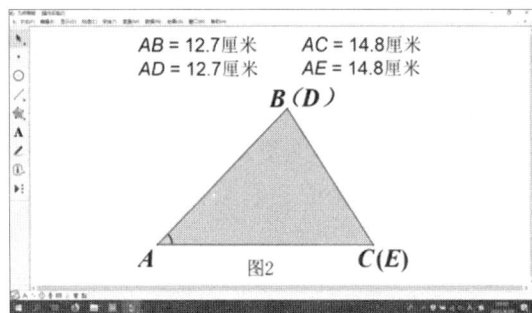

图9　数学实验图6

在这种动态、连续、直观的思维模拟引导下，学生能自然而然地感知到，由于点 B 只能在 AD 边上移动，点 C 只能在 AE 边上移动，当它们分别与 $\triangle ADE$ 的另外两个顶点 D 和 E 重合时，这个相等角的两条邻边也分别重合。故而，这两个三角形的重合是必然的。即在已有夹角相等的基础上再满足它们的两条邻边也分别相等，此时的两个三角形一定全等。

至此，两个演示实验都已完成，将这两个画板演示实验以及对应得出的两个结论综合起来，能概括出一个怎样的结论呢？

实际上，事实已经很清楚了，如果两个三角形既满足有两条边相等，又满足它们的夹角也相等，那么这两个三角形一定全等。我们还可以借助尺规作图的手段来验证这一结论（其后同原设计）。

（三）二次设计说明

数学知识的教学注重知识的"生长点"与"延伸点"。在二次设计中，图4～图6的两个三角形中先明确已有两边分别相等，暂不提两个夹角相等。然后，在仅满足两条边相等的条件的基础上，"生长"出条件——使它们的夹角也相等，意在呈现出两个三角形的图形关系是伴随着夹角大小差异逐渐缩小直至相等的过程，由暂时的不重合逐渐动态地过渡到重合的。在图7~图9的实验中则强调，在已有一个角相等的一个条件基础上"生长"出第二和第三个条件，第二个条件是拖动点 B 与△ADE 的顶点 D 重合，第三个条件是拖动点 C 与△ADE 的顶点 E 重合，即在已有夹角相等的基础上再满足它们的两条邻边也相等，此时两个三角形由不重合逐渐过渡到重合。这样的设计凸显出本节课的知识是对前课认知上的生长和延伸。

三、课后反思

好的教育，是为学生尽可能地提供直观的展示。数学教育研究结果也表明，孩子知识的建构并不是通过演绎推理，而是通过经验收集、比较结果、一般化等手段来完成的。"SAS"是三角形全等判定的第二个基本事实，只有让学生基于经验、凭借想象、生成直觉，自然而然地接受这一基本事实，这节课才有数学的味道。如果直接用幻灯片来演示尺规作图的过程，学生会疑惑为什么会想到这样来验证，就失去了启发性。而二次设计中关注了学生认知的"生长点"，立足于不断特殊化的命题的发展过程，是比较富有启发性的切入方式。用"几何画板"缓缓而动的演示，"清晰""连续""必然"地呈现一系列的想象元素，起到的是心理和思维的示范作用，才能在孩子们的思想深处引发共鸣，他们才会心悦诚服地接受合情推理的结果。

参考文献：

［1］李青. 三角形全等判定定理"SAS"的探索［J］. 中学数学教学参考（中旬），2019（23）：37–39.

［2］中华人民共和国教育部. 义务教育数学课程标准（2011年版）［M］. 北京：北京师范大学出版社，2012.

［3］李祎. 中小学数学中的"为什么"［M］. 福州：福建教育出版社，2012.

对抛物线平移"左加右减"的一次释疑

新疆昌吉回族自治州第一中学　李刚

知识的掌握要以真正的理解为基础。众所周知，抛物线 $y = ax^2$ 的左右平移是一个教学难点，学生对直角坐标系的原点的"左负右正"，以及点的左右平移，纵坐标不变横坐标"左减右加"的认知根深蒂固，因此不少学生对抛物线 $y = ax^2$ 左右平移后的表达式 $y = a(x-h)^2$，括号内为何是 $x - h$，x 的值的变化为何是"左加右减"一时难以理解。教学中如何使学生真正听"懂"、彻底想"通"，从而做到与旧有认知的明确区分，非常考验教师的教学智慧和经验积累，也是笔者多年困惑且一直探索的问题。

本次教学经过课前潜心研究和系统性的铺垫，笔者完成了对这一教学难点的突破。

一、勤画图找"图感"

（1）做好课前预备。为了给学生留出充足的时间用于画图、观察、分析，在需要讲授画函数图象的课前一天，要布置列空表（规定好行、列数）、建坐标系（预留好合适的正负半轴单位数）的书面作业。节约了课堂上的宝贵时间，也使学生得以快速聚焦主干问题。

（2）设法先找顶点。抛物线的平移本质上是其顶点位置的变化，为了让学生在列表环节就预感到这个变化，课堂上会引导学生先确定表格的中间取值，学生在试画形如 $y = a(x-h)^2$，$y = a(x-h)^2 + k$，$y = ax^2 + bx + c$ 的函数图象时，逐步学会了先在演草纸上代入几个数试算，找到顶点坐标然后对称取值。

（3）落实画图训练。函数图象的列表环节能培养学生的数感，描点连线的过程可以发展学生的"图感"，"数""图"两感的逐渐形成就是学生数形结合思想浸润的过程。只有经过前期有素的精确画图的训练，才会有后续借助草图分析的信手拈来。从形如 $y = ax^2$ 到形如 $y = ax^2 + bx + c$ 的学习历程中，不论是课上的尝试探究，还是课后的作业布置，笔者都要求学生认真画函数图象，批改时认真圈阅标示，下节课前还会表扬好的案例并点评。

二、显冲突究"根源"

（一）显化"认知冲突"

以函数 $y = -\dfrac{1}{2}x^2$，$y = -\dfrac{1}{2}(x+1)^2$，$y = -\dfrac{1}{2}(x-1)^2$ 的图象关系为例，待学生画出图象后抛出问题：

问题 1：你的潜意识中是否有与传统认知相冲突的问题？

生：我难以理解括号内是 $x+1$ 时抛物线向左平移 1 个单位，括号内是 $x-1$ 时抛物线反而向右移平移 1 个单位。

师：为什么会有这个冲突？

生：直角坐标系内点的平移规律是"向左平移横坐标减小，向右平移横坐标增大"。而函数的图象是由点组成的，我的潜意识中相应的抛物线的左右平移也是这个规律。

师：这位同学提出了一个很关键的问题，想必这也是大家的困惑。遵从数轴的有序性，我们习惯于向左移动时 x 是在减小，向右移动时 x 是在增大。而此时抛物线的平移却是"左加右减"，学生们一时可能想不通，其实每一届的同学对这个问题都有同感。

下面我们来对抛物线平移"左加右减"的本质一探究竟，从而帮助大家消除心中的疑团。

设计意图：笔者在这里准备的是一个能触其痛点的问题，把这个问题提出来是为了显化矛盾冲突点，激发学生的好奇心和求知欲，促使他们对冲突点进行聚焦和深度思考，利用他们比拼钻研能力的好胜心去主动探究，一展身手。

（二）引入"整体对应"

问题 2：通过动手画图和观察图象，你能否想出一个快速确定形如 $y = -\dfrac{1}{2}(x+1)^2$ 和 $y = -\dfrac{1}{2}(x-1)^2$ 的抛物线顶点的方法？

生：把括号内的 $x+1$ 和 $x-1$ 都看作整体，使它们分别等于 0，此时 x 的值就是顶点的横坐标。

师：你是怎样想到的？

生：抛物线左右平移时顶点的纵坐标不变，就还是 0，即式子 $y = -\dfrac{1}{2}(x+1)^2$ 和 $y = -\dfrac{1}{2}(x-1)^2$ 中的 $y = 0$，对应等号右边括号中的 $x+1$ 和 $x-1$ 就应该整体为 0。

师：他看待这个问题的视角既独特又本质！此处应该有掌声！实际上，在列对应值表时大家就能发现，若把 $x+1$ 和 $x-1$ 当成一个整体与 $y = -\dfrac{1}{2}x^2$ 中的 x 对应相等时，能得到相同的 y 的值。故应使抛物线 $y = -\dfrac{1}{2}(x+1)^2$ 和 $y = -\dfrac{1}{2}(x-1)^2$ 中 $x+1$ 和 $x-1$ 的整体与抛物线 $y = -\dfrac{1}{2}x^2$ 在顶点处的 $x = 0$ 相对应，即此时 $x+1 = 0$ 和 $x-1 = 0$，也就得出了平移后的抛物线顶点的横坐标。

（三）趁热打铁，强化认识

写出下列抛物线的顶点和对称轴，见表 1。

表 1　抛物线顶点和对称轴分析表

抛物线	顶点	对称轴
$y = -\dfrac{1}{2}(x+2)^2 \to x+2=0 \to x=-2$	$(-2, 0)$	$x = -2$
$y = -\dfrac{1}{2}(x-2)^2 \to x-2=0 \to x=2$	$(2, 0)$	$x = 2$
$y = -\left(x+\dfrac{1}{3}\right)^2 \to x+\dfrac{1}{3}=0 \to x=-\dfrac{1}{3}$	$\left(-\dfrac{1}{3}, 0\right)$	$x = -\dfrac{1}{3}$
$y = -\left(x-\dfrac{1}{3}\right)^2 \to x-\dfrac{1}{3}=0 \to x=\dfrac{1}{3}$	$\left(\dfrac{1}{3}, 0\right)$	$x = \dfrac{1}{3}$
…	…	…
$y = a\,(x\ \underline{\ ?\ })^2$	$(h, 0)$	$x = h$

问题 3：由上述式子归纳，一般地，当抛物线的顶点为 $(h, 0)$ 时，它的解析式是怎样的？

生：应写为 $y = a\,(x-h)^2$。

师：括号内为什么要写成 $x - h$？

生：因为我发现顶点横坐标与解析式括号内的第二项互为相反数，既然用

h 表示顶点横坐标的一般形式，那括号内第二项就该写成 $-h$。

师：因此，我们把抛物线 $y = ax^2$ 左右平移后的解析式写成 $y = a(x-h)^2$ 的一般形式，它的顶点是 $(h, 0)$，对称轴是 $x = h$。

设计意图：一方面，经历模型化的过程，逐渐固化将括号内的式子看作一个整体与 $y = ax^2$ 中的 x 对应的意识。另一方面，经历从若干特例到一般化的过程，自然而然地解决了为什么左右平移后的抛物线解析式的括号内要写成 $x - h$，而不是 $x + h$ 的困惑。

（四）释疑"冲突根源"

问题4：反之，既然 $y = -\dfrac{1}{2}(x+1)^2$ 中的 $x+1$ 作为一个整体与 $y = -\dfrac{1}{2}x^2$ 中的 x 对应相等，那么 $y = -\dfrac{1}{2}(x+1)^2$ 中的 x 相比 $y = -\dfrac{1}{2}x^2$ 中的 x 会怎样？

生：小 1。

师：那比它的 x 值小 1 的点在它的哪边？

生：左边。

师：因此，所有这样的点组成的图象在抛物线 $y = -\dfrac{1}{2}x^2$ 的哪边？

生：左边。

生（齐）：哦！原来如此！（自发掌声）

板书图示：

$$\begin{cases} y=-\dfrac{1}{2}x^2 \quad\text{——}\quad x \quad\text{——}\quad 点(x,y) \quad\text{——}\quad 抛物线 y=-\dfrac{1}{2}x^2 \\ \quad\ \text{‖}\qquad\qquad\ \ \ \text{↓减1}\quad\ \text{↓左移1个单位}\quad\ \text{↓左移1个单位} \\ y=-\dfrac{1}{2}\boxed{(x+1)}^2 \text{——} x \text{——} 点(x,y) \text{——} 抛物线 y=-\dfrac{1}{2}(x+1)^2 \end{cases}$$

问题5：你能类比解释 $y = -\dfrac{1}{2}(x-1)^2$ 为何是抛物线 $y = -\dfrac{1}{2}x^2$ 右移 1 个单位吗？

生：同理，当抛物线 $y = -\dfrac{1}{2}(x-1)^2$ 和抛物线 $y = -\dfrac{1}{2}x^2$ 有相同的 y 的值时，$y = -\dfrac{1}{2}(x-1)^2$ 中的 $x-1$ 整体与 $y = -\dfrac{1}{2}x^2$ 中的 x 对应相等，因此 $y = -\dfrac{1}{2}(x-1)^2$ 中的 x 总比 $y = -\dfrac{1}{2}x^2$ 中的 x 大 1，而比一个点的横坐标大 1 的点在它的右边，所以 $y = -\dfrac{1}{2}(x-1)^2$ 的图象在 $y = -\dfrac{1}{2}x^2$ 的图象的右边。

板书图示：

$$\begin{cases} y=-\dfrac{1}{2}x^2 \xrightarrow{\hspace{1cm}} x \xrightarrow{\hspace{1cm}} 点(x, y) \xrightarrow{\hspace{1cm}} 抛物线 y=-\dfrac{1}{2}x^2 \\ \ \ \| \qquad\qquad\quad \searrow \quad\ \downarrow 加1 \quad\ \downarrow 右移1个单位 \quad\ \downarrow 右移1个单位 \\ y=-\dfrac{1}{2}(x-1)^2 \xrightarrow{\ } x \xrightarrow{\ } 点(x, y) \xrightarrow{\ } 抛物线 y=-\dfrac{1}{2}(x-1)^2 \end{cases}$$

设计意图：直观的图式使思维显化，更有助于理解，结合前置的"错位型"对应值表（把三个函数的对应值表列在一起），有意造成 $y=-\dfrac{1}{2}(x+1)^2$ 和 $y=-\dfrac{1}{2}(x-1)^2$ 的函数值相对 $y=-\dfrac{1}{2}x^2$ 的函数值分别整体向左、右各错位 1 个单位的直观感受，并让学生先行预测图象的平移的方向。在自变量的整体对应观念已建立下，学生能从"数""形"两方面清晰地认识到，在相同的函数值下，函数 $y=-\dfrac{1}{2}(x+1)^2$ 的自变量势必要比 $y=-\dfrac{1}{2}x^2$ 的自变量都相应少取 1，前者的图象当然在后者的左边 1 个单位。反之，函数 $y=-\dfrac{1}{2}(x-1)^2$ 比 $y=-\dfrac{1}{2}x^2$ 的自变量都相应多取 1，前者的图象当然在后者的右边 1 个单位。以此类推，从特殊到一般，从而阐释了抛物线平移"左加右减"这一现象产生的根源。

问题 6：抛物线 $y=-\dfrac{1}{2}(x+1)^2$ 怎样平移能得到抛物线 $y=-\dfrac{1}{2}(x-1)^2$ 呢？

当抛物线 $y=-\dfrac{1}{2}(x+1)^2$ 和抛物线 $y=-\dfrac{1}{2}(x-1)^2$ 有相同的 y 的值时，$y=-\dfrac{1}{2}(x+1)^2$ 中的 $x+1$ 整体与 $y=-\dfrac{1}{2}(x-1)^2$ 中的 $x-1$ 整体对应相等，即 $x+1=x-1$，因此 $y=-\dfrac{1}{2}(x+1)^2$ 中的 x 总比 $y=-\dfrac{1}{2}(x-1)^2$ 中的 x 小 2，而比一个点的横坐标小 2 的点在它的左边 2 个单位，所以 $y=-\dfrac{1}{2}(x+1)^2$ 的图象在 $y=-\dfrac{1}{2}(x-1)^2$ 的图象的左边 2 个单位，故抛物线 $y=-\dfrac{1}{2}(x+1)^2$ 需向右平移 2 个单位能得到抛物线 $y=-\dfrac{1}{2}(x-1)^2$。

这堂课结束后，因多年的"卡点"一举突破，整堂课一气呵成且酣畅淋漓，师生间彼此因难点的成功突破而相互满意，课后作业的批改也印证了这堂课的效果。以其中两题为例，对学生们的正确率统计如下：

例1：把抛物线 $y = -\dfrac{1}{2}x^2$ 向右平移 2 个单位长度，则平移后的抛物线的解析式为（D）。

A. $y = -\dfrac{1}{2}x^2 + 2$　　　　　　　　B. $y = -\dfrac{1}{2}(x+2)^2$

C. $y = -\dfrac{1}{2}x^2 - 2$　　　　　　　　D. $y = -\dfrac{1}{2}(x-2)^2$

例2：将二次函数 $y = -2x^2$ 的图象平移后，可得到二次函数 $y = -2(x-1)^2$ 的图象，平移的方法是将二次函数的图象向（右）平移（1）个单位长度。

笔者任教的两个班共 102 名同学，其中例 1 解答正确的有 97 人，正确率为 95%；例 2 解答正确的有 96 人，正确率为 94%。这个效果明显超出了笔者教过的历届学生。

一次"非典型性"作业纠错引发的教学反思

新疆昌吉回族自治州第一中学　李刚

反思的目的是促进后续行动的改进，如果反思与行动是剥离的，那反思还有什么意义？只有善于反思的教师才能培养出善于反思的学生。

笔者教龄二十余年，一向对于初中数学教材的处理比较自信，平时教学中也比较在意对细节的把握，务必追求严谨。但是近几年感觉越教越不自信，每一轮总会有新的问题和新的困惑产生。也许因为每一届的学生不同，各门各派的思维习惯，显示出不同的数学语言理解和表述。尤其每到新的一轮都会有以前从没人注意过，也没被质疑过的问题，竟然在某次作业或考试中意外引发争议，从而触发思维碰撞和争论。每每都会鞭策我这个为师者，要及时反思，与时俱进，不断地改进和创新，矢志不渝地去追求教育教学的本真。

一、问题呈现

笔者在教上一届学生（2015 年 4 月），人教版教材（2013）八年级数学下册，第十八章"平行四边形"，第二节"特殊的平行四边形——矩形"这一课时，在课后所布置的作业中有这样一道题。

（一）题文再现

已知：如图 1 所示，在 $\triangle ABC$ 中，$AB = AC$，D 为 BC 的中点，四边形 $ABDE$ 是平行四边形，求证：四边形 $ADCE$ 是矩形。

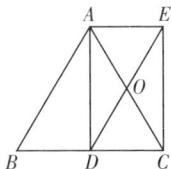

图 1　题文图

题目本身并不难，通常的正确解法是：

由四边形 $ABDE$ 是平行四边形得出 $AE /\!/ BD$，$AB /\!/ ED$，且 $AB = ED$；

又由 D 为 BC 中点，可得 $BD = DC$，继而得到 $AE /\!/ DC$ 且 $AE = DC$；

可证出关键的第一步：四边形 $ADCE$ 是平行四边形；

再由已知 $AB = AC$，$AB = ED$，得出 $AC = ED$ 这一关键的第二步；

最后依据"矩形的判定定理2——对角线相等的平行四边形是矩形"证出原题结论。

（二）步骤概要

①由条件先证明四边形 $ADCE$ 是平行四边形；②等量代换得出 $AC = ED$（对角线相等）；③用定理"对角线相等的平行四边形是矩形"得出矩形 $ADCE$。

但实际情况是，在随后批改作业中发现，很大一部分学生的解法让人大跌眼镜，我称它是"非典型性错误"，就是纵向对比以前几轮的教学，横向对比询问备课组同事，都没出现这种错误，实在是出乎我的意料，与课前目标叙写环节设置的预期效果相差甚远。后来静下心来仔细揣摩这一错解的成因，还原到当时的课堂教学情境中，顺藤摸瓜地反思到在"对角线相等的平行四边形是矩形"这一判定定理的教学设计中，发现有很值得商榷的地方。

（三）非典型性错误

证明：∵ 四边形 $ABDE$ 是平行四边形，

∴ $AB = ED$，

又∵ $AB = AC$，

∴ $AC = ED$，

∴ 四边形 $ADCE$ 是矩形。

全班共 65 名同学，出现这种错误的有 16 人，出错率接近 25%，即全班 $\frac{1}{4}$ 的同学出现这种错误。显然，这 $\frac{1}{4}$ 的学生对这一判定定理的内涵没有掌握，对定理逻辑认识是模糊的，这在我以往的教学生涯中从未出现过。

（四）原因剖析

回到本节课堂教学的"定理发现"环节，我先是让学生回忆矩形的性质，按照"性质的逆命题往往是判定的猜想"这一学习规律，让学生说出矩形性质"矩形的对角线相等"的逆命题，对于逆命题的条件应是"对角线相等的四边形"还是"平行四边形"进行了简单的分析，也列举了一个反例，然后皆大欢喜地得出"对角线相等的平行四边形是矩形"的命题猜想，紧接着顺利地证明了命题的正确性,于是得到矩形的一条判定定理,并举例应用。

其实这里有个致命的欠缺:备课中对一处细节没有仔细斟酌,从互逆命题的定义和叙述规则角度,应该先来分析原命题的"题设"和"结论",然后把它们做逻辑顺序交换,再进行逆命题的叙述。原命题与逆命题之间的真假性的关系是独立的,在不考虑逆命题真假的前提下,为什么不能说成"对角线相等的四边形是矩形",而非要说成"对角线相等的平行四边形是矩形"?难道就因为后者成立而前者不成立?

分析:①把矩形的性质"矩形的对角线相等"改写成"如果……那么……"的形式,应该是"如果一个四边形是矩形,那么它的对角线相等"。因此它的逆命题应该是"如果一个四边形的对角线相等,那么这个四边形是矩形",即"对角线相等的四边形是矩形"。这一命题与判定定理"对角线相等的平行四边形是矩形",没有进行对比分析和过渡性处理,以至没能引起学生对"四边形"和"平行四边形"两者的区别做清醒的分析和比对,因此就有了练习应用上的忽视和怠慢。②在证明完毕并确定了"对角线相等的平行四边形是矩形"这一判定定理后,没有发挥笔者的优势,对概念的内涵和外延进行深入分析和挖掘,随即将判定定理用几何符号的形式叙述了一遍。

二、反思后的改进设计

(一) 探究"矩形的判定"中"引入命题"的环节

第一步:将"矩形的对角线相等"改写成"如果一个四边形是矩形,那么它的对角线相等"。

第二步:让学生说出其逆命题,"对角线相等的四边形是矩形"。

第三步:也是关键的一步,让学生分析这个逆命题的真假。先由学生独立思考,再小组合作交流,引发学生充分的争论和观点碰撞。随后在教师的引导下,大家达成一个共识:逆命题"对角线相等的四边形是矩形"是个假命题。

教师问:"将这个假命题的条件怎样修改就可以变成真命题呢?"

学生答:"把'对角线相等的四边形'改为'对角线相等的平行四边形',即'对角线相等的平行四边形是矩形'是真命题。"

教师追问:"这个命题如果是真命题,能有什么用?"

学生答:"可以作为矩形的判定方法。"

第四步:组织学生完成"对角线相等的平行四边形是矩形"的命题的完整证明过程,从而确定这条判定定理,并且分析这条定理的内涵和外延。内涵:

①出发点——平行四边形，条件——对角线相等；②运用时分两步：先证明平行四边形，再证明对角线相等，然后才能得出该四边形是矩形的结论。外延："对角线互相平分且相等的四边形是矩形"是一个真命题。

（二）重搭"脚手架"，分解为三个层级的变式训练

1. 把判定定理用符号语言表述一遍

生：若 $AC = BD$，且四边形 $ABCD$ 是平行四边形，则平行四边形 $ABCD$ 是矩形。

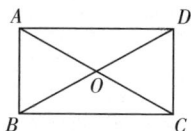

图2 矩形 ABCD

设计意图：概念简洁直观、图形化、符号化，印象深刻。

2. 填空

已知：如图3所示，E，F，G，H 分别是四边形 $ABCD$ 的各边中点，且对角线 $AC \perp BD$，垂足为 O 点，求证：四边形 $EFGH$ 是矩形。

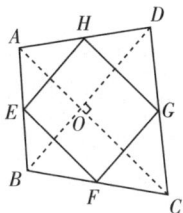

图3 四边形 ABCD

证明：∵ E，F，G，H 分别是四边形 $ABCD$ 的各边中点，

∴ EH，FG，EF，HG 分别是 $\triangle ABD$，$\triangle CBD$，$\triangle ABC$，$\triangle ADC$ 的_____，

∴ $EH /\!/$_____，$HG /\!/$_____，

∴ 四边形 $EFGH$ 是_____，

又∵ $AC \perp BD$，

∴ EH_____HG，即 $\angle EHG =$_____，

∴_____ $EFGH$ 是_____。

设计意图：①即时应用矩形的判定定理，巩固理解，形成应用定理解决问题的能力；②搭建"脚手架"缩小思维跨度，降低难度；③规范证明推理的格式、条理性和层次性。

3. 例题

如图 4 所示,在平行四边形 $ABCD$ 中,E 为 BC 的中点,连接 AE 并延长交 DC 的延长线于点 F。

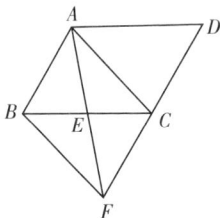

图 4 例题图

(1) 求证:$AB = CF$;

(2) 当 BC 与 AF 满足什么数量关系时,四边形 $ABFC$ 是矩形?并证明。

设计意图:给予学生思考时间自行审题、读图,综合分析条件和结论,独立厘清思路并完成证明,使学生形成初步的几何直观,灵活结合前后知识,从而提高逻辑推理的能力。

(三)课后反思

我将这一改进应用于本届学生的教学中,在批改课后作业的过程中再也没有发现一例上述的"非典型性错误",问题得到了根本的解决,事实证明这一改进是有效的。

这一次的"非典型性错误",本质上是我对初中数学重概念教学这一规律的忽视。在前几届学生身上没有出现这样的错误,是因为侥幸,但没有发现的事物不等于不存在。这提示我要永远记住,无论教龄多少,都要尊崇工匠精神,对待每一个教学环节依然要慎之又慎、细之又细。教学相长,学生出现的任何错误都会教育我,帮助教师把问题矛盾的实质还原出来。正是在纠错和思辨的积累下,学生对数学问题的认知才渐渐入木三分,离数学核心素养的形成又近了一步。

参考文献:

[1] 蔡金法,聂必凯,许世红. 做探究型教师 [M]. 北京:北京师范大学出版社,2015.

设参建模　深度整合

——对人教版九年级下册教材 58 页第 11 题的教学探索

新疆昌吉回族自治州第一中学　胡嫚玲

一、习题呈现

如图 1 所示，一块材料的形状是锐角三角形 ABC，边 $BC = 120\text{mm}$，高 $AD = 80\text{mm}$，要把它加工成正方形零件，使正方形的一边在 BC 上，其余两个顶点分别在 AB，AC 上，这个正方形零件的边长是多少？

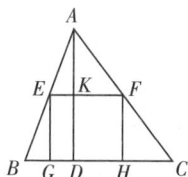

图 1　锐角三角形

这道题出自人教版九年级下册教材"相似三角形复习题"58 页"拓广探索"第 11 题，本题涉及到的知识点有相似三角形的判定和性质、正方形的性质等。

本题的解题方式是设参，通过相似比例关系得到含有参数的方程。在解题时，通过以疑激趣，以疑启思，在精心设问下引发学生主动思考和探究，合理联想，突破解题思路，增强解题能力，提升数学思维，从而提高学生数学抽象、逻辑推理、数学建模、直观想象、数学运算等核心素养的发展。

二、学情分析

学生对相似的性质和应用基本掌握，但在复杂情况下，对相似的模型识别能力欠缺，审题意识和能力不强，尤其对于隐含条件的挖掘能力比较欠缺。学生缺乏这种通过适时设参转化为方程乃至函数来解决问题的经验，模型积累较少，因而造成学生对此题心生畏惧，容易回避的现象。

三、习题教学

受 G·波利亚解题表中第一步弄清题意，第二步拟订计划，第三步实行计划，第四步回顾的启发，结合本题的实际背景，将本题的解题策略，分为以下5 个环节：思维铺垫—分析题目—关键点突破—解题过程—回顾梳理。

（一）思维铺垫

首先以思维导图（图 2）的形式来对本章的知识点进行回顾，在导图中，有意强调与本题相关联的点，为解决此题做好准备工作。

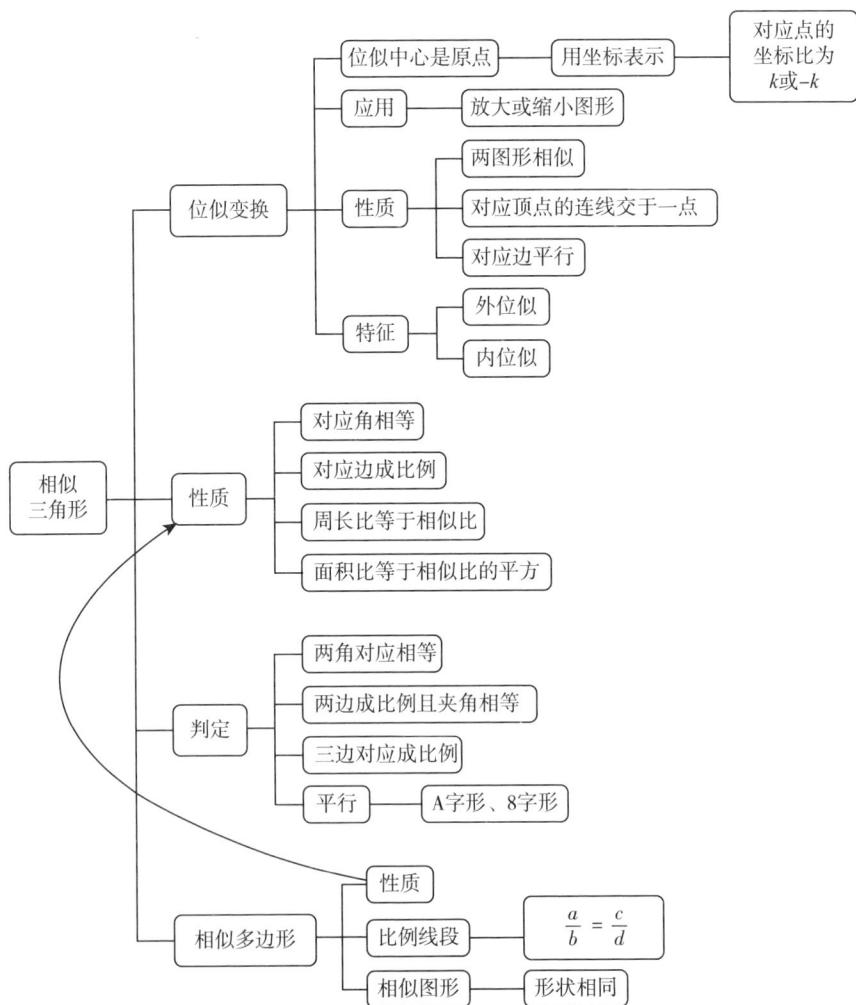

图 2　相似三角形的思维导图

（二）分析题目

此题的解题教学以问题驱动的方式帮助学生理解题意，进行审题分析。

（三）关键点突破

此题的关键点在于，一是对应边的比等于对应高的比，二是设参法，在学生由平行得到相似这一认知基础上，当学生分析到题中给的条件，在图1中做标记，以此来提示学生，由底边 BC，高 AD 联想到相似三角形对应底边的比等于对应高的比，在分析基本图形时，指出与正方形相等的边长 KD 恰好与大三角形的高 AD 重合，在对应底边的比等于对应高的比的基础上，就可以用设参法列出关于边长的等量关系。

（四）解题过程

由学生到黑板上演示此题的解题过程，教师对其解题过程进行评价，以帮助其养成良好的解题习惯。

（五）回顾梳理

由教师对本题的解题思路进行总结，帮助学生为此题的变式做准备。

四、习题推广

G·波利亚在《怎样解题》中指出："变化问题使我们引进新的内容，从而产生新的接触，产生和我们问题有关的元素接触的新的可能性。"之所以选择这道题目，是因为我发现在九年级上册课本的"实际问题与二次函数"的复习巩固第六题习题中出现了类似的图形，具体如下面例题。

例题：综合运用

一块三角形材料如图3所示，$\angle A = 30°$，$\angle C = 90°$，$AB = 12$。用这块材料剪出一个矩形 CDEF，其中，点 D，E，F 分别在 BC，AB，AC 上。要使剪出的矩形 CDEF 的面积最大，点 E 应选在何处？

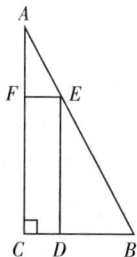

图3　三角形材料

而这道题的考点是通过设参，建立二次函数模型，用二次函数的性质来解决。这里给了我灵感，于是大胆对第11题进行变式。新课标提出培养学生应用意识和模型思想，要求我们关注数学模型，从生活中来，到生活中去，节约型社会提倡物尽其用，我决定构设相似场景，把正方形变为矩形，解决如何截取才能使矩形面积最大的问题。

变式1：如图4（同图1）所示，△ABC是一块锐角三角形的材料，边BC = 120mm，高AD = 80mm，要把它加工成矩形零件，使矩形的一边在BC上，其余两个顶点分别在AB，AC上，如何截取，使矩形面积最大？最大面积是多少？

变式1的教学流程：

（1）自然过渡，将正方形变为矩形，如何截取，才能使得矩形面积最大？

（2）用动态图帮助学生分析题目，让学生在动态图的基础上理解面积的变化是由于长和宽在变化，所以本题有三个变量。

（3）求面积最大值要用二次函数，而二次函数是两个变量。

（4）本题的题眼就是要借助上一题的思路利用相似模型找到长和宽的等量关系。

（5）三个变量减少为两个变量，就可以用二次函数模型来求最值。

设计意图：要想用二次函数解决矩形面积最大值是多少的问题，就要借助原题中的相似模型找到长和宽的等量关系，再用二次函数模型解决最值问题。在一道题中，对不同的数学模型，通过设参建模进行整合，让学生在原有认知的基础上，对此题进行深度理解。

在变式1基础上，由特殊到一般，继续设参，底边为a，高为h，类比变式1可得变式2。

变式2：如图5（同图1）所示，△ABC是一块锐角三角形的材料，底边长为a，高为h，要把它加工成矩形零件，使矩形的一边在BC上，其余两个顶点分别在AB，AC上，如何截取，使矩形面积最大？最大面积是多少？

变式2的教学流程：

（1）将底边和高的长度换为字母。

（2）类比上一题的解题思路，师生共同验证猜想。

设计意图：以变式1为原型，再次对一道题中的数学模型通过设参进行深度整合，让学生体验攻坚克难的过程，树立其学好数学的信心。

五、价值分析

《义务教育数学课程标准（2022年版）》核心理念是培养学生的创新意识，

提倡教育学生学会思考，学会学习，通过原题的详细解决过程，变式的适度延伸和探究，旨在让学生对问题有一个由浅入深的认识过程，在这个认识过程中对不同数学模型进行整合，让学生体会相同数学模型在不同题目中存在时，能发现并提出新的问题，进而去分析和解决问题，这样的习题教学更是培养学生在遇到困难时攻坚困难、寻根问底、理性分析等良好数学品格的契机。

更重要的是能在不改变问题情境的状况下，自然过渡与切合，让学生意识到数学的"有用"，体会到帮助他人解决问题的愉悦感、为社会进步做出小贡献的成就感，更会增添学好数学、用好数学的决心。

参考文献：

[1] 罗增儒. 数学解题学引论 [M]. 西安：陕西师范大学出版社，1997.

[2] 林胜威. 从源入手　因需而变——对一道例题的证法分析及教学建议 [J]. 中学数学教学参考（上旬），2019（26）：38－40.

[3] G·波利亚. 怎样解题：数学思维的新方法 [M]. 涂泓，冯承天，译. 上海：上海科技教育出版社，2011.

一题多解出思维　变换探究有妙招

——对人教版八年级下册数学教材第 69 页第 14 题的教学探究

新疆昌吉回族自治州第一中学　韩国艳

本学期，笔者在课堂上布置了一道教材习题，发现有部分同学的证明思路存在一个似是而非的错误，这引起了笔者的重视，于是笔者以本题为素材实施教学，现整理成文，与同人分享。

一、习题呈现

（人教版八年级下册数学教材 69 页第 14 题）如图 1 所示，四边形 $ABCD$ 是正方形，点 E 是边 BC 的中点，$\angle AEF = 90°$，且 EF 交正方形外角的平分线 CF 于点 F。求证：$AE = EF$。

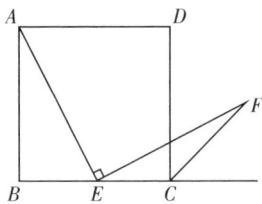

图 1　习题图

二、教学实施

（一）模型预热，思维铺垫

本题的题干简洁，每一个条件都对应一个典型的图形结构，由图形的结构联想到相关的数学知识，催生解决问题的思维触角。

问题 1：全等三角形的判定方法有哪些？

问题2：如图2和图3所示，已知∠ABC = ∠ACE = ∠D = 90°，$AC = CE$，图中有没有全等三角形？并说明理由。

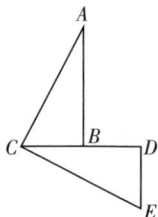

图2　问题2图1

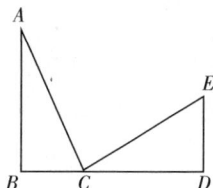

图3　问题2图2

分析：作为课堂的起始问题，问题1的设计具有统领和导向功能，能帮助学生快速回顾三角形全等的方法。问题2用"一线三垂直"模型为后续探究三角形全等做好铺垫。两幅图中两个三角形的位置发生变化，但全等的结论不变，引出本节课图形上点的位置发生变化，但仍有全等关系的一类题型。

（二）母题呈现，一题多解

视角1：作垂直构造全等

问题3：证线段相等，常用什么方法？线段 AE 与 EF 所在的三角形全等吗？先以 AE 所在的三角形为原有三角形，能不能构造含 EF 且与之全等的三角形？

此环节，笔者大胆地进行了试错教学。

师：经过独立尝试，同学们想到了什么方法？又是怎样想到的？

生1：过点 F 作 $FM \perp BC$ 的延长线于点 M（思路1，如图4所示），因为 $\triangle ABE$ 是一个直角三角形，就想到把 EF 也构造在直角三角形中。

生2：我是根据课前2分钟的模型联想到过点 F 作 $FM \perp BC$ 的延长线于点 M。

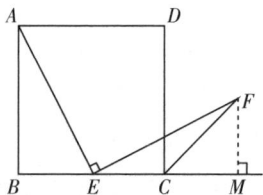

图4　思路1图

师（追问）：能找出这两个三角形对应全等的条件吗？要证全等还缺什么条件？

生3：能，有∠B = ∠EMF = 90°，还通过互余得到∠BAE = ∠MEF，但无论

39

怎么尝试都没有找到边对应相等的条件。

分析：过点 F 作 BC 边上的垂线引出思路 1，虽构造了两个三角形全等，但根据八年级学生的知识水平不能够证出结论，教师让学生大胆地去试错，发现缺少对应边相等的条件，于是引导学生添加辅助线去构造对应边相等的条件。经过试错培养学生分析问题、解决问题的意识和能力，通过学生的自我反思，强化解题策略中对正确解题方向的直觉。此环节的试错教学，指引学生思考如何再添加辅助线，这也是突破本题的关键点。

视角 2：取中点构造全等

问题 4：再以 EF 所在的 $\triangle ECF$ 为原有三角形，如何构造含 AE 且与之全等的三角形？这样作辅助线在 $\triangle ABE$ 中出现了什么三角形？现在能找到它们全等的条件吗？

生 4：取 AB 中点 M，连接 ME（思路2，如图5所示），这样可得 $AM = EC$，图中还存在小等腰直角三角形，推出 $\angle AME = \angle ECF = 135°$，再由 $\angle MAE = \angle CEF$，得证 $\triangle AME \cong \triangle ECF$（ASA）。

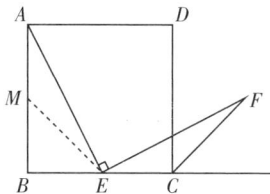

图 5　思路 2 图

分析：思路 2 取中点构造出一组对应边相等，可利用 ASA 证明全等，培养学生如何根据已知条件添加辅助线构造全等的能力，并且师生共同总结本题添加辅助线应侧重的角度，为后续其他解法积累经验，帮助学生养成总结反思的学习习惯。

视角 3：借助正方形易得 45° 角构造全等

问题 5：本题是以正方形为背景，连接对角线，能根据正方形的性质及"8"字模型推出 $\angle F$ 与 $\angle CAE$ 的关系吗？现在 EF 和 AE 分别在哪两个三角形中？

师：先以 EF 所在的 $\triangle ECF$ 为原有三角形，如何去构造含 AE 且与之全等的三角形？在 $\triangle ECF$ 中，根据 $\angle ECF = 135°$，思考能不能在 $\triangle AEC$ 中构造出小等腰直角三角形，如何构造呢？

过 E 作 $EM \perp BC$ 交 AC 于点 M（思路3，如图6所示），构造边等角等的条件，利用 ASA 证明全等。

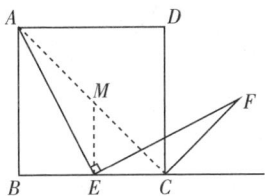

图6 思路3图

问题6：思路2和思路3两种方法中都有等腰三角形的出现，它为我们证全等起到了什么作用？

师（追问）：能否继续通过构造小等腰直角三角形的思路探究以 AE 所在的 $\triangle AEC$ 为原有三角形去构造出含 EF 且与 $\triangle AEC$ 全等的三角形？

学生先独立解决，学生独立解决不了，再四人小组讨论解决。教师巡视指导，引导学生思考 AE 在 $\triangle AEC$ 中不是最大边，而 EF 在 $\triangle ECF$ 中是最大边，由此启发学生向外补等腰直角三角形（思路4：如图7所示），过 E 作 BC 边的垂线交 FC 的延长线于点 M，易证 $\triangle AEC \cong \triangle FEM$（ASA）。

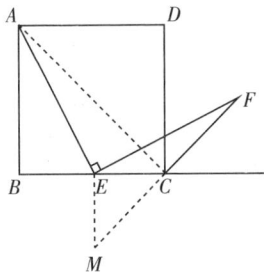

图7 思路4图

师：前两种方法都是在较大三角形中分割小等腰直角三角形，而第三种是向外补小等腰直角三角形，以上解法中你最喜欢哪一种？为什么？

生5：我喜欢思路2取 AB 的中点，题目中有一个中点的条件，所以我很自然地想到在正方形的另一边上也取一个中点，这样正方形的半条边相等。

生6：喜欢思路2，只要 $\triangle ECF$ 不变，我只用作一条辅助线连接 EM，在 $\triangle ABE$ 中分割了小三角形，这样简单。

分析：通过做不同的辅助线探究，猜想结论的证明方法，对照构造全等三角形的画图经历，尝试"观察、猜想、构造、证明"的完整逻辑推理过程，通过本题让学生体会，添加辅助线的目的在于创设由已知条件向所求结论过渡的条件，凸显对构造全等的初步经验。通过一题多解，体现思维的灵活性和发散性。让学生思考最优解法，从而培养他们的优化思想。

（三）条件变式，探寻本质

从数学角度衡量，好题要有自然生长的能力，所以笔者将本题中的其他条件不变，把"点 E 是 BC 边的中点"逐步改为"点 E 是 BC 边上的动点"，3 道变式"通过条件一般化结论还成立吗"有助于学生实现问题再思考、内容再丰富、知识再加工、过程再论证，悟出题目的结构之巧、解法之妙、意蕴之深。

（1）把"点 E 是 BC 边的中点"改为"点 E 是 BC 边上的动点"，之前的结论还成立吗？请你说明理由。

学生很容易类比想到在 AB 上取一点 M，使得 $AM = EC$，连接 ME（如图 8 所示），易证 $\triangle AME \cong \triangle ECF$（ASA）。

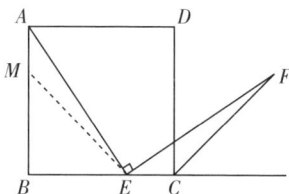

图 8　（1）题图

（2）如图 9 所示，若把条件"点 E 是 BC 边的中点"改为"点 E 是 BC 边延长线上的一点"，其余条件不变，那么结论 $AE = EF$ 还成立吗？请你说明理由。

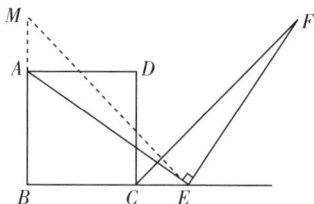

图 9　（2）题图

教师巡视过程发现有部分同学在 AB 上取一点 M，画出与 $\triangle ECF$ 很像的钝角三角形，选一位学生上黑板画图，其他同学观察纠错。

师：黑板上同学的画法对吗？为什么？那怎么作辅助线呢？

生7：我觉得黑板上的同学画的不对，AE 在 $\triangle AME$ 中是最大边，而 EF 在 $\triangle CEF$ 中并不是最大边，所以这样构造的三角形不全等。

生8：应该延长 BA 至 M，使得 $AM = EC$，易证 $MB = BE$，推出 $\angle M =$

$\angle FCE = 45°$，再由 "8" 字模型得 $\angle DAE = \angle AEC$，推出 $\angle MAE = \angle CEF$，从而 $\triangle MAE \cong \triangle CEF$（ASA），得 $AE = EF$。

（3）如图 10 所示，若把条件 "点 E 是 BC 边的中点" 改为 "点 E 是 BC 边反向延长线上的一点"，其余条件不变，那么结论 $AE = EF$ 还成立吗？请你说明理由。

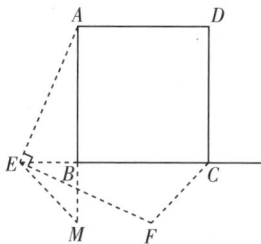

图 10 （3）题图

分析：三道变式后运用几何画板动态演示点 E 无论在直线 BC 上怎么运动，$\angle AEF = 90°$ 时，$AE = EF$ 的结论始终不变。通过三道变式的探究培养学生类比、模仿的能力。

（四）课堂总结，反思分享

问题 7：想一想这节课用到了哪些概念、定理，以及模型？

问题 8：问题的解决用到了哪些数学思想和方法？对于今后的解题有哪些启示？

分析：通过上述问题，引导学生回顾整节课的解题过程，帮助学生强化模型意识，鼓励学生谈例题及变式的共性特征，积累丰富的解题经验，引导学生勇于思考，攻坚克难。

三、教学反思

（一）立足能力培养，发展核心素养

解题教学不能就题讲题，应挖掘题目背后所承载的知识、技能、思想、经验，教师应注重思维方式和思考深度，加强对学生学习过程和结果的有效把握，让有意义的学习活动自然发生。在母题的一题多解和变式问题的解决过程中，巩固全等三角形的判定和性质、正方形的性质、等腰直角三角形的性质等基本知识和基本推理技能，并在探究中培养学生类比、归纳、建模等数学思想，凸显添加辅助线将问题化归为熟悉模型的意识。让所有学生真正参与到深度思考和交流中，将核心素养的提升落到实处。

（二）开展一题多解，促进减负增效

"双减"政策出台后，对解题教学提出了更高的要求，例题习题的选取应基于学生的"最近发展区"，选择具有思维梯度的好题。通过一题多解及变式训练，既重视减轻学生负担的"减法"，也思考提质增效的"加法"。通过变式题组培养学生思维的灵活性，不断变换问题中的非本质特征，但问题的本质属性不变，使学生从"变"的现象中发现"不变"的本质。在解题策略和方法上，不但让学生"想得到"，而且能通过思维生长让其达到"想得妙"，培养学生思维的深刻性以及攻坚克难的意志品质。

（三）加强过程教学，强化学法指导

章建跃博士认为，要改变我国数学教育中"重结果，轻过程"的功利化倾向，应提高思想性，使学生掌握数学研究的"基本套路"，让学生在认识数学"基本套路"的过程中，理解数学的基本思想、方法和精神，如本题引导学生从多个视角研究问题，促使变换探究走向深入，让学生明白研究这类几何问题的套路，进而实现从"学会"向"会学"的转变。

（四）搭建反思平台，实现高效教学

学生的错误和困惑往往就是教师了解学生的重要方面，也是教学的重要资源。本题及变式中学生暴露的两次思维障碍，通过合理恰当的试错教学，不仅让学生体会到遇到困难时要具有攻坚克难、寻根问底、理性分析等数学品格，还可以发展他们思维的灵活性、深刻性和广阔性。

参考文献：

[1] 章建跃.如何实现"思维的教学"——以"平面图形的旋转"的教学为例 [J].中学数学教学参考（中旬），2015（11）：10-12.

[2] 章建跃.章建跃数学教育随想录（下卷）[M].杭州：浙江教育出版社，2017.

初中数学教学如何提升学生的应用能力

新疆喀什泽普县第四中学 史虹懋

随着新课改的逐步落实，初中数学的教学目标也发生了变化，例如在学生的日常学习中，数学往往被视为一种抽象、孤立的学科，与实际生活相脱节。然而，事实上，数学无处不在，生活中的各种问题都蕴含着丰富的数学元素。学会发现和思考这些问题，不仅有助于提高学生的数学素养，也能使他们在解决实际问题中更富有创新性和实践性。数学教学不再完全遵循之前的应试教育观念，也开始关注学生的数学思维与核心素养的培育。但想要完全舍弃传统的教学模式也并不容易，不少初中数学教师依旧采取着传统的教学方法，整体的数学创新观念并不明确。新课改要求着重培育学生的学科素养，确保学生能够在学习知识的同时，掌握良好的应用能力，将这些知识与现实生活联系到一起，最终合理运用到现实问题的解决中。在全新教学任务的引导下，初中数学教师要逐步转变传统的教学观念，在教学的实践过程中，不仅要将基本的数学知识传授给学生，还需要培育学生的数学思维，鼓励学生主动去思考，尝试着用数学知识来解决生活中的问题，从而不断提升学生的数学应用能力。传统的初中数学课堂过于枯燥乏味，难以激发学生的学习兴趣，学生也不会主动将所学的数学知识与现实生活问题结合到一起。这一状况直接导致数学与生活相分离，许多数学知识在生活中得不到具体的体现，而学生所学的数学知识也仅仅局限在课堂中。为了改变这一现状，初中数学教师在新时期的数学教学实践中，应当教会学生尝试着运用数学思维去观察和分析现实问题，逐步拓展学生的数学应用方法，使得数学知识与现实生活重新联系到一起，稳步提升学生的数学应用能力。

一、引导学生发现生活中的数学问题

初中数学教学要想提升学生的数学应用能力，仅仅改变基础的教学模式是不够的，还需要将数学教学与生活紧密联系到一起，引导学生主动发现生活中存在的各类数学问题，并运用所学过的数学知识来解决这些问题。比如，在学习人教版七年级上册数学教材"几何图形"的相关知识时，课本中的实践主题是"设计制作长方体形状的包装纸盒"，在完成这一实践活动后，教师可以让学生结合所学知识尝试着发现生活中的其他几何图形，并对这些几何图形加以观察。如果学生在课外实践的过程中产生了一些理解上的疑惑，还可以留到课堂上进行询问，由教师对相关的问题进行解答，使得学生的学习变得更加完善合理。学生在生活中可能遇到的数学问题多种多样，如比例与分数（如购物折扣计算、食材配比等），几何图形（如家居装饰设计、空间布局优化等），概率与统计（如预测天气、分析比赛结果等）。这些问题看似简单，却蕴含着深刻的数学原理。教师要创新教学方式，一改传统的教学，将课堂时间分成三份，先是知识点的讲解，教师要先用一部分时间把今天的教学内容做讲解；然后再用一部分时间给予孩子们动手做题的机会，让孩子们能及时在做题的过程中发现自己的知识点掌握得不清楚的地方，从而能更加深刻了解；最后的一部分时间就是用来答疑解惑的，可以先让同学们总结出作业中的问题，然后交由老师来答疑解惑，也可以是同学们自主提问，说出自己对知识点不明白的地方，由老师讲解。这样的一堂课是高效的，也是极具魅力的，更能提高学生的数学应用能力。要引导学生发现和思考生活中的数学问题，教师可以通过课堂讨论、实践操作、课题探究等多种方式进行。例如，教师可以设计一些与生活实际紧密联系的课题，让学生在解决问题的过程中感受数学的魅力。同时，也可以鼓励学生多观察、多思考，从日常生活中提炼出数学问题。

在初中数学的教学优化过程中，教师不仅要让学生认识到数学与生活的联系非常密切，还需要引导学生明确数学知识是解决现实生活问题的一种必要手段，从而使学生对于数学的学习兴趣逐渐提升，并随之形成积极的学习状态。初中数学教材中的知识相对简单，且多数都与生活有着紧密的联系，如"实际问题与一元一次方程""坐标方法的简单应用""图形的旋转"等，但如果一味地进行知识灌输，学生很难形成对这些知识的现实感知，反而容易留下错误的学习印象，甚至盲目地认为数学知识不能应用到现实生活中。教师在引导学生发现生活中的数学问题时，需要考虑到现阶段学生的数学实践思维较弱，很难通过抽象思维来明确数学与生活之间的联系，因而需要通过直观的图片或者视频来帮助学生准确理解。比如，在学习"中心对称"时，教师可以筛选出一些现实图片，然后由学生判断哪些图片是轴对称的，哪些图片是中心对称的，接着可以鼓励学生按照这一思路在生活中寻找更多的中心对称的案例，全面提高学生的数学应用能力。

二、以生活案例锻炼学生的数学解题思维

初中数学教师在教学实践过程中，除了可以利用数学教材以外，也可以借助多媒体来寻找一些与数学知识相关的生活案例，让学生能够在接触这些案例的过程中形成更多的生活感悟，逐步提升学生的数学学习兴趣，并鼓励学生运用所学习的知识去解决这些案例中存在的问题。比如，在学习"随机事件与概率"以后，教师可以寻找以概率为主题的生活案例，如北方有着许多特殊的过年习俗，一些地方会在吃年夜饭的时候往饺子里包一枚钱币，谁能吃到包有钱币的饺子，便会在新的一年里万事顺心。由于有钱币的饺子仅有 1 个，因而并不是所有人都能够吃到。假设今年过年的时候，小明的外婆总共包了 60 个饺子，并在其中的一个里放了钱币，接着将这 60 个饺子以每人 12 个的方式分给家里的 5 个人，请问小明吃到钱币的概率有多少？

在提出这一生活案例后，为了提高学生的参与兴趣，教师还可以提出以下两个问题：①在确保公平性的前提下，吃一个饺子能够吃到钱币的概率为多少？②小明吃到有钱币的饺子的概率又是多少？在学生结合所学的概率知识解决完这些问题以后，教师可以进行教学拓展，尝试着在这一生活案例的基础上提出更多的活动要求，如依旧是小明家里的 5 个人共同分 60 个饺子，而有钱币的饺子依旧为 1 个，那么请同学们设计一个方案，使得小明和外婆吃到钱币的概率都为四分之一。这些教学问题与要求，本身契合了学生的生活实际，不仅能够引导学生主动参与到课堂学习活动中，还能使学生重新认识数学，并在解决实际问题的过程中获得成功体验。由于这类案例贴近生活，在解决相关问题的时候，学生会不自觉产生探索和求知欲望，解决实际问题的能力也会不断提高。当面临一个数学问题时，学生应首先进行问题分析，明确问题的核心和关键。然后，可以根据问题的性质选择合适的数学工具和方法进行探究。在解决问题的过程中，学生可以参考专家意见或其他通用方法，但更重要的是发挥自己的创造性和想象力，寻找到独特的解决方案。

三、联系生活深层次剖析数学知识

培育学生的数学应用能力是所有数学教学的基本出发点，但新时期的初中数学教学不仅要带领学生运用数学知识来解决现实当中的问题，还需要联系生

活来深层次剖析数学知识，使学生能够对数学知识形成一个全面而准确的理解和认知。所有数学知识的产生都与生活密不可分，初中学生已经有了一定的生活经验，这些应当成为教师可以利用的课程资源，在具体的教学实践过程中，教师需要尝试着将现实生活中的问题数学化，促使学生意识到数学其实是生活的组成部分，数学来源于生活，而生活也离不开数学。初中数学教师可以带领学生在生活中寻找数学问题，感受数学与生活之间的密切联系，从而凸显数学的教学价值，提高学生的数学应用能力。在讲解教材上的一些数学知识时，初中数学教师也可以举出一些生活中的实际案例来辅助讲解，便于学生加深理解。比如，在学习"平移"的时候，教师便可以举出一些生活中常见的事物，如滑梯、电梯等，然后引导学生对这些生活事物进行探索，从而得出平移的基本性质。在学生了解平移的基本性质以后，教师便可以带领学生应用这些知识来解决一些实际问题。如一些建筑物的装饰图案便是利用平移来完成的，教师可以将这些装饰图案展示给学生，并由学生进行思考，探索这些图案的形成过程。

在这样的实践中，学生能够逐步感受到数学与生活之间的密切性，并且对数学知识形成准确的认知，从而提高学习效果。除了平移的相关知识以外，初中数学教科书上的许多概念和公式都可以通过对现实事物的观察与猜想得出，教师仅仅需要在课堂上完成设计与引导，接着便可以让学生主动完成知识的探索过程，培育学生的数学应用意识。

四、以数学习题来锻炼学生的应用能力

初中数学教材中的知识不仅是一种理论认知，同时也可以用来解决现实问题。教师需要以新课改下的数学教学实践标准为基础，结合学生的实际成长需求，适当编制一些有趣的数学习题，以锻炼学生的数学应用能力。教师在编制习题的过程中，应当确保这些数学习题与生活有着紧密的联系，不可以直接照搬教材上的习题，否则容易让学生产生错误的学习认知。同时，初中数学教师还需要确保习题的难度符合学生的实际学习与成长状况，不可以超出学生的现有认知。比如，在学习不等式知识时，教师可以带领学生运用这些知识解决产品生产与销售的相关问题。比如，有一个工厂计划运用甲、乙两种原料一起生产 A、B 两种产品共 50 件，目前已知每生产一件 A 产品需要 5kg 甲原料和 2kg 乙原料；而每生产一件 B 产品则需要 4kg 甲原料和 6kg 乙原料，假设甲原料有 300kg，乙原料有 250kg，那么请设计出最为合适的集中生产方案。学生在解决这类问题的时候，需要综合考虑到实际的生产要求，所用的原料不可以超过原

料总量，同时也需要保证所有原料的使用达到最大化。为了进一步强化学生的数学应用思维，初中数学教师还可以分别给 A 产品和 B 产品进行生产能标价，假设 A 产品的售价为每个 600 元，B 产品售价为每个 800 元，探究如何生产能让工厂的效益最大化。

在实际的课堂教学中，初中数学教师需要留给学生足够的探索时间，让学生分别对比分析不同方案的适用性和差异性，多方面提升学生的数学应用能力。由于不同学生的认知不同，因此很可能得出多个差异性较大的方案，教师不可以盲目地进行否决，反而需要对学生加以鼓励，并要求学生尝试着分析方案的合理性，促使学生能够通过自身的努力来发现问题。学生在解决问题的过程中，也可以提出一些自己的想法，进一步拓展数学实践课堂，深层次地提高学生的数学应用能力。此外，初中数学教师也可以向学生提出一些有代表性的问题，帮助学生对这些生活案例进行思考和探索，锻炼学生的数学思维，引导学生应用数学意识来解决生活实际问题。

五、结束语

总而言之，初中数学与现实生活有着密不可分的联系，教师应当在传授数学知识的过程中引导学生结合现实生活进行思考，使学生意识到初中数学在解决现实生活问题中的作用，从而以积极饱满的情绪参与到数学实践中。初中数学教师应当培育学生的数学应用思维，鼓励学生运用数学思维来观察和解决生活问题，全面提高学生的数学应用能力。

参考文献：

[1] 王悦. 学生数学应用能力在初中数学教学中的培养策略 [J]. 数学大世界（下旬），2020（5）：9.

[2] 杨干卫. 探讨初中数学教学中应用能力的有效培养 [J]. 新课程（中旬），2019（8）：218.

[3] 李子棠，唐燕. 在初中数学教学中培养学生数学应用能力 [J]. 当代教研论丛，2015（2）：58.

[4] 苏军. 浅谈初中数学教学的"五要"[J]. 新课程（中学版），2009（6）：57.

"从分数到分式"的课堂研修

新疆昌吉回族自治州第一中学　李刚

笔者受邀在一中一小教育集团"心触杯"第六师初中数学现场课大赛中担当评委及赛后评课工作。由于是现场课，所以能充分感受现场的氛围，并且近距离地观察师生活动的细节和效果。听评他人的课以建设自己的课，借此良机，笔者既受到了探究主题鲜明、符合"深度教学"特质的精品课的洗礼，同时也因几节课中待商榷的问题而有了一些个人的思考。

全天先后观摩了5节"从分数到分式"的同课异构。因为是参赛课，几位教师从课的内容编排、逻辑的把握、课堂语言、学生的指导等方面可谓都使出了浑身解数。但正如罗增儒老师指出的：同课异构"同"的是课题的载体，"异构"的是教学的起点、关注的重点及目标的指向，有的是指向解题技能的教学，有的是指向知识运用的教学，有的是指向核心素养的教学。通过对每节课的整体感知和多维度的解构，笔者以个人浅见权且从中分出些许高低，以其中一些宝贵之处改进自己的课堂，同时也以一些待商榷之处警示自己的课堂。

一、由式到数，发现问题

五家渠第一中学的两节"从分数到分式"课堂中在概念形成的环节之后，都是将分式的代入求值、分式有无意义、分式值为0的条件，这三个知识点以"一般到特殊（将分式的字母换成数字）"为主线进行了整合，全课体现出分数（特殊）$\xrightarrow{\text{抽象}}$ 分式（一般）$\xrightarrow{\text{具体}}$ 分数（求值）的整体逻辑性。例如表1，并根据表格求分式的值。

表 1　分式记录表

x	…	-2	-1	0	1	…
$\dfrac{1}{x-1}$	…					…
$\dfrac{x+1}{x}$	…					…

问题 1：通过求值填表，你发现何时分式无意义？分式有意义的条件是什么？

问题 2：通过求值填表，你有没有发现其中一个分式有特殊值？另一个分式有这个特殊值吗？如果没有，请说明原因。

说明：学生在此环节的探究中，通过尝试对两个分式中的字母代入不同数值的过程，既知道了怎样求分式的值，又分别对两个分式有无意义、分式值为 0 的条件（分子为 0，同时分母不为 0）进行了探讨，将这三个重要内容的讨论整合到了一个探究活动中，形成对这三个问题的整体认知，具有典型的"深度教学"特质。

特别要提到的是，5 节"从分数到分式"的课中只有薛老师的那节课涉及了章头教学，其他教师都是直接从分式的抽象概念环节切入。"从分数到分式"是"分式"这一章的起始课，通过章头教学，一方面为学生揭示新的一章与前一章的联系，即为什么要学习这一章，另一方面有助于学生预先整体了解本章知识的全貌，包括本章要学习的主要内容及其展开脉络、研究方法和学习规律，触发学生的心理预期，激发他们的求知欲和学习兴趣。

二、分析定义，内涵外延

五位教师得出分式的定义后，在进行对定义内涵的分析解读时，基本都限于"满足 $\dfrac{A}{B}$ 的形式""A，B 都是整式""B 中含有字母"这些体现分式三要素的关键词的截取和强调。笔者认为，在强调"三要素"的基础上，还应帮助学生认识到：

（1）分式能够代表一般的分数，从分数到分式是具体到抽象、特殊到一般的关系，不要把它们割裂开，从而向学生渗透"数式通性"的思想，为后续类比分数的性质和运算来研究分式的性质和运算埋下伏笔。

（2）分式不是脱离实际而产生的，而是反映现实问题中数量关系的一种模型，某些条件下，分式或分式方程比整式或整式方程更适合作为实际问题的数学模型，具有不可替代的特殊作用。

三、聚焦疑点，思维碰撞

在分式的辨析自主练习中，对形如 $\frac{2x^2}{x}$ 的式子是否是分式的问题挖掘不充分，当学生回答正确时，几位教师的点评都是一带而过。根据笔者的经验，在这个问题上不是所有的学生都能想通。如果教师对于学生回答"是分式"，将追问由"同学们同意他的说法吗"改为"和他的想法不同的同学请举手"，然后让认为"不是分式"的同学充分表达理由，可能会引发一场学生间的思维碰撞，从而充分暴露学生的潜意识，再适时地以"代数式看外形、函数看对应关系的本质"来揭示答案，这样会使学生对问题认识得更深刻，更全面。

四、运用建模，拓展升华

笔者认为，几位老师的教学目标还有拓展的空间。他们为本节课制定的教学目标概括起来都是三点：一是理解分式的概念，会运用概念判断一个代数式是否是分式；二是能熟练地求解使分式有意义和分式值为零的条件；三是经历对具体问题的探索过程，能从具体情境中抽象出分式模型的数量关系和变化规律。笔者认为，这三条作为本节课的知识与技能目标是很准确的，但考虑到"过程与方法"目标，还应认识到两点：一是使学生认识到分式是把具体的分数一般化的抽象形式，向学生渗透从具体到抽象、从特殊到一般的思想，进而认识到"数式通性"，养成类比分数来研究分式的性质和运算的良好的学习方法；二是使学生认识到分式也是反映现实问题中数量关系的一种模型，培养学生的数学建模思想。对于后者，笔者的建议是适当增加如下的练习：

（1）让学生自己编制一个需要用分式来表示某个量的实际问题，然后由该生亲自指定一位同学回答，并且制定好游戏规则和奖励制度。

（2）教师给出一个分式，让学生们围绕这个分式创设出不同的实际情境。例如，对于分式 $\frac{y+1}{x+1}$ 可以参考：

方案1：一个长方形的面积为 $(y+1)$ cm²，它的长为 $(x+1)$ cm，则它的宽为_____ cm。

方案2：八年级（1）班原有学生 x 名，其中男生有 y 名，本学期又转来1名男同学，则现在男生占全班人数的比例是_____。

方案3：一杯 x 克的盐水中含盐量为 y 克，现往杯中再加入 1 克的盐，则此时盐水的浓度为_____。

这样的活动不仅可以增强师生互动、生生互动，活跃课堂气氛，而且能进一步深化学生的建模思想，还可以充分培养学生的应用意识和创新意识。

五、概念性质，避免混淆

本节课的五位老师中有三位老师，在由分式的辨析向分式的求值、分式有无意义和分式值为 0 的探究过渡中，说的都是："……下面我们来研究分式的性质……"笔者认为，数学研究对象的概念还是性质应明确和谨慎，不能随意改变称谓。对于分式来讲，类比分数的性质得出的"分式的分子与分母乘（或除以）同一个不等于 0 的整式，分式的值不变"才是分式的基本性质，是下一课时学习的课题。这里由分式的求值进而引发对分式有无意义及分式的值为 0 的条件的讨论，应当归为对分式概念属性的进一步分化，是继从分数到分式的抽象后再从分式到分数的具体化，是对其概念的进一步延展和完善。如果随意改变称谓，"说者无意，听者有心"可能会影响学生对分式基本性质的记忆，不利于学生整体感知本单元"概念—性质—运算—应用"的学习路径。

参考文献：

［1］罗增儒．"认识二元一次方程组"的课例与研修［J］．中学数学教学参考（中旬），2021（32）：2 – 8.

［2］周曙．基于定义方式的初中数学概念分类及其教学建议［J］．中学数学教学参考（中旬），2019（11）：2 – 4.

［3］人民教育出版社课程教材研究所，中学数学课程教材研究开发中心．义务教育教科书教师教学用书数学八年级上册［M］．北京：人民教育出版社，2017.

对"十字相乘法"同课异构的点评

新疆昌吉回族自治州第一中学　李刚

初中数学组的传统——"整体点评",是对于课堂观察善于对课堂行为的局部分析和诊断,而不善于对课堂事件的整体、综合、宏观把握,这种"只见树木不见森林"的局限性的有效补充。因此,整体性的评价有利于听评课活动对学科专业属性的保持。

韦老师和张老师两位老师的同课异构,"同"的是相同的课题载体——十字相乘法分解因式,"异构"的是教学的起点、关注的重点及目标的指向。纵观两节课的教学过程,对"十字相乘"这一方法的切入方式大同小异,与八年级上册数学教材 121 页阅读材料所体现的逻辑基本一致。

一、教学起点衔接准确

两节课都是从具体的一次二项式的"积化和差"入手,抽象为 $(x+p)$ $(x+q) = x^2 + (p+q) x + pq$ 的一般化模型,然后分析强调结果中的一次项系数及常数项与两个一次二项式的常数项的运算关系,从而固化模型的特征,接着引入"十字相乘"图的几何直观,使交叉相乘的运算思维显化,同时也是为后续相反变形的"十字相乘"做好铺垫。之后引导学生类比提公因式法、公式法分解因式的学习经验,将模型反过来得到 $x^2 + (p+q) x + pq = (x+p)$ $(x+q)$,可用于特定模式的二次三项式的因式分解,发现其关键在于联想整式乘法的运算规律,建立待分解的二次三项式的一次项系数(两个数的和)及常数项(两个数的积)与分解得到的两个一次二项式的常数项的对应关系。然后将这种对应关系中的"竖乘""交叉相乘"思维显化为"十字相乘"的直观图,重点强调交叉相乘的结果与三项式中的一次项系数的对应,从而得到完整的十字相乘法的程序性知识。

两节课的不同之处在于，韦老师对十字相乘法分解因式的一般化结果，利用分组分解法进行了推导验证。而张老师则侧重于对三项式的常数项的拆分方案进行详细讨论。可以说两位老师的教学都充分呈现了知识发生发展的过程，以期让学生合理、自然地接受十字相乘法。

二、教学指向核心素养

众所周知，"十字相乘法分解因式"并非中考内容。但两位老师之所以都能跳出"为考而教，不考不教"的局限，选择这一教材无现成示例并且难教的课题，想必对这部分内容的价值有着深度的思考：

第一，十字相乘法是初高中衔接的必备运算技能，此时进行教学可视为本章内容的应运而生。

第二，十字相乘法的学习使学生对本章知识体系的认知上更具整体性。

第三，十字相乘法的掌握使学生对代数式恒等变形的能力跃上一个新的台阶，前面学习平方差和完全平方公式时，以矩形面积的等积转化来辅助证明公式的成立性，是典型的数形结合——"以形助数"，其目的更倾向于让学生深刻理解公式的结构特征，例如，$(a+b)^2$的结果要比a^2+b^2多一项。"十字相乘"图也是数形结合思想的运用，但其作用则倾向于将错综复杂的运算思维显化，学生相当于又多了一种代数思维。

第四，从情感态度和价值观的角度来说，对补充内容的学习，也有利于矫正学生"为考而学，不考不学"的狭隘的学习观，培养学生的开拓创新、攻坚克难等精神品质。

因此，两位教师毅然选择这一课题作为公开课，可视为一种教学勇气和教学智慧自我超越的尝试。

三、两节课的可商榷之处

共性问题：由于没有现成的教材示例可借鉴，抑或是因为这部分内容对学生具有较大挑战性，两节课中教师的"主导"显得过多，学生始终被紧紧"牵着鼻子走"。十字相乘法中对常数项的分解因数同交叉相乘验证一次项的系数是一个整体，分解的方案本身就是需要不断尝试的过程，这个过程需要经验的积累，因此，这里应当放手让学生充分尝试，体会不同的分解方法对一次项系数的改变，最终总结形成自己的经验。在这个基础上教师发挥"导"的作用，让学生按常数项分别为正数和负数两种情形，对分解因数的符号进行讨论，再针对一次项系数的符号进一步讨论，总结规律、升华能力就显得水到渠成。

对于韦老师：首先，印发的教学设计中直接写"目标叙写"似有不妥，应当先写基于课标的教学目标，在这个教学目标下进行目标的叙写；其次，在两个一次二项式相乘引入"十字相乘"后，贸然加入系数不为 1 的两式相乘没有太大的必要，反而耗费了一些宝贵的时间，分散了学生对一次项系数 $p+q$ 和常数项 pq 研究的注意力，可以删去。

对于张老师：印发的教学设计中"三维目标"的写法可以改为"融合性目标"，不提倡将"知识与技能""过程与方法""情感态度与价值观"进行人为割裂，它们应该是整体实现的。课堂中对待临时生成的应变能力有待提升。例如，在课堂的开头，由具体的二项式相乘抽象一般模型环节中，当问到某位同学"你为什么算得如此快"，该同学答"因为我已经很熟练了"（教师的预设答案可能是"我已经掌握了某种规律"），此时教师稍感意外，有些不置可否。笔者建议可以追问"所谓熟练是指什么？""是不是多次练习后看出了运算的套路？"……

以上就是对本次同课异构两节课的整体点评，纯属个人观点，难免肤浅，敬请批评指正。

实际问题与一元一次方程"电话计费问题"的课堂研修

新疆昌吉回族自治州第一中学 李刚

12 月 14 日,笔者为教研组内的一节研讨课担当主评课人,授课内容为人教版七年级上册数学教材第三章第 4 节"实际问题与一元一次方程"的最后一课时——探究 3 "电话计费问题"。这一节是不太好讲的,内容不好把握,教材提供的题目素材——两种移动电话的计费方式,七年级的学生对此并不熟悉。教育部出台《关于加强中小学生手机管理工作的通知》后,家长和学校对学生使用手机的限制严格了许多,七年级学生中个人拥有手机的凤毛麟角,即使个人有手机,他们不会也不必关心每个月打电话的费用,更不知道还有"主叫收费"和"被叫收费"的概念。再者,分段计费涉及自变量在不同范围下的计算方式的分类讨论,这对学生来讲本身就是难点,再加上需要进行两种不同方案的对比,使得问题的分析和解决过程都更加复杂,对思维深刻性和缜密性要求很高。

听他人的课建设自己的课,在观摩了高老师的这堂课后,我发现值得我学习的地方有以下几点:

(1) 在新课导入环节,高老师设置了昌吉市出租车收费的情境问题,非常贴近学生的生活,特别是用线段——图形化直观呈现分段计费的情形,使内在的思维外显化,能起到把复杂问题简单化的效果,有效加深了学生的理解。

(2) 在"探究 3"问题的分析过程中,设置了由浅入深的问题链,将难点问题进行了拆分,为学生搭建了思维进阶的"脚手架",有效降低了思维的跨度。特别是将两种超过主叫限定时间的计费方式设置为两个单独的问题,学生先自主列出当主叫超过 150 分钟限定时间时，方式一的计费为 58 + 0.25（t - 150），当主叫超过 350 分钟限定时间时，方式二的计费为 88 + 0.19（t - 350），这为后面省钱情形的讨论做了非常好的铺垫。

（3）课堂上对学生执行力的重视，该放手的地方果断放手，在几个特定的主叫时间下尝试对两种方式计算收费的环节，给予了充足的时间让学生计算，不急于向学生要计算结果，让他们在计算中感知数量关系的变化。笔者有个体会，当教师时间久了慢慢地就会讲得多，为了赶进度，常常剥夺了学生自主尝试的机会和表达想法的话语权。高老师始终贯彻一个理念——这是你的课堂，就是你的问题、你的任务，你要自己算直到把它算出来。

（4）当讨论至主叫时间分别是 150 分钟和 350 分钟时，学生发现由方式一的计费较少转换为方式二的计费较少。这时候，教师并没有急于揭示问题的着眼点——方式一计费与方式二计费相等的情形，而是让学生再次尝试计算并鼓励他们交流讨论，以期学生能自己发现并提出问题，在焦点问题的酝酿上隐忍不发，可谓是诱发学生深度思考的高明之举。

（5）板书有规划，有结构，与多媒体课件的互补作用恰到好处。

在观摩这堂课之前，笔者也刚刚上完这节课，所以对高老师的这节课在很多环节上产生了同频共振。正因为有了对比，所以引发了更深入的反思，使得自己对这一课从内容立意到重难点的突破都有了更加深入的认识，以下几点期望能提供给同人或者本人再次教授这节课时作为参考，使我们的学生学起来更容易，更透彻，通过这节课学习的收获也更多。

一、导入新课后不宜直接进入探究3

学生突然面对如此难度的问题往往无从下手，就如同一个游泳初学者一下跳进深水中，无所适从且容易"呛水"。笔者的做法是，先以一个与探究3类似但情境简单得多的问题（教科书 106 页"练习"第 2 题）作为铺垫。

原题：用 A4 纸在某誊印社复印文件，复印页数不超过 20 时，每页收费 0.12 元；复印页数超过 20 时，超过部分每页收费降为 0.09 元。在某图书馆复印同样的文件，不论复印多少页，每页均收费 0.1 元。问：如何根据复印的页数选择复印的地点使总价格便宜？（复印的页数不为零）

目的是由简单问题入手，为激发思维做好充足的预热和铺垫。通过解决这道题，学生积累如下经验：①选择哪家店更划算取决于复印的页数；②需要针对每家店，依据优惠条件列出用页数表示复印费用的代数式；③在划算结果发生逆转的过程中肯定存在费用相等的情形，这就是复印页数的划分点，并且关键就是要找到这个划分点；④找到划分点后要对逆转前后的费用大小关系进行检验。

简单来说，就是为接下来的探究 3 的三个难点提供预见性和方向性：

（1）为什么要找划分点，即怎样想到要找划分点。

（2）怎样找到这个划分点。

（3）找到划分点后如何解释。

二、审清"月使用费"和"主叫超时费"的意义

在组织学生审题的环节，首先要帮助学生理解"月使用费"和"主叫超时费"在现实生活中的意义。

（1）表中的"月使用费"是不受主叫时间多少的影响而固定收费的项目，它承担"主叫限定时间"之内的主叫通话费用。"主叫超时费"则是按超时量加收的费用，它等于超时费单价乘超时量。"被叫"通话免费。

（2）主叫时间不超过限定时间，即主叫时间小于或等于限定时间，这时只收"月使用费"。主叫时间超过限定时间，即主叫时间大于限定时间，这时收"月使用费"加按超时量计算的超时费。

三、加密试算的过程

在上课过程中，笔者捕捉到一幕：学生提出当 t 大于150且小于350时，方式一的计费是 $58 + 0.25(t - 150)$ 元，方式二的计费仍然是 88 元，当二者相等时可以得到方程 $58 + 0.25(t - 150) = 88$，解出方程后，就可以对两种方式哪种更省钱进行分类讨论了。教师的追问是："你为什么想到让 $58 + 0.25(t - 150)$ 与 88 相等呢？"此时这位学生被问得不置可否，显然，他只是凭直觉觉得它们应该有相等的时候。这里的问题在于，教师依据教材的分析所设定的表格中，仅仅将两个主叫限定时间 150 分钟和 350 分钟作为不同时间范围的划分点（$t = 150$，方式一计费 58 元小于方式二计费 88 元；$t = 350$，方式一计费 108 元大于方式二计费 88 元），区间跨度有些过大，这里提出 $58 + 0.25(t - 150)$ 与 88 相等就具有一定的跳跃性，其他学生接受起来也不自然。

改进建议：遵从源自生活经验的思维的自然性，在主叫限定时间 150 分钟和 350 分钟之间设定一些特定的时间，让学生尝试计算两种方式下的计费，见表1。

师：填填下面的表格，你有什么发现？

表1　两种方式计费记录表

主叫时间（分钟）	100	150	200	250	300	350	450	500
方式一计费（元）	58	58	70.5	83	95.5	108	133	145.5
方式二计费（元）	88	88	88	88	88	88	107	116.5

这个表格与教材的"分析"中设定的表格相比，试算值的区间更加细密，学生通过试算可以有以下两个方面的发现：

（1）在主叫限定时间从150分钟到250分钟的范围内，方式一的计费是逐渐逼近方式二的计费88元的，直至在250分钟到300分钟的较小范围内的某一时刻实现了反超，这时学生则会想到肯定存在方式一计费与方式二计费相等的情形，即 $58+0.25(t-150)$ 与88相等，从而列出一元一次方程 $58+0.25(t-150)=88$，解得 $t=270$，从而得出270分钟这一关键的主叫时间范围划分点。

（2）在主叫限定时间超过300分钟之后，随着主叫时间的大幅增加，方式二比方式一的计费省钱的幅度也在大幅扩大，在较多的数值支持下，在这个范围内，方式二比方式一的计费更省钱的关系应该不会再发生逆转了。这也为学生探究当 t 大于350分钟时，方式一计费 $58+0.25(t-150)$ 的值大于方式二计费 $88+0.19(t-350)$ 的值提供了预见性和确定性。

在教师的启发下，学生不难想到此时可以将两种方式的计费统一到350分钟的基准线上，即将方式一的计费以108元为基础，按照超出350分钟的时间来计算超时费，就能自然地将式子 $58+0.25(t-150)$ 转化为式子 $108+0.25(t-350)$，而式子 $108+0.25(t-350)$ 的值恒大于式子 $88+0.19(t-350)$ 的值。这就使方式二比方式一计费更省钱的 t 大于350分钟和 t 大于270分钟两个时间划分范围得以自然合并，即当主叫时间超过270分钟之后方式二比方式一计费更省钱是不变的，不会再发生逆转。本节课的第三个难点——时间范围划分点是270分钟的解释得以突破。

"实际问题与一元一次方程探究3——电话计费问题"是比较难的一节课，学生学起来难，教师教得也很困难，很难达到教与学的一致性。我们要想上好这节课必须认识到其内容的本质，概括起来就是三个层面：怎样想到要找时间范围的划分点，怎样找到这个划分点，找到划分点后如何解释。

参考文献：

[1] 人民教育出版社课程教材研究所，中学数学课程教材研究开发中心．义务教育教科书教师教学用书数学七年级上册［M］．北京：人民教育出版社，2017．

激趣、导思：结构化的章头教学

——以"实数"为例

新疆昌吉回族自治州第一中学　李刚

一、章头教学的意义

人们常说"万事开头难"。笔者清晰地记得自己读初三时的一节化学课，化学老师演示"制取氧气——铁丝在氧气中的燃烧"的实验时，全班同学那无比惊奇的表情，以及由此引发的对化学课强烈的兴趣和期待的情形。笔者认为，数学的章头教学应当使学生对新的一章的学习充满期待。

但实践中，很多教师在章节起始课中忽视了对章头教学价值的挖掘，有的则仅限于对课本原文的照本宣科，主要原因是对章头教学的重要性及意义认识不足。笔者认为，站在单元整体教学的角度，章头教学——章前图及章引言的教学是实施单元整体教学的起点。喻平教授在《数学学习心理的 CPFS 结构理论》中指出：教学中应坚持数学教学的整体性。在教学过程中，要把某单元的整体知识分解为一份份学生可以接受的知识，又要注意各部分知识之间的联系，使数学知识成块呈现。坚持"整体—部分—整体"的原则，首先必须从整体上给出概述，使学生形成单元知识的整体直观认识，然后逐个讲解各部分的具体数学知识，最后给予整体上的小结。精心设置问题，凸显逻辑主线，结构化的章头思维活动，能帮助学生了解本章知识的来源与发展、结构与关联、价值与意义，知晓本章课程内容和教学内容的安排意图，并且引发他们对新的一章强烈的好奇心和兴趣。

二、章头教学教什么

一些教师不太重视章头教学的另一个原因是对章头教学到底教什么不是很清楚。韩继伟认为：单元教学的核心不是把几部分内容简单地合在一起，其核心应是一个整体。开展单元整体教学时，教师所要面临的最大挑战是如何找到使这些知识成为一个整体的那条主线。这条主线包括三个核心要素：驱动这个单元整体内容产生的本源性问题是什么？解决本源性问题的学科基本观念、思想或者方法是什么？解决这些问题所得到的结论之间有什么联系，是什么样的概念或命题层级？笔者认为，章头教学的核心就是让学生初步感知本章学习的"逻辑主线"——"为什么学、学什么、怎样学、学完后怎样"。初步了解"本章与前述学习的逻辑关联"——为什么学；"本章的主要内容（陈述性、程序性知识）"——学什么；"本章内容的逻辑架构及主要思想方法、研究路径"——怎样学；"本章之后对后续学习的展望"——学了后怎样。围绕这一主线将章头内容进行结构化的思维活动设计，其特点应当是统摄性、概括性增强，问题凸显、迅速切入，帮助学生整体感知新的一章与前述及后续学习的内在联系，对本章将要遇到哪些问题，可能采用什么样的方法和策略来解决这些问题形成一定的预见性，继而引发学生对新学习领域的期待和对新知探究的热情，帮助其树立学好新一章的自信心。下面，笔者以人教版七年级下册数学教材第六章"实数"为例对章头的教学进行探讨。

三、"实数"的教学认识

（一）"实数"学习的重要性

无理数和后续实数的诞生，在数学发展史上具有里程碑的意义，有理数系扩充到实数系是人类对数的认识的一次飞跃，实数的出现和理论体系的建立对学生的认知发展具有关键性的促进作用。同时，实数的概念与运算还是后续学习的基础，实数这一章里引入开方运算从而补齐了数与代数运算体系的最后一块拼图，如图1所示，没有实数，有的开方运算就不能进行，数轴上会留下很多很多"孔"，很多二次方程都无解，也不会有美妙的"黄金分割"，更别说对函数的研究了。

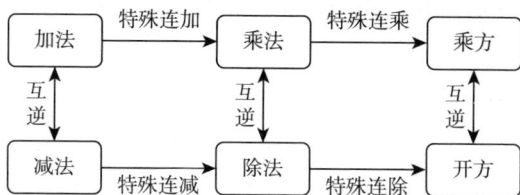

图1　数与代数运算体系

（二）"实数"学习的困难性

实数的内容很深奥，也是大学《数学分析》课程的一个难点，完全认识实数需要集合、对应、极限、连续等知识。对于七年级的学生，在第二学期"实数"的学习中会出现一定的困难，主要原因有：①符号 $\sqrt{\ }$，$\pm\sqrt{\ }$，$\sqrt[3]{\ }$ 的引入。开方开得尽时，它们是运算的过程性符号，开方开不尽时，它们兼具过程性符号和结果性符号；②学生对无理数的生活体验极少（小学对 π 的认识基本上都是老师直接告知，自己记住的）；③学生真正理解"无限"与"不循环"是非常不易的；④"实数"这一章安排在"勾股定理"之前，除 $\sqrt{2}$ 外，学生不易感受到 $\sqrt{3}$，$\sqrt{5}$，……这些无理数现实存在的合理性，更不要说 $\sqrt[3]{2}$，$\sqrt[3]{5}$，……这样的数了；⑤开方是依据乘方的逆运算来考虑运算结果；⑥作为一种运算，正数开平方的结果有两个，而以往的运算结果大都是唯一的。因此，"实数"这一章是初中数学与代数学习的一个重点和难点。

四、"实数"的章头教学

（一）教材原文

章前图：神舟飞船发射的画面。

章引言：同学们，你们知道宇宙飞船离开地球进入地面附近轨道的速度在什么范围内吗？这时它的速度要大于第一宇宙速度 v_1（单位：m/s），而小于第二宇宙速度 v_2（单位：m/s）。v_1，v_2 的大小满足 $v_1^2 = gR$，$v_2^2 = 2gR$，其中 g 是物理中的一个常数（重力加速度），$g \approx 9.8\text{m/s}^2$，$R$ 是地球半径，$R \approx 6.4 \times 10^6\text{m}$。怎样求 v_1，v_2 呢？这就要用到平方根的概念。

随着对数的认识的不断深入，人们发现，边长为1的正方形的对角线的长不是有理数，这就需要引入一种新的数——无理数。实际上，计算第一、第二宇宙速度等也要用到无理数。本章将首先学习平方根与立方根；在此基础上引入无理数，把数的范围扩充到实数；然后类比有理数，引入实数在数轴上的表示和实数的运算,并用这些知识解决一些实际问题。

(二)教材的再创造

1. 引入互逆运算——为什么学

问题 1:神舟飞船是我们国家值得骄傲的航天成就,同学们知道神舟飞船能离开地球进入地面附近轨道,它的速度在什么范围吗?这时它的速度要大于第一宇宙速度 v_1(m/s),而小于第二宇宙速度 v_2(m/s)。v_1,v_2 的大小满足 $v_1^2 = gR$,$v_2^2 = 2gR$,其中 g 是物理中的一个常数(重力加速度),$g \approx 9.8\text{m/s}^2$,$R$ 是地球半径,$R \approx 6.4 \times 10^6 \text{m}$. 求 v_1,v_2。

师生活动:由于运算量过大,所以仅以求 v_1 为例,学生把 g 和 R 的值代入式子 $v_1^2 = gR$ 中计算,得到 $v_1^2 = 6.272 \times 10^7$。此时教师依次追问:求 v_1 的值本质上是怎样的运算?这和上学期学过的什么运算有关系?是怎样的关系?学生回答:是已知一个数的平方值求这个数,它是平方运算的逆运算。继而教师直接提出,要解决平方运算的逆运算问题就要用到平方根的概念。

2. 设置问题障碍——学什么

问题 2:公元前 5 世纪,毕达哥拉斯学派的一个成员因为求边长为 1 的正方形的对角线的长,发现了一个既不能用整数,也不能用分数来表示的新数。他的这一发现,在当时的数学界掀起了一场巨大风暴,导致数学史上的"第一次数学危机"。这个问题可以表述如下:如图 2 所示,每个小方格的边长为 1,则正方形 $ABCD$ 的面积是多少?它的边长是多少?

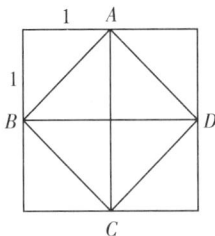

图 2

师生活动:学生易得出正方形 $ABCD$ 的面积是 2。一方面,说明面积为 2 的正方形在现实中确实存在。另一方面,因为要求边长,就要思考哪个正数的平方是 2,学生发现在已知的数的范围内找不到这个数,从而产生强烈的认知冲突和迫切的释疑期待。

问题 3:"立方倍积问题"也称"倍立方体问题",就是利用尺规作图(仅限没有刻度的直尺和圆规作图)作一个立方体,使其体积等于已知立方体的 2

倍，它是古希腊三大几何难题之一。问题提出后的两千多年来，许多数学家相继研究发现，只要不限于尺规作图，"立方倍积问题"是不难解决的。其中古希腊数学家、哲学家柏拉图给出了如下的解法：

如图 3 所示，取相互垂直的两条直线 m 和 n，交点为 O，在直线 m 上取 $OC = a$，在直线 n 上取 $OD = 2a$。将两根木匠用的直角尺按图 3 所示放置，使一根直角尺的一边（内侧）经过 C 点，且它的直角顶点 B（内侧）在直线 n 上；使另一根直角尺的一边（外侧）经过 D 点，而它的直角顶点 A（外侧）在直线 m 上，然后使两根尺子的另两边重合。这时 $OB^3 = 2a^3$（九年级学习"相似三角形"后便可以证明）。当 a 取 1 时可以得到怎样的数量关系？此时 OB 的长 x 的值为多少？

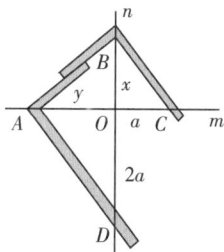

图 3　两根木匠用的直角尺

师生活动：当 a 取 1 时，则 $OB^3 = 2$。尽管学生对问题的背景比较陌生，且无法理解结论的得出，但因其出自数学史上的著名问题，依然能初步感受到求"立方得 2 的数"这一问题的现实存在性。教师进一步将问题转化为"当图中 OC 的长度取 1，以图中方式所得到的 OB 的长为棱长，则所作出的正方体的体积即为 2"，以说明体积为 2 的正方体存在的合理性，此时 OB 的长 x 的值在有理数范围内也无法找到。第二个现实例子的出现，加剧了学生在有理数范围内数不够用的认知冲突。

3. 揭示逻辑主线——怎样学、学了后怎样

问题 4：上述三个问题在本质上有什么共性？

师生活动：概括出三个问题的本质都是已知幂和乘方的指数求底数，它们都是乘方的逆运算。教师直接揭示：实际上，问题 2 是平方的逆运算即开平方，问题 3 是立方的逆运算即开立方，我们在有理数范围内找不到平方等于 2 和立方等于 2 的数，这就要引入一种新的数——无理数。其实，求第一、第二宇宙速度等也要用到无理数，在我们引入了无理数之后，可与已学过的有理数一起将数的范围扩充到实数。

问题5：回忆一下，上学期的第一章学习了有理数的概念之后，我们学习了什么？在此基础上又学习了什么？

师生活动：共同回忆并梳理出学习完有理数的概念之后学习了在数轴上表示有理数，借助数轴学习了相反数和绝对值，然后在相反数和绝对值的基础上学习了有理数的运算。之后，教师点明：在我们把数的范围扩大到实数后，将会类比有理数在数轴上的表示，引入实数在数轴上的表示，在此基础上研究实数的相反数和绝对值，以及实数的运算，从而能用这些知识解决一些实际问题。本章的主要内容及逻辑主线，如图4所示。

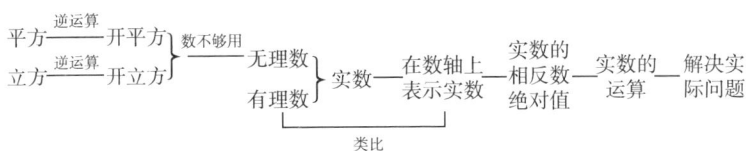

图4 本章的主要内容及逻辑主线

（三）教学说明

问题1是设置平方运算的逆运算的现实问题情境，说明开平方是实际中会用到的一种运算，它的运算本质是已知幂和乘方的指数求底数，使学生初步感受它与已学过的乘方运算的逆运算关系，为本章内容与学过的相关内容建立了逻辑衔接，从而为本章的学习创设认知起点。如果同时解决求 v_1，v_2 的问题，运算量有些大，章头引课的耗时将会过长，导致整堂课"头重脚轻"，由于 v_1 和 v_2 的求解过程是类似的，所以仅以求 v_1 为例把问题说清楚即可。同时，将教材原文的"宇宙飞船"改为我国的"神舟飞船"，增强学生对问题的现实感和对祖国科技成就的自豪感。

问题2和问题3以数学史上两个著名的问题作为情境，让学生初步体会求平方得2的数即 $\pm\sqrt{2}$，以及立方得2的数即 $\sqrt[3]{2}$ 在现实中存在的合理性，问题不是凭空捏造出来的。学生因意识到在有理数的范围内不能解决这两个问题而产生强烈的认知冲突，此时提出要引入无理数则水到渠成。同时这两个问题的数学文化和数学史材料能使学生体会到，人们对数的认识从有理数扩充到实数不是一件简单的事，是历史上无数伟大的数学家前赴后继努力的结果，这样能有效激发学生对数学家的崇拜、对数学史的敬畏、对数学的热爱和对本章的学习兴趣。虽然由问题1思考哪个数的平方是 6.272×10^7 时也可以提出引入无理数的必要性，但由于这个数特别大，不容易确定在有理数范围内是否存在这个数。

借助问题4和问题5，为学生揭示了本章的研究路径和逻辑线索，也体现了部分概念或命题的层级，同时也预告了本章将要用到的重要思想——类比，为有理数范围内相反数和绝对值的意义以及运算律、运算性质向实数范围的推广埋下伏笔。逻辑主线的图示使本章的研究路径和逻辑脉络得以直观呈现、一目了然。

参考文献：

［1］喻平．数学学习心理的 CPFS 结构理论［M］．南宁：广西教育出版社，2008．

［2］韩继伟．数学学科研究：课程改革中的灯塔［J］．中国数学教育（初中版），2023（23）：3．

［3］罗增儒．"实数"课例的现场研修［J］．中学数学教学参考（中旬），2022（32）：21 - 27．

凸显逻辑主线、结构化的章头教学

——以"相交线与平行线"为例

新疆昌吉回族自治州第一中学 李刚

在教学实践中，很多教师在章起始课中会忽视教材的章前图及章引言部分，有的则会按照课本原文照本宣科一番。当下，单元整体教学的研究与实践正开展得如火如荼，笔者认为，章头课——章前图及章引言的教学是单元整体教学不可或缺的起点，它引导学生进入新章节的学习，帮助学生构建对章节内容的整体认识和理解，其重要性在《义务教育数学课程标准（2022 年版）》〔以下简称《课标（2022 年版）》〕中也被提到：整体把握教学内容，注重教学内容的结构化，在教学中要重视对教学内容的整体分析，……帮助学生了解数学知识的产生与来源、结构与关联、价值与意义，了解课程内容和教学内容的安排意图。单元整体教学应遵循"总—分—总"的实施架构，章前图及章引言的教学能帮助学生了解本章知识的产生与来源、结构与关联、价值与意义，知晓本章课程内容和教学内容的安排意图，是新单元开篇的第一课，是单元整体教学"总—分—总"架构的第一个"总"。

找到单元内容知识背后共同的本源性问题和解决问题的观念方法，并能够将这些结果结构化，是开展单元整体教学的关键。笔者认为，章头课的教学就是对这条"主线"的概括性描绘。其教学通常是围绕本章的"为什么学、学什么、怎样学、学了后怎样"这几个问题而进行的概括性阐述，即"为什么要学本章（本章与前述学习的逻辑关联）""本章的主要学习内容（陈述性、程序性知识）及其结构""本章的主要思想方法、研究路径""本章学习对后续学习的铺垫作用（后续学习的展望）"。其作用是帮助学生初步整体感知即将学习的这一章与前、后章之间的逻辑架构，以及本章在相应的学习主题（大单元）结构内所处的位置，对本章将要遇到哪些问题，可能采用什么样的方法和策略来解决这些问题形成一定的预见性。尤其是，章头课的教学能引发学生对新学习领域的期待和对新知探究的热情，帮助其树立学好新一章的自信心。其特点是强化统摄性、概括性，迅速切入主题，短小而精悍。下面，笔者以人教版七年级下册数学教材第五章"相交线与平行线"为例，来探讨如何使章头课的教学实现其应有的价值。

一、单元学习目标

（1）理解对顶角、邻补角的概念，能识别三线八角，探索并掌握对顶角的性质。

（2）理解垂线、垂线段等概念，能用三角尺（量角器）过一点画已知直线的垂线。在理解点到直线的距离的定义基础上能度量点到直线的距离。掌握垂线性质的两个基本事实。

（3）理解平行线概念，能用尺规作图法过已知直线外一点画这条直线的平行线，掌握平行线的基本事实——平行公理，了解平行公理的推论。掌握平行线判定的基本事实，探索并证明平行线的判定定理。掌握平行线的性质定理。

（4）通过具体实例认识平移，探索平移的性质。认识并了解平移在自然界和现实生活中的应用，运用图形的平移进行图案设计。

（5）通过具体实例，了解定义、命题、定理的意义，会区分命题的条件和结论。知道证明的意义和证明的必要性，知道证明要合乎逻辑，能按照"三段论"进行简单推理。了解反例的作用，知道可以利用反例来判断一个命题是错误的。

二、单元学习目标下的章头课教学

（一）教材原文

教材中的章前图为纵横交错的立交桥，示人以相交线和平行线的实例。章引言：上一章我们认识了几何图形，并学习了一些基本的平面图形——直线、射线、线段和角。本章将研究平面内不重合的两条直线的位置关系：相交与平行。对于相交，我们要研究两条直线相交所成的角的位置关系和数量关系；对于平行，我们要借助于一条直线与另外两条直线相交所成的角，研究平行线的判定和性质。在此基础上，再学习平移的有关知识。本章我们还将学习通过简单的推理得出数学结论的方法，培养言之有据的思维习惯。

特点：直接陈述了本章内容与现实生活的联系，高度概括了本章主要内容及其学习方法和路径。但全部为文字表述，呈现方式单一，好比接收到的是一套"毛坯房"，缺乏旨在激起探索欲的丰富的问题情境，而且学生不易体会到从上一章学习直线、射线、线段和角，到本章学习平面内不重合的两条直线的位置关系，再到研究两条直线被第三条直线所截的系列问题的逻辑自然性。

（二）教材的再创造

问题 1： 在上一章我们认识了几何图形，并学习了一些基本的平面图形——直线、射线、线段和角。以下有你熟悉的几何图形吗？它们是怎样的关系？（利用 PPT 课件，动态演示在图 1 基础上向右延长得到图 2，再在图 2 基础上向左延长得到图 3，每变化一次接着问学生此时得到了什么图形）

图 1　动态演示 1 　　　图 2　动态演示 2 　　　图 3　动态演示 3

生：首先是一条线段，向一旁延长就得到了射线，然后再向另一旁延长就得到了直线。线段和射线都是直线的一部分。

问题 2： 下面我在刚才得到的直线 AB 旁再画出一条直线 CD，它们看起来是怎样的位置关系？为什么？（在图 3 基础上再添加直线 CD，得到图 4）

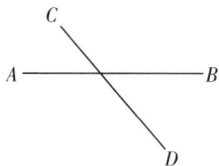

图 4　动态演示 4

生：直线 AB 和 CD 是相交的，因为它们有一个交点。

问题 3： 现在我再画出第三条直线 EF，请观察它与直线 AB 和 CD 分别有怎样的位置关系？为什么？（在图 4 基础上再添加直线 EF，得到图 5）

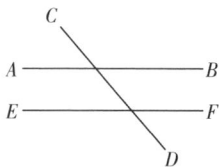

图 5　动态演示 5

生：直线 EF 与 CD 相交，与 AB 平行。

师：判断直线 EF 与 CD 相交是因为可以看到它们有一个交点，判断直线

EF 与 *AB* 平行是依据什么呢?

生:……

问题 4:(出示生活中的实物图片)实际上,同学们对生活中的直线相交、平行也并不陌生,例如,纵横交错的道路、棋盘中的横线和竖线、火车的两根铁轨,教室中的课桌面、黑板面相邻的两条边与相对的两条边等都给我们以相交线或平行线的形象。你能再举出一些相交线和平行线的实例吗?

师:关注局部,如图 6 所示,直线 *AB* 和 *CD* 相交,形成有公共顶点的四个角,例如∠1 和∠2,∠1 和∠3,它们在位置上分别有什么特点?又分别有怎样的数量关系?放眼整体,直线 *AB* 和 *EF* 分别与第三条直线 *CD* 相交形成八个角,其中不具有公共顶点的角,例如,∠1 和∠5,∠4 和∠5,∠3 和∠5,它们在位置上分别有什么特点?会否因这些角之间存在某种数量关系而证实大家对直线 *AB* 和 *EF* 可能平行的猜测?反过来,如果正如同学们猜想的,直线 *AB* 和 *EF* 是平行的,那么这些角之间又会有怎样的数量关系?

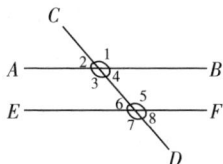

图6 动态演示6

以上这些都是本章我们要研究的问题,在解决了这些问题的基础上我们还将学习平移的相关知识,还将学习通过简单的推理得出数学结论的方法,从而培养同学们言之有理、言之有据的思维习惯。本章的主要内容及逻辑主线,如图 7 所示。

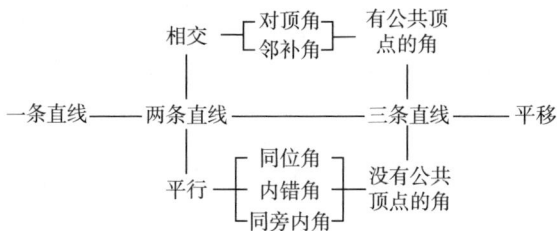

图7 本章的主要内容及逻辑主线

(三)教学说明

此设计将章引言单一的文字性概括,转换为图形及符号语言的有逻辑的结构化活动设计。问题 1 是接续上册的最后一章（本章的前一章），既对所涉及的前一章的核心内容进行了概括，也复习了线段、射线、直线的概念上的逻辑关系。到问题 2，自然引出生活中见到的肯定不只一条直线，再添加一条直线，必然带来平面内两条不同直线的位置关系的问题。而相交是在上一章定义过的，这样既提示了学生用定义来判定相交线，又为下一步初判两条直线平行做好铺垫。到了问题 3，再引入第三条直线与前述一条直线相交，自然产生两条直线被另一条直线所截的现象。为了与第二条直线相异，有意将第三条直线画得与第一条直线看起来平行，此时问学生能不能判定平行，要判定平行就要拿出依据。学生知道直线是无限延伸的，因此，说它们不平行，就必然相交，那就得判定它们一定有交点；要说它们平行，按前述思维，就要拿出它们不会有交点的依据，除此之外别无他法，由此就产生了认知上的冲突和障碍，解决困惑的想法十分迫切，也为后续平行线用"不相交"这种否定方式进行定义埋下伏笔，实现了由上一章到本章自然、快速地切入。

带着对相交还是平行的判定的困惑进入到问题 4，学生意识到相交线和平行线是生活中的常见现象，通过老师的展示和学生的举例，强化对相交线和平行线的直观认识，建立从具体现象到数学对象的抽象，有助于后续讨论位置关系时，对是否要加"在同一平面内"这一前提的理解。教师就图 6 的设问，实际上并不需要学生当场回答，主要是为学生揭示后续将会循着：两条直线被第三条直线所截，具有公共顶点的两个角之间的位置和数量关系，以及不具有公共顶点的角之间的关系，并且能否由这些角的关系解开判定两条直线是否平行的谜团，接着依据研究一个数学问题往往要研究与其相反的问题的一般观念，自然会研究已知这两条直线平行这些角又会有怎样的关系，……，这样的学习路径。

图 6 设问之后的最后一段话，是为学生揭示：一方面，在三线八角与两条被截线之间位置关系的所有问题研究完毕后，按照概念—判定—性质—应用的学习规律，也不例外地运用平行线的判定和性质解决一些实际问题——图形的平移。另一方面，从学习方法上，本章要尝试从说理到推理的过渡，具体体现就是推理要有依据。

很多教师在本章教学展开之前，纠结于在书写推理的解题过程中，是否要求学生必须写出每一个结论的推理依据。主要是让学生在几何入门的阶段，初步尝试书写推理过程，但学生往往忘记写、不会写、写不对。这样，一方面，教师辅导和纠正起来工作量大，费时费力，常常因此着急上火。另一方面，严格的书写要求会增加畏难情绪，挫伤学生学习几何的兴趣和信心。那么，教材章引言中"培养言之有据的思考习惯"应怎样理解呢？《义务教育教科书教师教学用书数学七年级下册》中指出：从第四章"几何图形初步"到本章，几何语言的训练是从"说理"过渡到"简单推理"，本章对于推理的要求还是处于初级阶段，教师教学中要注意循序渐进地提高学生的推理能力，要注意逐步提高，不可急于要求学生用规范的符号语言完整书写推理过程。在"平行线的性质"这一课时的最后，教材在介绍了命题、定理等概念的基础上，结合一个完整的证明过程介绍了什么是证明。这时，教材安排了一些在给出的推理过程中，以填空的形式填写一些关键步骤和推理理由的例题和习题。这样做是让学生知道什么是证明，能在给出的推理过程中，填出一些关键步骤和理由，并不要求所有学生都能写出完整的证明过程，目的在于逐步培养学生言之有据的习惯，为完成由实验几何到论证几何的过渡打下基础，而不是几何证明的方法和技巧。在本章学习的早期，笔者鼓励学生用自己的语言说理，但必须说明推理的依据。在中后期，采用分层要求，对于学习程度好的学生鼓励他们用符号语言进行推理，对于尚有困难的学生可以用自然语言推理，但是都要求对于推理要写出依据，并辅之以补全关键步骤和推理依据的填空训练。

参考文献：

［1］中华人民共和国教育部．义务教育数学课程标准（2022 年版）［M］．北京：北京师范大学出版社，2022．

［2］喻平．数学学习心理的 CPFS 结构理论［M］．南宁：广西教育出版社，2008．

［3］韩继伟．数学学科研究：课程改革中的灯塔［J］．中国数学教育（初中版），2023（23）：3．

［4］人民教育出版社课程教材研究所，中学数学课程教材研究开发中心．义务教育教科书教师教学用书数学七年级下册［M］．北京：人民教育出版社，2017．

基于单元整体教学的"一元二次方程"章起始课

新疆昌吉回族自治州第一中学　张欣

《义务教育数学课程标准（2022 年版)》［以下简称《课标（2022 年版)》］强调，"改变过于注重以课时为单位的教学设计，推进单元整体教学设计，体现数学知识之间的内在逻辑关系，以及学习内容与核心素养表现的关联"。基于此，单元起始课显得尤为重要，它是单元整体教学的重要组成部分，同时也是整个单元的定位仪和导航图，为整个单元的学习提供相关背景、知识框架、逻辑体系和应用价值。本文以人教版九年级上册数学教材第 21 章"一元二次方程"的起始课为例，尝试论述单元整体教学理念下章节起始课的实施策略。

一、教学分析

（一）教材分析

本节内容是人教版九年级上册数学教材第 21 章第 1 节课，是"一元二次方程"的起始课，主要内容有从实际问题中抽象出数量关系列出一元二次方程，求出它的根进而解决实际问题。已经学习的一元一次方程、二元一次方程组内容，其知识、路径、方法与思想是研究一元二次方程的基础。在此基础上，为了更好地体现单元整体思想，单元起始课应承担介绍本单元内容、地位和作用的功能，因此本节课通过结构化的认知，让学生明晰本单元"为什么学""学什么""怎么学"的整体观念。

（二）学情分析

在小学阶段学生对方程已有认识，但仅停留在"知其然，而不知其所以然"的阶段。七年级已学过一元一次方程、二元一次方程（组）的概念、解法、应用，八年级已学过分式方程的概念、解法、应用，学生已经具备发现、提出、分析、解决问题的能力，能从实际问题中抽象出数量关系，并列出方程。

（三）教学目标和目标解析

1. 教学目标

（1）通过对真实情境问题的研究，经历发现与提出问题、分析并尝试解决问题的过程，初步感受方程在解决实际问题中的意义和价值。

（2）通过类比、观察、思考归纳出一元二次方程的定义及相关概念，发展抽象思维能力，能熟练地把一个一元二次方程整理成一般形式。

（3）在建立方程模型尝试解决实际问题的过程中，主动思考，自主探究，积累基本活动经验，发展模型观念和应用意识，感悟数学应用的普遍性。

2. 目标解析

达成目标（1）的标志是学生能够分析出实际问题中的已知量、未知量和等量关系，建立方程模型，列出一元二次方程。

达成目标（2）的标志是学生能够归纳出一元二次方程的概念及一般式，能根据系数写出一元二次方程。

达成目标（3）的标志是学生能类比一元一次方程的方法来学习一元二次方程。

（四）教学重难点

重点：通过实际问题，建立一元二次方程的模型，理解一元二次方程的概念及其一般形式。

难点：通过实际问题，建立一元二次方程的数学模型，再将一元一次方程的概念迁移到一元二次方程的概念中，掌握学习方程的研究思路和方法。

二、教学过程

（一）情境导学，抽象方程

情境1：要设计一座 2m 高的人体雕像，使雕像的上部（腰以上）与下部（腰以下）的高度比等于下部与整体的高度比，雕像的下部应设计为多高？

问题1：你想到用什么方法解决此题吗？我们学过哪些方程？如图 1 所示。

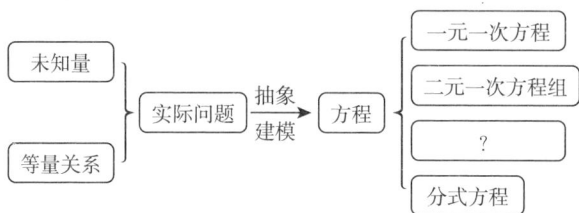

图 1　解决方法结构图

追问 1：你能找到题目中的已知量、未知量和等量关系吗？找到后做什么？

追问 2：你列出的方程是整式方程还是分式方程？它们之间有什么联系吗？

分析：学生根据题意列出分式方程，在尝试解方程的过程中，分式方程会转化为整式方程，从而学生能直观感受到新方程是一个整式方程。

问题 2：你能类比整式方程给新方程取个名字吗？

设计意图：以"人体雕像"为情境，一是学生会列已学过的分式方程进入新课，降低学生的认知难度，体现了知识的逻辑连贯性；二是通过对方程化简整理，引出研究对象——一元二次方程；三是帮助学生掌握建立方程的步骤与方法。

情境 2：如图 2 所示，有一块矩形铁皮，长 100cm，宽 50cm，在它的四角各切去一个同样的正方形，然后将四周突出部分折起，就能制作一个无盖方盒。如果要制作的无盖方盒的底面积为 $3600cm^2$，那么铁皮各角应切去多大的正方形？

图 2　矩形铁皮

情境 3：如图 3 所示，长 5m 的梯子斜靠在墙上，梯子的底端与墙的距离是 3m。若梯子底端向右滑动的距离与梯子顶端向下滑动的距离相等，那么梯子移动了多少距离？

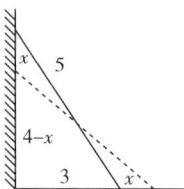

图 3　梯子斜靠在墙上线形图

分析：具体教学中，教师要引导学生认真分析三个问题中的已知量、未知量，以及已知量和未知量之间的数量关系，根据等量关系列出方程。

设计意图：从生活实际和数学实际两个方面导入，让学生体会一元二次方程是解决生活实际问题和数学实际问题的必然选择。同时也使学生感受到有些实际问题需要建立这一类的方程模型去解决，让学生明晰"为什么学"。

（二）类比研学，表达概念

问题 3：类比以前学习一元一次方程的经验，你觉得应该研究哪些内容？

问题 4：请同学们回忆一元一次方程的概念，类比一元一次方程的概念你能说出新方程的概念吗？

追问：一元三次方程的概念呢？一元四次方程的概念呢？

设计意图：带领学生复习一元一次方程的知识，帮助学生找到可类比的知识和方法，积累学习新方程的经验，为学习一元高次方程打下基础。

问题 5：你能自己写出一个关于 x 的一元二次方程吗？

追问：大家所写的方程一样吗？不一样的话区别在哪儿？你能写出所有的一元二次方程吗？你能用一个一般式表示一元二次方程吗？

设计意图：这里给足学生时间展示不同的方程，让学生充分感受到一元二次方程的表达结构，强化用字母表示任意的数的解题方法，揭示了概念的本质特征。

问题 6：请同学们回忆一元一次方程的一般表达式，类比一元一次方程的一般表达式你能写出一元二次方程的一般表达式吗？

追问 1：一元二次方程 $ax^2 + bx + c = 0$ 中，a，b，c 代表什么？有什么要求？

追问 2：你能完善情境 1 中的解决方法结构图吗？如图 4 所示。

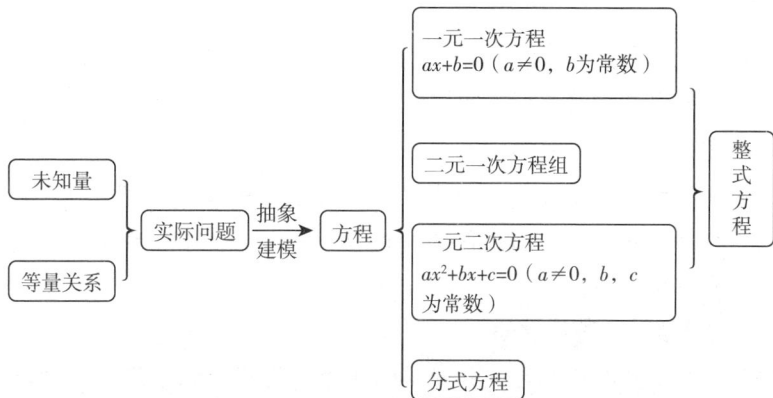

图 4 完善后的解决方法结构图

设计意图：让学生通过举例、下定义、写出一般式等活动来认识一元二次方程的概念，在形成概念的过程中以"问题链"引导学生积极主动地进行自主尝试、自主分析、自主思考、自主构建，让学生真正理解一元二次方程概念的内涵和外延，通过迁移一元一次方程的学习经验，得到一元二次方程的研究内容，从而深刻理解"怎么学"。

（三）活动固学，发展思维

活动：写出二次项系数是1，一次项系数是 -2，常数项是 -3 的关于 x 的一元二次方程。

设计意图：加深学生对一元二次方程概念的理解，并搞清在一元二次方程的一般形式中，二次项和二次项系数、一次项和一次项系数以及常数项的区别，为后面学习用配方法和公式法解一元二次方程打下基础。

小组活动（4人一小组）：

以0，2，-2 为系数或常数项写出一个关于 x 的一元二次方程，你能尝试解自己所写的一元二次方程吗？解方程的依据是什么？

追问1：你能写出几个一元二次方程呢？这些方程有什么相同的特征呢？解这些一元二次方程有什么相同点和不同点？

追问2：什么叫方程的解？一元一次方程的解怎么求？一元二次方程的解怎么求？

分析：学生尝试解一元二次方程，学生在探索和体验中逐渐得到一元二次方程的两种解决思路，一种是通过因式分解将方程转化为两个一元一次方程，一种是根据平方根定义直接开方解决。对有争议的约分可以放手让学生自行讨论解决。

追问3：$2x^2 - 2x = 0$ 是情境几中所列方程的一般表达式呢？它的两个解都符合题意吗？如果不符合，请说明理由。

设计意图：一元二次方程的不同解法本质上是相通的，只是所解方程的特殊性和复杂性不同。教学时要让学生学会把新方程转化为已学的旧方程，感悟化归思想，理解解法思路的同根同源和内在联系。同时在思辨中不断感悟，增强运算能力和推理能力。

（四）反思悟学，整体感知

问题7：在知识和方法上，本节课你有什么收获？你是怎样学到这些内容的？预测接下来要学习哪些内容？如图5所示。

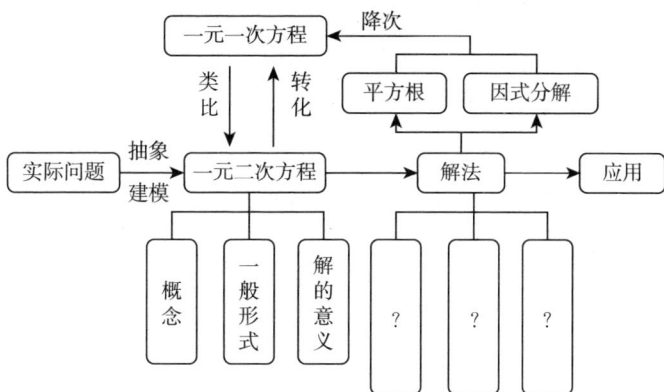

图5　接下来的学习内容脉络图

设计意图：通过小结，带领学生梳理本节课所学的知识，巩固新知识，领会知识的形成过程，并用知识列表或知识结构图将分散的知识进行归纳，构建出整体的知识结构，形成大单元学习观。

（五）达标测学，学以致用

（1）判断下列式子是否是一元二次方程：

①$x^2 + \dfrac{1}{x} = 2$；②$x^2 + y - 6 = 0$；③$x^2 - x - 2 = 0$；④$2x^2 - 3x = 2 \ (x^2 - 2)$；

⑤$ax^2 + bx + c = 0$。

（2）将一元二次方程 $x^2 = 3 - 2x$ 化为一般形式为_____，$a =$ _____，$b =$ _____，$c =$ _____，一次项为_____，二次项为_____。

（3）（教材 P4 习题 T3 改编）从 -2，-1，1，2 中找出方程 $x^2 + x - 2 = 0$ 的解？

设计意图：通过练习，巩固一元二次方程的相关概念，同时也能检测学生对本节课的掌握情况。

三、教学反思

（一）注重整体设计，明确主题（单元）结构

章建跃教授认为："教好数学"的内涵应该是"为学生建构前后一致、逻辑连贯的学习过程，使学生在掌握数学知识的过程中学会思考"，并进一步指出在面对一个新的数学研究对象时，要有"整体观"，要为学生建构整体框架。因此，在单元学习之初，应当让学生清楚将要学习的单元知识结构，章节起始

课的课程设计既要见树木又要见森林。

本节课教师从宏观上进行认知构建，围绕"实际情境—抽象出方程—分析方程—解决方程"这一主线开展课堂学习，以实际情境导入，通过总结归纳一元一次方程、二元一次方程组、分式方程的研究路径，引导学生复习一元一次方程的研究内容，类比引出一元二次方程的研究路径，如图6所示，从而帮助学生形成方程学习的整体观。

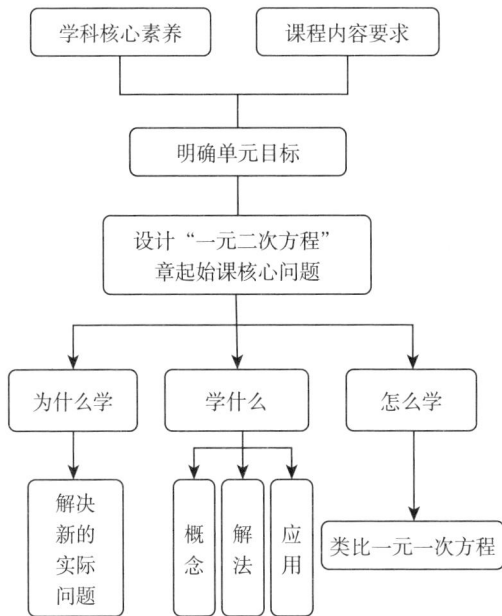

图6　一元二次方程研究路径图

（二）注重数学活动，提升核心素养

有效的数学活动是学生掌握数学基本知识、基本技能、基本数学思想，发展能力的重要途径，本节课中教师精心设计3个核心问题链，问题链1的核心是针对实际问题如何建立方程，问题链2的核心是一元二次方程的相关概念，问题链3的核心是如何解一元二次方程。每个问题又分别设计了相应的追问及活动，能充分发挥学生的主观能动性，引发学生对问题和结论的思考、交流、分享、质疑、补充和完善。其中，让学生去编写题目，再改编题目，这一举措极大地调动了学生的学习积极性，从而让学生进一步建构起对一元二次方程概念的更深层次的理解，进一步明晰了二次项产生的根源。让学生尝试解自己所编写的方程，既活跃了课堂气氛，又调动了学习积极性，培养了学生的数学思维品质，提升了学生的数学学科素养。最后，在课堂小结部分，采用了思维导图的方式呈现，既展示了学习流程思路，把握了学习流程，构建了整体的知识结构，也让学生明白了"为什么要学习这一章""学什么""怎么学"，有了这样的一个"整体观"和"大局意识"，学生才能做到学得深刻，学得扎实。

参考文献：

［1］中华人民共和国教育部．义务教育数学课程标准（2022 年版）［M］．北京：北京师范大学出版社，2022.

初中数学单元整体教学案例分析

新疆博乐市第一中学　马文梅

近几年，国内许多专家和一线教师都非常关注单元整体教学。单元整体教学，又称"大单元教学"，指的是教师从整体的角度把握知识结构和数学思想方法，更加关注系统地学习知识，把每一个单独的知识点放到完整的系统架构中去理解，这样的教学思想能使学生把新旧知识串联起来，从整体的角度在脑海中建立数学知识框架。《义务教育数学课程标准（2022年版）》明确提出：要选择能引发学生思考的教学方式，要重视并推进单元整体教学设计。这就意味着要打破以往注重以课时为单位的教学设计，推进单元整体教学设计。基于整体观的教学，本人也做过一些尝试，通过培训学习也积累了一些教学案例，现将这些案例及本人的所学与所想整理出来，与大家共享。

一、沿用相同的学习路径进行单元整体教学设计

数学知识是相互联系的，许多知识虽然分布在不同的年级甚至学段，但它们在知识结构上存在着相似性，在学习路径和思想方法上也高度一致，这样的新知可以沿用旧知的学习路径展开单元整体教学。

案例1：人教版八年级上册数学教材第15章"分式"与小学的"分数"，无论是学习内容，还是学习方法和思路都高度相似，可以借助小学学习"分数"的经验和方法来学习。

"分式"这一章有三个独立的学习单元，即分式、分式的运算和分式方程，这些内容的学习与小学"分数"的学习路径一模一样，体现了数式通性。教材将第一课时的课题名称确定为"从分数到分式"说明这一章节无论是课时学习还是单元学习都是类比分数来学习分式。教师在第一课时结合"分数"的知识结构图类比得到"分式"这一章要学习的内容，如图1所示。

分数的认识 ┐
分数与除法的关系 ┤ 分数的定义及性质
分数的基本性质 ┘

分数的通分 ┐ 分数的化简与变形
分数的约分 ┘

分数加减法 ┐ 分数的运算
分数乘除法 ┘

小学　中学

分式的定义及性质 ┐ 分式的定义
　　　　　　　　 └ 分式的基本性质

分式的化简与变形 ┐ 分式的通分
　　　　　　　　 └ 分式的约分

分式的运算 ┐ 分式的乘除法
　　　　　 ├ 分式的加减法
　　　　　 └ 分式的乘方运算

行程问题 ┐
工程问题 ┤ 分数现实应用
按比例分配 ┤
…… ┘

分式方程应用 ┐ 分式方程定义
　　　　　　 ├ 分式方程的解法
　　　　　　 └ 分式方程应用

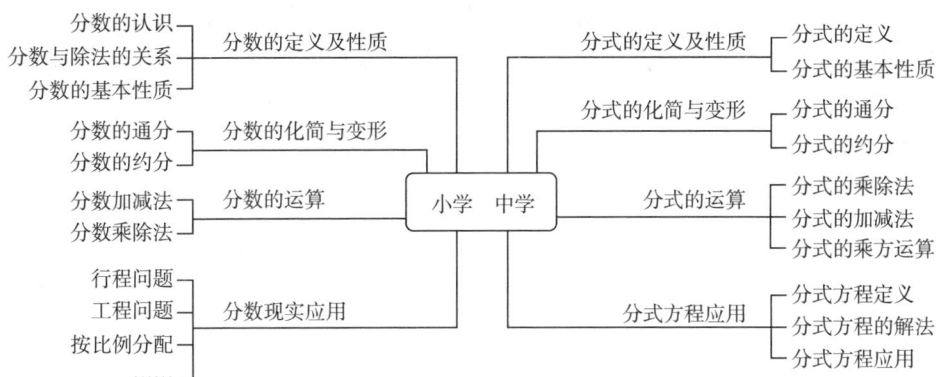

图 1　由分数到分式

这节课不用深入学习第一课时的内容，重点让学生对整章的学习内容有一个大致了解，与已有的知识建立联系，初步掌握全章学习的顺序和方法。有了这节课的统领和整体感知，也能提高学生自主学习的能力。

案例 2：人教版九年级下册数学教材第 27 章"相似三角形"与八年级上册第 12 章"全等三角形"在定义、性质和判定方法上都具有一致的学习方法和探究路径。这两个内容可以放到一起类比和对比学习，让学生在区别和联系中加深对知识的理解，形成整体思维。2016 年"上海安济教育服务队"博州送教下乡活动中，王绍美老师的一节整合课"全等与相似"给我留下了深刻的印象。她对相似三角形的讲授就建立在全等三角形的基础上，引导学生利用类比和对比的方法学习。课上她先让学生回顾全等三角形的几种判定方法，再让学生类比全等的判定方法大胆猜想相似三角形的判定方法，然后放手让学生去思考和证明。当学生没有头绪时她引导学生证明了其中一种判定方法，之后学生自主证明其他几种判定方法。在她的启发引导下，一节课的时间探究了相似三角形的三种判定方法，完成了我们平时三课时的教学任务，还让学生了解了全等与相似的内在逻辑关系。而多出来的课时则可以引导学生强化训练，提高学生运用知识的能力。这节课不仅让学生了解了全等与相似的联系与区别，使知识连贯起来，还提高了学生分析和解决问题的能力。

二、利用核心知识点进行单元整体教学

数学中很多新知识都是在同一个旧知的基础上"生长"出来的，这个"生长点"就是这些新知的核心知识，我们可以利用核心知识将这部分知识串珠成线进行单元整体教学设计。

案例3：人教版八年级上册数学教材"14.1.4 整式的乘法"中的"单项式乘以单项式""单项式乘以多项式"和"多项式乘以多项式"，研读这几节的内容会发现，"单项式乘以单项式"就是整式乘法学习的生长点和核心知识，可以利用核心知识展开本单元整体教学。以下是具体环节。

环节1：出示教材中14.1.4的引入问题：光的速度约为 $3 \times 10^5 \, \mathrm{km/s}$，太阳光照射到地球上需要的时间约是 $5 \times 10^2 \, \mathrm{s}$，你知道地球与太阳的距离约是多少吗？列式后讨论（$3 \times 10^5$）×（$5 \times 10^2$）的计算方法。在计算过程中用到哪些运算律及运算性质？在此环节中，通过数的运算引导学生回顾运算律，明白算理。

环节2：将上式中的数字改为字母，比如 $ac^5 \cdot bc^2$，怎样计算这个式子，通过类比我们可以利用乘法交换律、结合律及同底数幂的运算法则来计算。

环节3：可分为两步进行：①先通过书本例题和课后练习巩固单项式乘以单项式的运算法则；②设置开放问题，单项式乘以单项式可以理解为两个整式相乘，那两个整式相乘还有哪些不同的情况？你能编出不同的整式相乘的题目吗？

设计意图：通过这个开放型问题，学生很容易想到，单项式和多项式统称为整式，那两个整式相乘还有"单项式乘以多项式"和"多项式乘以多项式"，自然引出后续的学习内容。

环节4：通过学生举出的"单项式乘以多项式"和"多项式乘以多项式"的例子，让学生自己思考计算方法，并思考这两种计算方法与"单项式乘以单项式"有什么联系。学生很容易想到通过乘法分配律它们都可以被转化为以"单项式乘以单项式"来计算，成功地将未知的知识转化为已知的知识。在这里，"单项式乘以单项式"就是整式乘法这一知识为生长点，围绕它展开整体教学，使得数学学习变得简洁又高效。

三、根据知识内在的联系进行单元整体教学

单元整体教学是以教材为基础，对"具有某种内在关联性"的内容进行分析、重组、整合，形成相对完整的主题教学单元，以实现教学效果更优化。

案例4：2022年4月"双减"背景下自治区义务教育学科教学质量提升主题研讨活动中，乌鲁木齐市第十三中学马永芳老师的单元整体教学课例展示的特殊四边形的性质，就遵循了这种整合思想。马老师先是带着学生回顾了三角形这一最基本的多边形的学习路径，内容涵盖定义—表示方法—性质—特例，

重点回顾了特例，就是将边特殊化后的等腰三角形和将角特殊化后的直角三角形的学习路径和思想方法，并告知学生特殊的四边形的学习路径也是如此。因为每个特殊的平行四边形的性质探索具有相同的学习路径，都是从这个图形的组成要素即边、角、对角线三个方面探究的，所以马老师一节课利用类比的方法学习了平行四边形、矩形、菱形、正方形的概念和所有性质，这就是一节对教学内容按照内在关联进行整合和重组的课，把新旧知识串联起来，从整体的角度建立数学知识框架，培养了学生的推理能力，使学生充分感悟类比和转化等数学思想。

案例5：人教版九年级上册数学教材第21章"一元二次方程"按照概念、解法、应用分成了三个自然的学习单元。按照这三个学习单元进行课时教学也非常好，但我们也可以在解法这个学习单元进行一个整合，将直接开平方法和因式分解法放到一起来讲。一元二次方程的解法是一个新的问题，特殊化是我们解决问题常用的思路。我们可以在概念学习的基础上，让学生举一些一元二次方程的例子，再对这些方程进行分类，学生很容易根据各项系数是否为零将一元二次方程分为一次项系数为零、常数项为零以及一次项系数和常数项都不为零的三类方程，接着从特殊入手，运用直接开平方法解一次项系数为零的方程，再运用因式分解法解常数项为零的方程，对于第三类一次项系数和常数项都不为零的情况我们不能用这两种方法来解，说明直接开平方法和因式分解法只适用于一些特殊结构的方程，具有局限性，从而很自然地引出配方法这一通法的学习内容。

这两种解法整合到一节课有两个好处，一方面节省课时，另一方面我们八年级学习因式分解时就学习过提公因式法和公式法，而直接开平方法（比如 $x^2 = 4$ 移项将其转化为 $x^2 - 4 = 0$ 后用平方差公式分解因式来求解也是可以的）和因式分解法刚好对应，可以将相关知识联系起来。

四、培养学生核心素养为主题的单元整体设计

单元整体教学克服了课时教学碎片化的思维，促进教师整体筹划学科教学将知识结构化，以解决问题为目标，引导学生在解决问题中提升能力，发展核心素养。

案例6：人教版八年级下册数学教材"19.2.1 正比例函数"的学习可以在定义环节培养学生的核心素养。按照教材，我们通过实际问题列出函数解析式，再归纳解析式的共同特征从而下定义。基于核心素养的培养，我们可以添加一

个函数分类的环节，具体操作如下：首先"创造性地使用教材"对思考中的3个小问题进行改编。

思考：下列问题中，变量之间的对应关系是函数关系吗？如果是，请写出函数解析式，这些函数解析式有哪些共同特征？

（1）圆的周长 l 随半径 r 的变化而变化。

改编：圆的面积 S 随半径 r 的变化而变化。

（2）铁的密度为 $7.9g/cm^3$，铁块的质量 m（单位：g）随它的体积 V（单位：cm^3）的变化而变化。

改编：一块 100g 的铁块，其体积 V（单位：cm^3）随它的密度 ρ（单位：g/cm^3）的变化而变化。

（3）冷冻一个 $0℃$ 的物体，使它每分钟下降 $2℃$，物体温度 T（单位：℃）随冷冻时间 t（单位：min）的变化而变化。

改编：冷冻一个 $10℃$ 的物体，使它每分钟下降 $2℃$，物体温度 T（单位：℃）随冷冻时间 t（单位：min）的变化而变化。

在问题情境不变的基础上，改变部分变量得到不同的函数解析式，目的是为了列出初中范围所有不同类型的函数解析式，为函数的分类做准备。其次，让学生对所列的函数解析式进行分类，并说出分类依据。最后，细分出最简单的且自变量次数最低的整式函数，即正比例函数来进行课时教学。

对所列函数解析式分类这一活动，目的是丰富函数概念生成的过程。函数是形式化定义的，学生在分类过程中，已经对函数从整式、分式的角度进行了区分，又从自变量次数的角度进行了区分，使得函数定义的得出不再是单一的从共同特征入手，而是通过对不同类型函数形式的对比和区别中形成，丰富了正比例函数概念生成的过程，不仅让学生对初中范围要研究的函数类型有了整体的认识，也为后续函数概念的学习奠定了基础，同时渗透了观察、归纳、抽象、分类等数学思想方法，落实了核心素养的培养。

《义务教育数学课程标准（2022 年版）》指出："通过合适的主题整合教学内容，帮助学生学会用整体的、联系的、发展的眼光看问题，形成科学的思维习惯，发展核心素养。"可见，进行单元整体教学既是学生发展的需要，也是课标的要求。那么究竟如何进行单元整体教学设计呢？本人认为应该结合学情，在合适的内容和课型中进行整体架构，教师自身要做到仔细研读教材和课标，整体把握教学内容，具有长效设计的思维，帮助学生建立结构化的数学知识体系和学习经验。

参考文献：

［1］石礼芹．初中数学单元整体教学设计策略初探［J］．中学数学月刊，2023（5）：43 – 46.

［2］中华人民共和国教育部．义务教育数学课程标准（2022 年版）［M］．北京：北京师范大学出版社，2022.

［3］吴娜．"正比例函数"教学设计［J］．中国数学教育（初中版），2022（Z3）：51 – 55.

"双减"呼唤单元整体作业设计

——八年级第二学期数学作业单元整体设计的初试与展望

新疆昌吉回族自治州第一中学　李刚

众所周知，数学是一门结构性很强的学科。数学的结构化教学，是指教师站在系统的高度，从整体的角度审视数学学习的发生、发展过程，从而科学地优化数学教学活动。当前，这种以结构化统整为主要特征的单元整体教学是广大教师研究和实践的热点，单元整体教学的设计必然要配套课后作业的单元整体性设计。《教育部办公厅关于加强义务教育学校作业管理的通知》中要求"把握作业育人功能""严控书面作业总量""创新作业类型方式""提高作业设计质量"……其中，对作业设计的质量提出了具体要求："学校要将作业设计作为校本教研重点，系统化选编、改编、创编符合学习规律、体现素质教育导向的基础性作业……针对学生的不同情况，精准设计作业，根据实际学情，精选作业内容，合理确定作业数量，作业难度不得超过国家课程标准要求。"昌吉回族自治州李刚初中数学教学能手培养工作室当下正以昌吉回族自治州第一中学八年级数学备课组为试点，进行"双减"背景下八年级第二学期数学作业的单元整体设计。

一、教辅的积弊

（一）教师囿于教辅对单元课时的划分

因为有作业与课时内容相配套的需要，往往教辅怎样设定单元和课时结构，教师就怎样安排单元和课时进度。有的教辅在课时划分上比较粗略，而此时教师需要依据学生的实际情况对课时再细化拆分，这时教辅习题的适配性就不能满足需要了。

（二）超纲、超标乃至偏题、怪题时有出现

教辅往往面向全国发行，即使有的面向特定地区发行，在难度和梯度上也

难免千篇一律，有的教辅为了满足求新求异、盲目拔高的片面需求，时有任意加大难度、超出课标范围的题目甚至偏题怪题的出现。每个学生都有自己的学习特点和需求，本校教师自行开发设计的作业就如同母亲亲手精心烹饪的"家常饭"，量身定制、咸淡适宜，所以能使学生日日滋养而茁壮成长。特别是对于低年级且基础相对薄弱的同学，初入中学便每日都不得不去应对这些任意超纲超标的作业题，很容易挫败他们的学习兴趣和自信心，这往往是造成学生的数学成绩过早两极分化的重要原因。

二、立意和初衷

（一）目的

数学作业单元整体设计的目的，是设计编制出一整套符合课标要求、响应"双减"政策、适合本校学情、便于分层布置、与课时划分更贴合、难度梯度更合理、思维培养更具指向性的有弹性的作业系统。

（二）目标

此项工作的目标，是通过八年级第二学期的实践，总结经验、找出不足，一以贯之地最终开发出初中六个学期的基于单元整体视角的课时作业。期望在实际教学中做到边用边改，从而使其不断处于动态的完善中。

（三）意义

笔者及同事们有两点期望：

（1）选择难度与学生层次适配、梯度合理、结构良好的题目编成作业，可以使学生尤其是七年级新生对数学这门课学起来更容易，对数学学科的体验更"友好"。张景中院士指出："对数学课来说，减轻负担最有效、最根本的一个方法，就是把数学本身变得更有效、更容易学。""最好能改造数学知识体系，研究更优的解决方法，让学生能轻松且高效地学习。""一个是改变定义，另一个是改进方法……"同时，也是因为在基础教育阶段，最重要的事情是保护好孩子的好奇心和自信心，笔者的团队试图通过这样的单元整体作业设计，尽最大可能地防止学生在数学学习中过早地出现两极分化，特别是少数学生在踏入中学不久就出现的"掉队"现象，以期更富实效地贯彻"人人都能获得良好的数学教育，不同的人在数学上得到不同的发展"这一课程理念。

（2）通过作业单元整体设计，有助于教师更好地从整体上把握教材，包括每课时学习内容的横向架构和纵向关联，厘清知识之间的内在逻辑关系，感知数学概念体系展开的脉络和学习规律，把握教学内容的重点和难点，以及单元内容所涉及的主要思想和方法。对题目的审慎取舍和改造，则会倒逼教师主动查阅课标，使之进一步熟悉课标的具体要求。通过对课时的细致划分乃至部分教学内容顺序的重置和整合，教师会始终致力于如何使学生学起来更容易，也就会更仔细、多角度地研读教材，从而更深刻地理解教材，更好地使用教材。

三、实施办法

（一）组织和分工

此项工作不是凭个人单打独斗就能完成的。笔者组织团队对备课组内的五位教师进行分工，将人教版八年级下册数学教材的内容按章节进行分解，每人负责一章的内容，统一版面格式，包括字体、字号、标点、体例风格，数学符号一律使用公式编辑器，图形按顺序统一编号，表格也按顺序统一编号。教师们按要求在八年级上学期末完成初稿，然后在寒假内教师间交换审核，再交由备课组内资深教师进行二审，开学后首版印制交由学生试用，边使用边修订。

（二）课时的规划

每位教师都充分发挥自主性，仔细研读教材和配套的教师用书，对所负责章节、单元内容统筹规划，不局限于教材上的课时划分，要求尊重本校学情，周密考虑知识点的难易，遵循学生普遍的认知规律，如有必要可对教材的知识点进行拆分或整合，甚至进行教学顺序的调整。总基调是"进度稍慢一些""理解起来更容易、更透彻""更容易置于整体的知识体系中"。例如，大家普遍认为，函数在中学阶段，无论初中还是高中都是一个大概念、核心概念，八年级下册数学教材第十九章《一次函数》的第一单元"函数"，教材规划了 4个课时——"变量与函数" 2 课时、函数的图象 2 课时，在以往实际教学中有些教师会将"变量与函数" 2 课时合并为 1 课时。但现在我们重新解构教材，考虑将这个单元划分为 5 课时——"变量与常量""函数的定义""函数图象的意义""函数图象的画法""函数的三种表达方式"，其中"变量与常量"的内容在教材中所占篇幅很少，很多教师认为其内容单薄，将其单独划分为一个课时有些浪费时间，处理上往往和函数的概念合并为一节课。其实，作为函数的开篇第一课，为学生创设大量的贴近生活的实际情境，供学生辨析其中的变量和常量，充分感受实际问题中两个变量之间的关系，可以更好地为之后函数的定义中两个变量对应关系的理解打下坚实的基础，单独给一课时是"磨刀不误砍柴工"。总之，这样的划分既便于每节课问题的聚焦，又分解了学习的难点，还可以使学生对知识发生发展的规律和脉络感受得更清晰，这也正体现了教师不应当仅仅是教教材，而应当是用教材教的教学理念。

（三）作业的结构

每课时作业设置 4 个规定和自选模块——"当日所学思维导图"、"基础巩固"（8 题～10 题）、"综合运用"（6 题～8 题）、"拓广探索"（3 题～4 题）。其中"当日所学思维导图"是每个学生的必选模块，旨在让学生做作业前先对当天所学内容进行反思和梳理，并以网状图式直观呈现，有助于提炼模型在接下来的作业当中做到有效迁移。我们将全班学生按照日常的学习程度由高到低分为 A、B、C 三个层次：A 类学生必做"综合运用"和"拓广探索"，鼓励选做自编或自找题目；B 类学生必做"基础巩固"和"综合运用"，选做"拓广探索"至少 1 题；C 类学生必做"基础巩固"，选做"综合运用"至少 2 题。

（四）题目的选编

作业的结构被设定好之后，题目的选编就是至关重要的一环。团队商定的指导原则是：总体紧扣课标。其中"基础巩固"主要围绕概念、定理进行正反变式和直接运用，"综合运用"是在综合分析直接、间接和隐含条件下选择或创新适当的方法来解答的题目，"拓广探索"可在课标基础上适度拔高。题目要结构良好，题文表述规范，不能有科学性错误，应避免争议性问题。鼓励一题多变的改编以及一题多解的作答要求，难题可梯度设置多问，为学生搭建思维的"脚手架"。在"拓广探索"模块鼓励学生基于已有解题经验自创或改编题目，G·波利亚说过："如果一个学生从来没有机会解答一道由他自己创造的题目，他的数学经验就是不完整的。"

四、结束语

笔者和团队同人们达成了共识，这是一项需要决心、毅力，需要付出巨大努力和工作量才能完成的系统工程。但可以展望的是，如果此项工作能如愿坚持做到最后，力求精益求精，必将造福于昌吉回族自治州第一中学逐梦的一届届学子。

参考文献：

［1］韩俊元．结构化视域下大单元整体教学的实践［J］．中学数学教学参考（上旬），2021（35）：11－13.

［2］G·波利亚．怎样解题：数学思维的新方法［M］．涂泓，冯承天，译．上海：上海科技教育出版社，2011.

担当初中数学单元作业设计大赛
评委的所感所悟

新疆昌吉回族自治州第一中学　李刚

一套优秀的作业设计应该能让作为同行的评委有纳为己用的冲动，一个优秀的作业设计起码要经得起实践的检验。本人作为评委是一名在教学一线工作26年的普通初中数学教师，本次比赛的作品中不乏一些与本人的教学和作业设计理念高度共振的佳作，但也有一些虽看起来形式丰富、颇有新意但缺乏实用性的作品。现将本人在拜读老师们的作品中积累的所感所悟整理如下，因为个人眼界有限、学识肤浅，所以难免会有偏颇，仅供下次参赛的同人参考。

一、存在的问题

（一）单元作业和课时作业的关系不清

比赛的主题是单元作业设计，单元的教学可以整体设计，但单元教学的实施还是要落实在课时上，单元教学和课时教学即整体设计与课时表达的关系是目前学术界研究和讨论的一个热点。例如，有参赛作品将第十九章"一次函数"的整章设计为一次性作业，这一作业设计本人理解的是在章末复习那一课时使用。单元作业的设计既有整体性又有分散性，属于整体设计分步实施，课时作业是单元作业的具体落实，讲究课时之间的内在逻辑以及过渡和递进的关系，功能指向和素养培养的目的明确，大体上应呈现"总—分—总"的结构性。

（二）单元内容整合的随意性

现在有一个现象，似乎一谈到单元整体教学，就是要将教材上某个单元的内容进行整合或重组。实际上，教材上的某个学习主题（如方程）是在几个学年（学期）中呈螺旋式分布，具体到每一章的每个单元、各个课时的安排本身具有内在的结构性和逻辑性，是依据学生的认知规律而循序渐进的。因此，单元内容的整合和重组一定要慎之又慎，不可纯粹为了整合而整合，有些难点不但不可以整合，甚至还要在教材的课时划分基础上进一步细分。例如，有参赛作品将"整式的加减"与"整式的乘法"整合为一个单元，如果在中考总复习时这样使用是可以的，但是作者注明的使用年级分别是七年级上学期和八年级上学期，那么这样的整合有什么实际意义呢？再如，有作品是关于"二元一次方程（组）"这一章的，直接将整章整合为"消元——解二元一次方程组"和"实际问题与二元一次方程组"两个课时，仅对应设计了两个课时的作业，这是否经过了实践的检验？代入消元和加减消元虽然指导思想一致，但运算变形的原理不同，放在同一课时，学生是否对两种方法能同时接受和掌握？即便放在同一课时，作业方面是不是应该第一课时只涉及最基础的两种消元题目，然后由易到难地续接一个课时，即安排为两种消元方法能力进阶的作业，然后再进入下一单元新课的学习。

（三）"综合与实践"作业等同于拓展、拔高性作业

《义务教育数学课程标准（2022年版）》［以下简称《课标（2022年版）》］中"综合与实践"在第四学段的学业要求为："经历项目式学习的全过程。能综合运用数学和其他学科的知识与方法，在实际情境中发现问题，并将其转化为合理的数学问题……在这样的过程中，理解数学，应用数学，形成和发展应用意识、模型观念……整合数学与其他学科的知识，完成跨学科实践活动，感悟数学与生活、数学与其他学科的关联，发展学习能力、实践能力和创新意识。"这里强调的关键词主要有"项目式学习""实际情境""应用意识""模型观念"等，所以"综合与实践"作业显然不能等同于拓展性、拔高性作业。

另外，一个单元中的每个课时是否都有必要安排"综合与实践"作业？这类作业综合性、实践性都较强，都安排会给学生带来很大的负担，恐怕不太切合实际，本人认为，通常在一个单元的学习完成之后再安排一次"综合与实践"作业比较合理。

（四）作业时长设计脱离实际

"双减"政策是要减轻学生过重的课业负担，数学作业不能搞题海战术，要控制总量和难度，但学生在校学习要保证学好学足，同时作业的设计也讲求提质增效。数学的学习肯定离不开解题，如果作业提供的题量过少，也起不到巩固当天所学、培养学生思维、发展意志品质的作用。有的参赛作品中"基础达标""能力提升""探究拓展"三个层次的作业各只有一两道题,这显然不能满足实际需要,"探究拓展"和"综合与实践"这两个层次的作业可以只安排一两道题,但"基础达标"作业建议至少安排 6 道题,"能力提升"作业建议至少安排 4 道题,且题型应涵盖选择、填空、解答等多种类型。

(五) 单元复习课没有予以重视

有少数老师对单元课时的划分缺了很重要的一个课时——单元复习课,当然,对应的也就缺了这一课时的作业设计。单元整体教学总体上需要"总—分—总"的进度架构,最后的这个"总"就是单元回顾与小结,是与开始的"总"——章前图的学习相呼应的,让学生对刚刚学习的这一单元所获得的基本知识、基本技能进行归纳和检验,帮助学生厘清本单元知识展开的脉络和内在逻辑,形成对本章的程序性知识和陈述性知识的结构化认知。缺少单元复习课的作业设计显然不符合单元整体教学的要求。

二、发现的亮点

本次大赛的作品中也不乏一些对单元作业整体设计有深度理解、闪耀着团队智慧光芒、令人叹服的佳作,下面以参赛号为 P042867 "反比例函数"的作业设计为例。

(一) 对整章内容进行了小单元的统整

章建跃博士指出,单元整体教学的关键是单元的划分,一章的内容怎样划分小单元,小单元要不要整合,如何进行整合,小单元之间如何衔接,衔接的逻辑如何契合数学学习的一般观念等都是实施单元整体教学要认真研究的课题。本人认为 P042867 "反比例函数"的设计团队对这些问题有着较为正确的认识,他们对本单元的划分如下:

第 1 课时——"概念和性质"统领新授课:理解反比例函数的概念、掌握待定系数法求反比例函数解析式、了解反比例函数的图象和性质。

第 2 课时——"概念和性质"巩固精讲课:掌握待定系数法求反比例函数解析式、能运用反比例函数的图象和性质、理解反比例函数的比例系数 k 的几何意义。

第 3 课时——"实际问题与反比例函数"统领新授课:能初步运用反比例函数的意义和性质解决实际问题,从实际问题中寻找变量之间的关系,建立模型解决问题。

第 4 课时——"实际问题与反比例函数"巩固精讲课:能综合运用反比例

函数的意义和性质解决实际问题，从实际问题中寻找变量之间的关系，比较熟练地建立模型解决问题。

第5课时——"复习与拓展"课时：掌握反比例函数的概念，熟练运用反比例函数的图象和性质、反比例函数的模型。

（二）每一道题都基于核心素养反馈了设计意图

所用题目大部分源于对教材原题或中考真题的改编。每个层次的作业，每道题的选题能紧扣《课标（2022年版）》对核心素养的培养要求，难度梯度合适，能很好地体现由易到难、由浅入深，能充分地照顾到学生的认知规律。

（三）每课时的作业都应用了思维导图

一个是以思维导图的方式呈现每课时的作业中不同题目的功能和素养指向，以及题目的逻辑递进关系，另一个是在"探究拓展"作业之前以思维导图的方式呈现题目涉及的思想方法结构。

（四）文字、符号、图形语言丰富、准确，排版精美

所选题目针对性强，所配图形及表格兼具美观性、正确性、完整性。注重了通篇文本体例、风格的一致性以及数学符号的规范性。

（五）"综合与实践"作业能凸显实践性

例如，在第3课时"实际问题与反比例函数"统领新授课的"综合与实践"作业中，设计者让学生思考"物理和化学学科里的哪些知识可以用反比例函数来解释"，这既能培养学生反思归纳的学习意识和能力，又体现了跨学科知识和能力融合的培养要求。

再如参赛号P042862的"实数"的作业设计，其亮点主要有：

（1）有大量改编的甚至自创的作业题。

（2）作业设计中撰写的指导思想有一定的高度，体现了作者较深的数学教育理论功底。展示如下：

作业不仅帮助学生巩固课堂基本知识技能，还应注重培养学生的责任心、毅力、学习自信、认知能力、解决能力、创新能力、自主管理时间能力，最终培养学生利用数学知识解决生活中的实际问题，体会数学的文化价值，学习数学家们坚持不懈的精神，学会用数学的眼光看世界，用数学的思维思考世界，用数学的语言表达世界。根据课标要求、教材解析，为了达成目标的评价任务，落实本单元的学习目标，学生完成《学习过程评价表》，并进行自我评价。结合以上情况制定本单元作业目标。

①了解算术平方根、平方根、立方根的概念，会用符号表示数的算术平方

根、平方根、立方根。

② 了解开方与乘方互为逆运算，会用开平方运算求百以内整数的平方根，会用开立方运算求百以内整数（对应的负整数）的立方根，会用计算器求平方根和立方根。

③ 了解开方和实数的概念，知道实数与数轴上的点一一对应，能求出实数的相反数与绝对值。

④ 能用有理数估计一个无理数的大致范围。

⑤ 结合具体情境和生活经验中的数学信息，发现并提出问题，积极参与数学问题的讨论，积累解决问题的方法和经验，发展核心素养。

⑥ 学生经历了探究数系的扩充及概念的形成过程，发展了代数推理的能力。

（3）单元作业目标以及每课时的作业目标的撰写均下了一定的功夫，能围绕知识目标、能力目标、思想方法目标、情感态度目标，全方位、立体化地撰写。正如杭州市塘栖中学吴江林校长所说："一堂课的教学设计中最重要也是最需要花费时间好好写的是教学目标。"

深度教学的概念与实践

新疆昌吉回族自治州第一中学　李刚

一、从"低阶思维"到"高阶思维"

2019 年暑假在职业技术学院老卫校校区参加昌吉回族自治州六五周期中学教师继续教育培训骨干的培训中，福建南安侨光中学的专家在《数学教学中的高阶思维的培养》中讲到，教育的终极目标是培养高阶思维。按照布鲁姆的分类，运用、理解、记忆属于低阶思维，创造、评价、分析属于高阶思维。良好的思维能力需要相应的教学支持，包括一系列有针对性的练习。所以，只要方法得当，学生的高阶思维能力是可以被培养和训练的。作为一名数学教师要尽可能地利用现有条件为学生创设一个广阔的、无限的思维空间使学生的高阶思维能力得到快速发展。

南安侨光中学的专家和同事私下谈论学校高考为何难以出现高分的问题，数学和物理是最能锻炼思维的，由于学校过度渲染"比学赶帮超"，各科老师都很焦虑，为提高平均分不遗余力，大家都来抢学生的时间，大量的练习塞得满满的，学生始终停留在被动的运用、理解、记忆的低阶思维训练上，没有反思梳理、归纳推广、质疑批判的时间，更不可能为一道题而苦思冥想两三天，高阶思维的培养机会被人为剥夺了，即使有天赋的学生也很难有突破性、创造性的学业表现。

不断改进教学方法唯一直接的途径就是把学生置于必须思考、促进思考和考验思考的情境之中。一题多解可呈现不同的思维层次和不同的思维角度。一题多解、一题多变、一法多用，这些都是高阶思维的培养。只讲怎么解是低阶的，"设法将学生置于两难境地，激发他们的思维，开发他们的大脑，只有经过自己的悟才能进入高阶思维。"

二、自身对问题及现状的体会

我有时会听到教高中数学的同行抱怨高一的新生不会听课，不会思考，确切地说是不会学习概念，无论接受的是生长式还是同化式的概念教学，总是对概念记不住或不会迁移运用。我们常说要教会学生学习，教会他们思考，但是到了高中还不会自主建构概念，抓不住概念的要义，不能深刻理解概念的内涵和外延，就需要反思问题究竟出在哪里？个人觉得学生缺乏思考，大概是由于在初中阶段高阶思维用得少。由评价制度使然，有的教师可能是急于出成绩，在概念课的教学设计上所花的功夫不够，大量机械重复地训练，直接给出概念、法则、公式，使很多学生的解题处于肤浅的模仿和死记硬背状态。对概念、原理的理解表象化和碎片化，数学的学习大多处于被动接受式的低阶思维状态，失去了苦思冥想的机会和能力，不会自主梳理、自主整合与归纳。数学的思想方法浸润得不够，数学的素养教学没有落实到位，以讲题代替知识体系的建构，讲题时只讲怎么解，不讲怎么想，更不讲为什么这样想。任课教师各自为战，拼命抢时间压作业，把学生的个人时间塞得满满的，学生每天疲于应付作业，没有时间和精力自我反思，凌晨一两点能把作业应付完就不错了，哪有时间精力自主反思、梳理和整合知识体系。到初三复习的后期常能看到很多学生上课时面无表情、目光呆滞，对数学的习题讲授课百无聊赖，有的班级的学生甚至趴倒一片，学生常犯的典型错误百纠不正，复习到后面又忘了前面的。很多学生的数学学习观比较狭隘，潜意识里觉得每天做题就是为了应考，顶多想着如何得高分，对数学的应用价值、人文价值缺乏了解，对个人通过数学的学习应获得哪些支撑终身发展所必需的关键能力和必备品格知之甚少。

三、美国"深度学习"的提出和演进

山东师范大学教育学部博士生高东辉和山东师范大学教育学部教授于洪波联合发表的《美国"深度学习"研究 40 年：回顾与镜鉴》一文中指出：美国是"深度学习"研究的发源地，针对基础教育阶段的深度学习研究起步于 20 世纪 70 年代后期。四十余年来，通过"初兴期—发展期—深化期"的研究进程，美国始终致力于深度学习的理论研究与实践探索，并视其为学生核心素养中的关键因素。

　　"深度学习"是学习者通过对知识本质的理解和对学习内容的批判性运用，追求有效的学习迁移和真实问题的解决（例如，我们初一数学组就给学生布置了综合与实践的寒假作业），并以高阶思维为主要认知活动的高投入性学习。当下是信息剧增的时代，对人们获取和加工信息的水平提出了更高的要求，与此相适应，"深度学习"能力已成为人们迫切需要掌握的学习能力。深度学习研究的兴起是现代社会自觉回应时代诉求的结果，培养青少年的深度学习能力日益成为各国教育的重要议题。

　　学术界公认的"深度学习"研究，始于1976年马顿等人在哥德堡大学进行的一系列突破性的实验，其目的是探究学生在阅读大量散文段落时所采取的不同信息处理层次。该研究发现，学生在理解文章的内容时通常有两种倾向：一部分学生试图从整体上把握文章，通过对新旧知识进行迁移和深度思考来概括文章的主旨；另一部分学生则专注于可能会被提问的段落，并尝试去记忆和复述文章的内容。研究者认为，学生在学习知识时处于不同的水平，而水平的相应差异是根据学习者是否参与了"浅层"或"深层"处理来描述的。基于此，他们将学生学习获取和加工信息的方式分为"浅层学习"和"深度学习"。这也是"深度学习"概念首次在教育领域被提出，它作为与课堂教学中普遍存在的"浅层学习"相对的一种更加深入的学习方式逐渐受到学术界的关注。美国学者恩特维斯托和拉姆斯登随之深化了马顿等人的相关研究，他们通过持续的跟踪研究将"深度学习"的内涵延伸至学习的形成机制方面，并分析了课堂中深度学习者的特征。他们发现，与浅层学习者不同，深度学习者通过探索超越主要观点来获得知识（我们所说的批判和质疑性的理解），学习者不只是记忆，而是积极参与和批判性地思考信息。在学习过程中，他们对信息的学习表现出极大的兴趣并保持冷静，深度学习的发生需要学习者对某一问题或某一领域进行专注的、长期的反思及超越性的思考。

　　此后，"深度学习"研究的又一个重要转向是把深度学习作为以"高阶思维"为主要认知活动的高投入性学习方式。1995年，提出"高阶思维"的赫尔等人，就深度学习者在进行深度学习时的状态进行了解读。研究发现，在深度学习进行时，学习者关注更广泛的背景信息以及材料之间的内在联系。他们通过重构信息之间的质性关系而展开回忆和联想，重塑现象之间的因果关系并达到对学习内容的深度理解，这是人类高阶思维能力的充分展现。詹森和尼克森则通过多年的教学实践发现，在课堂教学中采用思维导图的方式，可以为学生搭建"深度学习"的意识基础，促进学生高阶思维的持续发展。

贝蒂、柯林斯和麦克因尼斯认为,"深度学习"的目的是让学生学会理解,这主要体现在对所学内容的批判性理解,并在理解中强调逻辑关系和得出有证据的结论。布兰斯福德等学者则侧重于将"深度学习"作为一种指向解决问题的学习能力,他们认为深度学习能力是一种学生通过提取原有经验以解决不同新情境问题的能力。

随着学者们对"深度学习"实施策略研究的深入,旨在培养学生"深度学习"素养的框架也逐渐得以构建。2012 年,作为美国"深度学习"倡导者的核心机构"美国研究委员会"(简称 NRC)将深度学习能力设计为三个维度:认知领域、人际领域和个人领域。该阶段突出的成果是威廉和弗洛拉·休利特基金会研制的"深度学习"框架,该框架也为下一阶段"深度学习"项目的开展提供了依据。该基金会通过对已有研究的系统分析与综合,提出"深度学习"素养的基本框架,将其阐释为包括掌握核心学术内容、批判性地思考并解决复杂问题等在内的六项核心能力的发展。

自 2013 年开始,"深度学习"领域的研究由理论分析转向了实践探索,力图提高教育质量、促进教育公平的"深度学习"运动如火如荼地展开。在现有的"深度学习"研究中,由威廉和弗洛拉·休利特基金会发起、美国研究协会(简称 AIR)策划并实施的"深度学习研究"项目和"深度学习网络"(简称 DLN)项目,无论在理论发展还是在实践创新方面都独具匠心,在美国"深度学习"研究中具有里程碑意义。DLN 由新技术联盟、亚洲社会、教育愿景学校等共同开展,它致力于通过"深度学习"培养学生适应 21 世纪社会生活的必备技能。DLN 的"深度学习"目标包括:掌握核心知识、批判性思维和解决复杂问题、有效沟通、合作学习、学会学习、发展积极的学习心智。

综合美国各界对"深度学习"的认识,不同于以机械性记忆为主的浅表性学习,"深度学习"是一种学习者自主的、批判性的学习方式,也是实现有意义学习的一种有效方式。美国学者将其与不涉及高阶思维的浅表性学习相区别,并且在实验中反复论证其与其他学习形式的差异与创新之处。他们认为,其他学习形式虽然在一定程度上也反映了学习者的理解能力,但除此之外,"深度学习"更加注重批判性的高阶思维、主动的知识建构、有效的知识迁移以及真实问题的解决。

四、我国学者的相关研究

我国学者在研究中或多或少地直接引入国外对"深度学习"的界定,认为

"深度学习"是学习者批判地学习新思想和新知识，并将其融入原有的认知结构中，进而做出决策和解决问题的过程。也有学者认为，"深度学习"是一种强调批判性思维的学习方式。然而，在倡导一项新型的教学或者学习方式时，首先应该做到概念的辨析与澄明。纵观我国对于"深度学习"的研究，在分析"深度学习"的内涵时，鲜有学者将其与新课改中倡导的多种学习方式加以区别。究竟"深度学习"与有意义学习、启发式教学、基于问题的学习乃至合作学习等学习形式相比，它的本质特征体现在哪儿？在具体操作上应该着力培养学生的哪些能力与素养？如此之类的追问，理应成为我国"深度学习"研究亟须解决的问题和未来研究的方向。

自 2005 年以来，我国的"深度学习"研究已历经近十五年，但宏观的、整体的指向全体学生深度学习的总体目标还尚未搭建完成，与各学龄段相结合的具体的课程与教学目标也有待开发。近年来，随着《中国学生发展核心素养》的正式出台，以"能力＋品格"为内涵特征的核心素养正引领着教育和教学改革。可以说，我们国家面临着与美国提出的"21 世纪技能"框架大体相似的发展契机。因此，我们应借鉴美国"21 世纪技能"框架设计中有关"'深度学习'框架"的经验，使"深度学习"与核心素养接轨，在顶层设计上建构"深度学习"的目标体系，以促进"深度学习"和"深度教学"实践的探索与发展。

"深度学习"研究对我国课堂教学改革实践提供了新的思路。2013 年底，教育部基础教育课程教材发展中心筹划并组织开发了"深度学习"教学改进项目，力图解决当前学校课堂中面临的问题，并提炼具有中国本土特色的教学理论和实践经验。研究者们日益关注"深度学习"在学校教育中的"应用"，如何通过教师的课堂教学实现学生深度学习，促进学生全面发展，这是当前我国教育研究领域关注的一个重点。

五、一线数学教师的实践认识

（一）"深度学习"的基本特征

"深度学习"是伴随着当今世界课堂教学改革之"为理解而教"而兴起的，在理解的基础上，学习者能够批判地学习新思想和新事实，并将它们融入原有的知识结构中，能够在众多思想间进行联系，并将已有的知识迁移到新的情境中，做出决策和解决问题的学习。所以"深度学习"的基本特征是：批判理解、信息整合、建构反思、迁移运用、解决问题。

(二)"深度学习"应是课堂改革的终极目标

新课程实施以来,我们的课堂实验层出不穷,其宗旨都是改变教师的教法,引导教师教学生学,教学生会学,教学生学会。表现在课堂上就是教师要从关注自己的"教"转化为教会学生学,从关注学生知识的掌握到关注学生思维能力的提升,从关注学生的应试水平到关注学生的学习能力。因此,"深度学习"的重新提起是顺应时代变化之举。

(三)"深度学习"是培养学科核心素养的有效途径

要在课堂上培养和落实数学核心素养,"深度学习"是必然选择。例如,运算能力,学生通过记忆运算法则、重复大量练习等浅层学习是可以提高运算能力的,但是这种学习方式费时费力,学生很难融会贯通,容易遗忘,通常只能机械地进行模仿计算,缺乏对算理的真正理解和掌握。随着时间的推移,学生的运算能力必将逐步下降。如果在运算教学中,教师采用"深度学习"方式,通过创设情境,组织适合的学习活动,引导学生理解运算的法则,在解决问题的过程中,从有理数运算、无理数运算、实数运算,进而扩展到整式运算、分式运算、有理式运算、无理式运算等,建构整个运算体系,并解释运算的合理性,使学生能理解数系扩大后运算法则的通用性,从而提高运算能力。

(四)"深度学习"离不开教师对习题"深度教学"的探索

如何进行习题的"深度教学",应该不只是数学教师也是其他学科教师不断思考与探索的课题。我们在平时的课堂观察中发现,许多教师在进行习题教学时,"对答案"的现象比较普遍,即使一题多解,往往也仅停留在解法的简单展示,缺乏对题目的深入剖析和深度挖掘,以至"只见树木不见森林"。

习题教学若仅停留在一题一解的剖析层面,很难达到事半功倍的效果,只有深入挖掘原题的素材和情境,进行"再创造",才能发挥典型题目的最大教育价值。具体来讲有以下几个方面:

1. 习题教学,应剖析题目的构造特征及设计意图

解题教学,解法展示只是教学的第一步,更重要的是解后反思。教师除了引导学生自然合理地反思解题思路外,还要剖析题目的构造特征及设计意图,即"回头看",看清问题的本来面目,好"举一反三"。例如,这道题是针对什么问题进行构思的?为什么选择这一图形作为载体?它是怎样构造条件和问题的?这些是让学生看清题目构造的本质,从而反思分析数学问题的思路和方法。此题重点考查了哪些数学基础知识和数学思想方法?我们应具备怎样的数学能力?解题过程中你是怎样想的?"做不下去"的阻碍在哪里,是什么原因造成的？这是对问题解决的反思，有利于学生思考数学问题解决的策略。

2. 习题教学，应引导学生对题目"再创造"

以数学为例，弗赖登塔尔认为：学习数学的唯一正确方法是实行"再创造"。解题教学的目标是培养学生的数学思维和能力，对题目的"再创造"是培养学生数学思维和能力最有效的途径。也就是我们倡导的变式训练，一是改变基本载体，按特殊到一般的顺序（如将等腰三角形换成一般三角形）；二是改变关键因子（如某个关键点）的轨迹，每次改变都带来解题方法的重新思考。学生经历这样的"再创造"过程，不仅能了解数学问题探究的一般规律，其视野和思维也被逐步打开，看到的不再是这道题本身，而是这类题的全貌。学生的数学情感得到了培养，能力得到了有效提升，自然会产生兴趣，自然就不愁学不好数学、不会解题了。

3. 习题教学，不应忽视思维监控元认知的发展

解题中不断反复读题，使题目外部信息和头脑中认知体系之间的循环流动频次加快，继而使题目信息表征和模式识别越来越清晰和深刻。通过自我监控，学生能自发地改进自己的学习方式和思维方式，解题经验的积累就是积极自我监控的结果。

现在看来，读题是很关键的环节。现在学生越来越倾向于拿到题立刻做，可能与我们平时强调解题速度和作业量大有关。读题就是表征题目的过程，能力强的学生能用自己的语言重述题目信息，问题中有哪些条件？有没有隐含条件？哪些是相关信息和无关信息？题目要解决什么问题？这个问题实质上可以转化为"求什么"或者"证什么"？很多学生做不出题或把题做错归因于没能正确理解题意。有资料显示，小学到高中阶段女生的成绩多数好于男生，这与小学时女生发育得比男生早有关，特别是语言能力，在小学到高中阶段女生的阅读理解能力普遍好于男生，阅读的优势更多地体现在对题目中隐含条件的发现。

现在的中、高考数学科目命题的趋势是题目的信息量大、文字多，用到的符号也多，题文的逻辑性很强，阅读上费时费力，因此现在有"得语文者得中高考"的说法。在解题教学中要让学生反复读题，并提取题目的关键信息，并对题目条件进行归类。例如，二元一次方程组应用题，题文中通常都有双重等量关系，学生读完题后就要提取出来，并区分哪一个作为横向的列代数式的运算关系，另一个作为纵向的列方程用的等量关系式。所以讲解习题时首先引导学生反复读透题目，要把里面的已知、未知、隐含条件，以及数量关系全部厘清。另外,在讲解平面几何题时多让学生口述解题思路,用数学语言的表达锻炼他们的思维,也有助于学生读题时抽象能力的发展。

4. 习题教学不仅要一题多解,还要多题归一

一题多解是一种发散性思维,而对近似题目概括共性,归纳方法是一种收敛性思维。设计题组训练,通过对一类题的求解,引导学生概括解此类问题的方法共性,形成此类问题的解题模式,这就是培养学生建模意识的过程。

综合来自文献中一线教师颇有建树的实践成果,出现频次较多的关键词有:批判理解、有机整合、好的问题设计、真实问题解决、有效迁移、建构反思、有效沟通。这使身居一线的我们对"深度学习"的操作层面有了更为清晰的认知:"深度学习"与"浅层学习"既有联系,也有区别(如图1所示)。"浅层学习"对应着"知道""领会"的认知水平,是表层理解,属于低阶思维活动,同时,它也是注重外力驱动的学习(即我们说的"逼着学生学习")和知识的重复记忆、简单描述、强化训练,它注重单一量化评价;"深度学习"对应着"应用""分析""综合""评价"的认知水平,是深度理解,属于高阶思维活动,更注重主动参与的学习(只有学生主动学,才能真正实现"深度学习")和知识的有机整合、迁移应用、建构反思,更加关注综合多元质性评价。

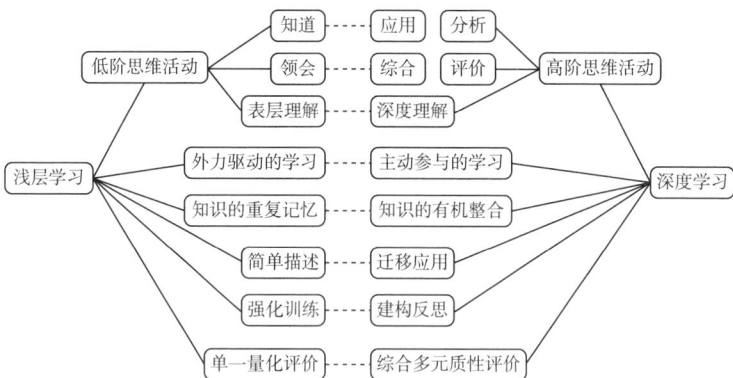

图1 "深度学习"与"浅层学习"的联系和区别

参考文献:

[1] 高东辉,于洪波. 美国"深度学习"研究40年:回顾与镜鉴[J]. 外国教育研究,2019(1):14-26.

三角形内切圆的"深度教学"尝试

新疆昌吉回族自治州第一中学　李刚

我国对"深度学习"领域的研究与实践早已在各地如火如荼地展开，实践中面向"深度学习"的教学设计无疑是重中之重。作为"深度教学"的一次尝试，笔者以"三角形的内切圆"为例，在教研组内上了一堂研讨课，通过课后的反馈以及笔者的反思，其中尚有可圈可点之处。

数学知识的教学，要注重知识的"生长点"与"延伸点"，把每堂课教学的知识置于整体知识的体系中，注重知识的结构和体系，处理好局部知识与整体知识的关系，引导学生感受数学的整体性。"切线的性质和判定""切线长定理""三角形的内切圆"三部分的内在关联可以整体地看：作"一条直线"与圆相切（圆可在直线两侧）——作"第二条直线"与圆相切（圆在夹角内部）——作"第三条直线"与圆相切（圆位于三角形内部），是一个圆心位置被逐渐限定的特殊化过程。三角形的"内切圆、内心"与三角形的"外接圆、外心"的对比性学习，在研究方法上有着一脉相传的关系，都是从几何特性（公共点个数）和代数特性（到圆心的距离和半径的关系）两个角度考虑，体现了研究内容和研究方法的连贯性。

三角形的内切圆和三角形的外接圆都属于"关系性定义"，因此这类概念教学主要围绕几何元素：边与圆、顶点与圆的位置关系，圆心与边、圆心与顶点的数量关系而展开，教学中要讲清概念存在的条件，以及条件变化时的影响。基于此，笔者确立了如下教学目标：

（1）学生经历"情境问题—操作尝试—类比迁移—归纳概括—提出概念"的建构过程，深度理解内切圆以及内心的概念，明确"内心"与"外心"、"切"与"接"的本质区别。

（2）学生会用尺规作图或折叠的方法确定内心并画出三角形的内切圆。

（3）学生在理解内心概念的基础上进行有关角的计算和推理。

（4）能结合切线长定理进行三角形边的计算，掌握任意三角形周长、面积与其内切圆半径的运算关系，并能迁移解决直角三角形内切圆半径的求解问题，通过两种求解模型的探索，发展学生的建模素养。

一、教学环节

（一）结构整合，提出课题

问题1：这段时间我们研究直线和圆的位置关系，重点是相切的关系。如图1所示，从圆外一点向圆引一条切线时，我们得到了怎样的结论？从这一点再引出这个圆的第二条切线呢？若再给出这个圆的第三条切线，将圆包围在这三条切线构成的三角形的内部，类比前面的学习经验，你能提出怎样的问题来引领我们这节课的探究？

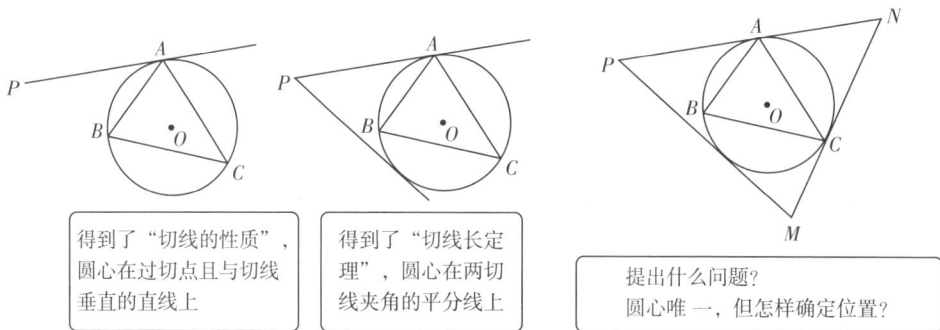

> 得到了"切线的性质"，圆心在过切点且与切线垂直的直线上

> 得到了"切线长定理"，圆心在两切线夹角的平分线上

> 提出什么问题？
> 圆心唯一，但怎样确定位置？

图1 直线与圆相切的关系

分析：①利用几何画板的演示，将"切线的性质和判定""切线长定理""三角形的内切圆"进行连贯性整合，并提出问题。一方面，这种连贯顺应的引课方式，有助于学生认识"与圆有关的位置关系"的脉络结构，形成对学习规律的整体认知。另一方面，圆与一条直线、两条直线、三条直线相切，圆心的位置逐渐被特殊化，为学生揭示从一般到特殊的数学思想。②类比"点和圆的位置关系"中外接圆和外心的学习经验，当三条切线包围⊙O时，学生很容易提出"⊙O叫作△PMN的什么圆？""此时的圆心O应叫什么名称？又有什么样的性质？"的疑问，自然地发现问题、提出问题。

（二）试验操作，感悟概念

问题2：利用你手中的三角形纸板，考虑如何在它上面裁出一张面积尽可能大的圆来？动手试一试，并与同伴交流。（提前让学生准备好三角形纸板、

剪刀）

追问1：假设这个"尽可能大的圆"存在，它与三角形的三边有怎样的位置关系？

追问2：此时的圆心到三角形的某些元素有什么特殊的数量关系吗？

追问3：这样的圆的圆心在什么位置上？半径如何确定？

追问4：怎样便捷地确定圆心？与同伴交流一下。

分析：这是总领本课的问题，既培养直观想象，又锻炼类比推理和动手操作等综合能力，学生完成起来需要一定的时间，因此设置的这几个追问，有效地搭建了思维层级间的"脚手架"，虽然花费的时间多了些，但深度思考和手脑协调探究的思维价值很丰富。关键是确定圆心和半径，多数学生能分析出此时圆心到三边的距离相等，所以这个圆心就是三个内角平分线的交点，因此想到了尺规作图，让学生提出方案后，教师在黑板上进行示范，节省了时间。

接着，有学生提出可以将其中两个内角分别对折，通过两条折痕的交点来确定圆心，然后从圆心向任意一条边作垂线段，作为圆的半径。初中几何学习要经历从实验几何到推理几何的过渡，发展学生的直观想象和逻辑推理能力，这是本节课的一个小高潮。

（三）反思类比，概括概念

问题3：我们以前学过，三角形的三条角平分线交于一点，并且这个点到三条边的距离相等。如图2所示，你能结合刚才的探究过程，类比三角形的外接圆，尝试给这里的三角形和圆的位置关系下一个定义吗？此时的圆心应叫什么名称？

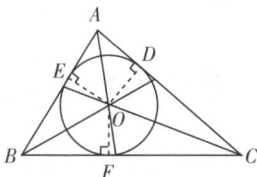

图2　三角形的内切圆

分析：学生刚刚经历了作圆裁纸的过程，例如，$\triangle ABC$ 中 $\angle B$ 和 $\angle C$ 的平分线交于点 O，那么点 O 到边 AB，BC，AC 的距离都相等。以点 O 为圆心，点 O 到 BC 的距离为半径作圆，则 $\odot O$ 与 $\triangle ABC$ 的三条边都相切，因为 $\odot O$ 在三角形的内部，基于活动经验类比"外接圆"，学生很容易概括出"内切圆"和"内心"的定义。

(四）分析定义，深化概念

问题4：回答下列问题。

（1）任意三角形都有内心吗？

（2）三角形外心的位置有三种情况（在三角形内部、斜边上、三角形外部），三角形内心的位置呢？

（3）你认为三角形内心的本质是什么？

（4）"切线长定理"在三角形的内切圆这里有什么应用吗？

（5）"切"和"接"有什么本质区别？与同伴交流一下看法。

分析：仔细分析定义能够加深我们对概念的理解。在问题链的引导下，学生由任意三角形的三条角平分线都交于一点，且交点在三角形的内部，所以任意三角形都有内心，且内心一定在三角形的内部。因而得出三角形内心的本质——在三角形内部"到三边距离相等的点"。有了"切线长定理"的提示，学生稍加观察便发现，在三角形的三个内角处分别满足切线长相等，这又为后续的迁移应用做了一定的铺垫。概念教学首先要明确概念，就是明确概念的形成过程，明确它的内涵和外延，明确概念之间的关系。在教师的引导下，学生通过合作交流搞清了"切"和"接"的本质区别："切"—圆与边的关系—圆心到三边等距；"接"—圆与顶点的关系—圆心到三个顶点等距。

(五）初步运用，掌握概念

例1：如图3所示，在△ABC中，已知∠A = 70°，点I为△ABC的内心，则∠BIC = _____度。

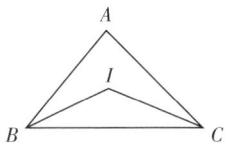

图3　例1图

变式练习：已知△ABC的内心为点I，已知∠BIC为125°，则∠A = _____度。

分析：掌握概念需要在理解的基础上，把概念迁移运用于新的情境。这里以人教版教材上的练习题为素材并开发变式习题，意在使学生掌握本节课的核心知识：三角形内心的概念本质——三角形三条角平分线的交点。

(六）题组整合，拓展概念

例2：如图4所示，△ABC的内切圆⊙O与BC，CA，AB分别相切于点D，

E，F。

（1）若 $AB=5$，$BC=13$，$CA=11$，求 AF，BD，CE 的长。

（2）若 $AB=5$，$BC=13$，$CA=12$，求内切圆 $\odot O$ 的半径。

（3）若 $Rt\triangle ABC$ 中，a，b 是直角边，c 是斜边，求 $\odot O$ 的半径。

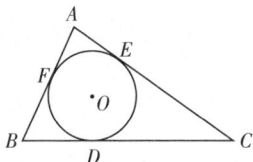

图4　例2图

分析：问题（1）是教材例题，由环节（四）的铺垫，学生易联想到切线长定理，即：$AF=AE$，$BD=BF$，$CE=CD$，再提示已知边长，学生能发现解题方向——设参建立方程模型（切线长的两两之和）。方法迁移到问题（2），易发现 $\triangle ABC$ 特殊化为直角三角形，求半径势必连接 OE，OF，不难证明四边形 $AFOE$ 为正方形，对半径设参，可以沿袭问题（1）的思路，将问题（2）转化为仍然求 AF 的长。由问题（2），易得出直角三角形内切圆半径模型1——$r=\dfrac{a+b-c}{2}$，从而解决问题（3）。

例3：如图5所示，$\odot O$ 是 $\triangle ABC$ 的内切圆。

（1）若 $\triangle ABC$ 的周长为29，面积为 $\dfrac{87}{4}$，求内切圆 $\odot O$ 的半径。

（2）若 $\triangle ABC$ 的内切圆半径为 r，$\triangle ABC$ 的周长为 l，求 $\triangle ABC$ 的面积。

（3）若 $Rt\triangle ABC$ 中，a，b 是直角边，c 是斜边，求 $\odot O$ 的半径。

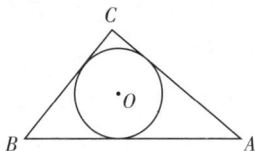

图5　例3图1

分析："等积法"是几何中经典的方程建模，体现了"整体"与"局部"相互转换的思想，是重要的解题方法。提示学生：要求 $\odot O$ 的半径，那就联结圆心与切点，以往要求三角形面积至少要知道一条边和这条边上的高的长度，但这里只有周长，周长是什么？（三条边的和），这时候的半径与三条边相联系，还可以被看作什么？给学生两分钟的时间自主尝试并交流后，部分学生很快就提出"分别连接 OA，OB，OC"，"分割的小三角形面积和等于大三角形面积"，如图 6 所示。引导学生经历 $\frac{1}{2}AB \cdot r + \frac{1}{2}BC \cdot r + \frac{1}{2}AC \cdot r = \frac{1}{2}l \cdot r = S_{\triangle ABC}$ 的推导过程，让学生的建模"明明白白"，于是问题（3）就顺利得出直角三角形内切圆半径模型 2——$r = \frac{ab}{a+b+c}$，并不一定要让学生记住这两个模型，而是让他们深刻理解推导过程和背后的思想方法，遇到问题时能进行思维分析。

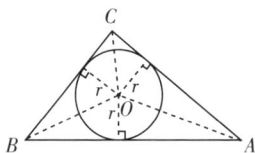

图 6　例 3 图 2

二、课后反思

（一）"深度教学"是设计好问题的教学

基于问题的学习模式，有助于学生进行"深度学习"。本课分别以"与前课关联整合后的新课题的提出""基于真实问题解决的概念感知""类比之下内切圆（内心）概念的概括""概念内涵和外延的深入挖掘"，这四组问题链形成的主线展开探究，问题呈现的逻辑链环环相扣，并辅之以适时的追问，不仅将学生的思维渐次引向深入，也激发了师生间互动的热情和学生间交流分享的兴趣。

（二）"深度教学"是信息高度整合的教学

完整的知识体系能使学生面对问题灵活迁移。三角形的外接圆（外心）、圆的切线、切线长定理、三角形的内切圆（内心），从几何特性（公共点的个数）和代数特性（到圆心的距离和半径的关系）两个角度有一脉相传的研究规律，用几何画板课件将它们整合性地呈现，凸显连贯性、顺应性的引课逻辑。在题组练习中，通过对原题干改变条件或问题，将若干立意本不相同的习题整合，实现巩固概念、深化概念、拓展概念的三重功能的兼顾。

（三）"深度教学"是注重真实问题解决的教学

真实问题的解决过程发生真实的数学学习。在"试验操作"的环节，教材上的素材是在三角形铁皮上截出与三角形三条边都相切的圆，这样似乎更贴近生产实际。但毕竟没有几个学生有截铁皮的生活经历，现场也不可能安排这样的真实操作，一切只能凭想象。而用纸片代替铁皮既可以就地取材，又可以在现画真裁中经历观察、思考、论证、度量、剪裁等一系列的真实过程，也为后续发现用折纸的办法便捷确定内心埋下伏笔。这样的真实经历使学生更为直观和深刻地理解三角形内切圆和内心的概念。

（四）"深度教学"是深入理解概念的教学

仔细分析定义的内涵和外延能够加深对概念的理解。本节课概念的内涵主要引导学生对比外接圆（外心）的概念，围绕内切圆的几何特性（位置关系）——"切"和"接"的本质区别；代数特性（数量关系）——内心的本质"三角形三条角平分线的交点"展开讨论。外延主要是建立与切线长定理的联系，为后续解题中的应用做好思维铺垫。

（五）"深度教学"是尝试习题再创造的教学

变换条件或挖掘问题等习题变式可以锻炼学生的批判性思维和解决复杂问题的能力。教师们在中考一轮复习之初常哀叹于学生对知识惊人的遗忘究其原因，很多教师在习题教学时往往就题论题，多停留于怎样解，缺乏解后反思，这种将方法和思维当知识传授、"见招拆招"的教学方式，当然不能实现陈述性知识和程序性知识的同步内化。而基于再创造的习题变式和题组练习，致力通性通法的梳理和积淀，不同角度的一题多解，为学生揭示问题的本质和联系，有利于学生在充分表征题意后，顺利地进行模式识别和迁移应用。

（六）"深度教学"是尊重师生"双主"地位的教学

有效沟通、合作学习能帮助学生修正思考、自我完善，培育个体健全的元认知。"深度教学"不等同于"难度"教学，不能功利地大量堆砌难题，更不能于学生的消极体验及自我否定中树立教师的权威。潘于黎的实证研究显示：宽松且和谐的学习氛围，有助于激发学生的批判性思维，并促进学生"深度学习"能力的发展。尊重教师课堂主导性的同时还学生以话语权和展示的机会，营造欣赏、鼓励和接纳的课堂文化会鼓舞学生大胆质疑、大胆尝试、大胆创新，从而发展学生积极的学习心智。

参考文献:

[1] 中华人民共和国教育部. 义务教育数学课程标准 (2011 年版) [M].
北京: 北京师范大学出版社, 2011.

[2] 周曙. 基于定义方式的初中数学概念分类及其教学建议 [J]. 中学数
学教学参考 (中旬), 2019 (11): 2 – 4.

[3] 蒋旭凯, 吴增生. 在理解数学的基础上整体设计教学活动——"直
线、射线、线段"教学课例研究 [J]. 中学数学教学参考 (中旬),
2019 (17): 68 – 70.

[4] 史宁中. 数学思想概论: 图形与图形关系的抽象 [M]. 长春: 东北
师范大学出版社, 2009.

[5] 罗增儒. 数学概念的教学认识 [J]. 中学数学教学参考 (中旬),
2016 (11): 2 – 3 + 9.

对"利用计算器求三角函数值""深度教学"的探索

新疆昌吉回族自治州第一中学　李刚

笔者所在的备课组集体备课时，"用计算器求三角函数"这一节无人提及更无人参与。笔者分析原因如下：多数教师认为此部分内容少且操作简单又非中考考查内容，中考时不准携带计算器，即使题目涉及非特殊角的三角函数计算，一般都会给出参考数据，不足以为其专门开设一课时。让学生课下自行阅读课本，参照例题和课文模仿尝试即可，就那么几个按键，几番试误，用不了多久就可以掌握操作步骤了，想必其他地区的同行有这般想法者也不在少数。

笔者认为，本节课的直接目标应是使学生利用计算器掌握"已知任意锐角求其三角函数值"或"已知三角函数值求出其所对应的锐角"这一基本技能。而本课的前课是"特殊角的锐角三角函数值"，后课是"解直角三角形（含任意锐角）"，再后是"解直角三角形的实际应用"。作为这个教学顺序中的一环，我对这节课的教学有如下几点思考。

思考1：有教师在"解直角三角形"及"实际应用"的学案中，尽量避开非特殊锐角的习题而多采用特殊角的题目。教材中"解直角三角形"这一课的例1是特殊锐角的解直角三角形，但例2即为非特殊锐角的解直角三角形，这样安排的用意是什么？在真实情境中，学生如何面对仰角、俯角、方位角、坡度角的随机值？

思考2：我们知道，锐角 α 在 $0° < \alpha < 90°$ 的取值范围内三角函数是一个连续函数，并且单调有序。如果学生一味片面地只进行特殊角的三角函数运算，会不会在潜意识中造成三角函数是离散函数的错觉？没有大量随机的非特殊角的三角函数值的补充，会不会妨碍学生对三角函数与锐角的变化关系的完整认

知？会不会因缺失"由角求值""由值得角"的整体教学，错失了在取值范围内自变量与因变量都满足单值对应的深度学习的机会？

思考 3：从前课"特殊角"到本课"一般角"的锐角三角函数值，实际上反映了特殊到一般的数学思想，若忽略本节课，是否不利于学生对"概念—特例—一般化—应用"这一学习规律的感知？这里的互逆运算是不是在培养学生的逆向思维？计算器的学习和尝试过程，是不是在积累基本数学活动经验？

思考 4：曾有学生就提出过这样的困惑：尝试按 sin30°，为什么显示的是 $-0.98803\cdots$？这是因为计算器当前处于弧度制模式，需要转换为角度制，怎样操作转换？手机上的计算器弧度制与角度制又怎样转换？三角函数与反三角函数的功能转换键，有的计算器上为"SHIFT"，有的为"2ndF"，部分手机的计算器上为"INV"。没有一套完整实用的说明，单靠学生自己摸索试误或上网查询将非常耗时。

基于以上思考，笔者为学生就"利用计算器求三角函数值"设计了如下学案。

一、学习目标

（1）会使用计算器求"度"或"度分秒"任意角的锐角三角函数值，以及已知三角函数值求其对应的锐角，并会将其转化为"度分秒"。在学习使用计算器的过程中积累基本活动经验。

（2）通过计算任意角的锐角三角函数值，结合特殊角的锐角三角函数值，完整认识每种三角函数值与锐角之间的变化规律，从而能进行简单的锐角三角函数值大小比较。

（3）通过分析与前课的联系感悟特殊到一般的数学思想，通过"由角求锐角三角函数值"和"由锐角三角函数值求角"，感悟锐角与其某种三角函数值之间一一对应的关系，并发展自己的逆向思维。

二、学习过程

（一）归纳猜想，提出问题

1. 求出下列特殊锐角的三角函数值

sin30° = _____ ， sin45° = _____ ， sin60° = _____ ，

cos30° = _____ ， cos45° = _____ ， cos60° = _____ ，

tan30° = _____ ， tan45° = _____ ， tan60° = _____ 。

2. 观察上面的结果猜想

当 $0° < \alpha < 90°$ 时，$\sin\alpha$ 的值随着 α 的增大而_____；$\cos\alpha$ 的值随着 α 的增大而_____；$\tan\alpha$ 的值随着 α 的增大而_____。

3. 提出问题

众所周知，用几个特殊值来概括数学的一般规律显然是不合适的，为此有必要补充一些不是特殊角的锐角三角函数值来充实我们的数据，从而用更翔实的证据来支持猜想。问题是：如果 $\angle A$ 是特殊角，它的锐角三角函数值我们直接可知，对于 $\angle A$ 是非特殊角，怎样得到它的锐角三角函数值呢？让我们进入下面的学习去一探究竟。

设计意图： 复习巩固前课的内容将为本课的问题提出做好铺垫，学生就特殊角的锐角三角函数值与其对应变化的特点进行归纳，合情推理出每种三角函数值的一般变化规律，形成初步猜想。使学生体会用"特殊到一般"的思想来进行问题扩展的必要性，从而自然地提出感兴趣的问题，驱动自己主动投入后续的探究活动中。

（二）阅读说明，操作尝试

请结合自己的学生专用计算器或者手机上的计算器仔细阅读以下操作说明。

1. 学生用科学计算器的有关按键

ON——开机，MODE——模式选择，SHIFT——功能转换（有的计算器是 2ndF），DEL——清除之前，DRG——角度值转换，°'"——角的单位转换，sin——正弦函数，cos——余弦函数，tan——正切函数，$\sin^{-1}$——反正弦函数，$\cos^{-1}$——反余弦函数，$\tan^{-1}$——反正切函数。

2. 典型操作说明（不同的计算器操作可能有所不同）

（1）学生专用计算器有三个模式"COMP（基本数学计算）""SD（标准偏差）"和"REG（回归计算）"，我们这里选择"COMP（基本数学计算）"：先打开计算器，按"ON"，然后按"MODE"，会出现上述的三个模式，按数字键"1"即可。

（2）三角函数有三个键，正弦函数 sin，余弦函数 cos，正切函数 tan，在计算时，按下它们三个中的任意一个键，后面输入的数字一般默认为角度的大小。例如，按下"sin"键，接着输入数字"30"，再按"="就会显示"0.5"。

（3）如果尝试计算 $\sin 30°$，结果显示：$-0.988031624\cdots$ 说明此时计算器使用的是"弧度制"，我们需要将其转换为"角度制"：先按一下"MODE"，然后再按一下，会出现"DEG""RAD""GRA"三个选项，第一个是"角度制"，第二个是"弧度制",第三个是"百分度",按数字键"1"即可。

（4）按下"SHIFT"键,再按下"sin""cos""tan"中的任何一个键,即转换为反三角函数计算（已知三角函数值求锐角的度数）,例如,按下"SHIFT"键后,再按下"sin"键,计算器就会显示"sin⁻¹"这表示"已知正弦值求锐角",假如你输入"0.5",结果就会显示"30",即为30°角。

（5）计算"度分秒"的锐角三角函数值,例如,计算 sin30°28′36″,按下"sin"键,接着输入"30",再按"°′″"键,再输入"28",再按"°′″"键,再输入"36",再按"°′″"键,最后按"="输出结果。

（6）如果已知三角函数值求锐角的度数,并且要转化为"度分秒",则在（4）的基础上再按"°′″"键即可。

（7）对于"功能转换键"是"2ndF"的计算器,有关操作请参考人教版九年级下册数学教材67页~68页。

3. 手机计算器有关按键及其说明

打开手机计算器功能,并将手机横置,此时转换为"科学计算器"。INV——功能转换,RAD——弧度制,DEG——角度制,⊠——清除之前,C——清屏。

计算器初始默认为 sin,cos,tan 功能,若已知三角函数值求锐角,则按一下"INV",即转换为 sin⁻¹,cos⁻¹,tan⁻¹的功能,操作同2（4）。

请大家自行阅读课本（或电子课本）,从第67页"通过上面的学习……"到第68页"练习"之前,边阅读边对照上述"说明",利用手中的计算器或者手机上的计算器尝试学习、熟悉操作、验证结果。

设计意图：这份"说明书"基本涵盖了学生现有可能的计算器型号和手机计算器的可能情形,能满足本节课的计算需要,举例的针对性和实用性强。学生也可以通过阅读本"说明"和教材文本,通过对比发现因型号差异带来的操作不同,选择性地进行尝试。

（三）独立练习,巩固技能

现在你确信自己会用计算器求任意角的锐角三角函数值,以及由三角函数值求对应的锐角了吗？那么请尝试完成以下例题。

例1：用计算器求下列锐角三角函数值。

（1）$\sin 20°$,$\cos 70°$；$\sin 35°$,$\cos 55°$；$\sin 15°32′$,$\cos 74°28′$.

（2）$\tan 3°8′$,$\tan 80°25′43″$.

分析例1（1）的结果,你能发现什么规律？

例 2：已知下列锐角三角函数值，用计算器求其相应锐角的度数。

（1）$\sin A = 0.6275$，$\sin B = 0.0547$.

（2）$\cos A = 0.6252$，$\cos B = 0.1659$.

（3）$\tan A = 4.8425$，$\tan B = 0.8816$.

注意：题（1）（2）的结果精确到 $0.1°$，题（3）的结果化为"度分秒"。

设计意图：由例 1（1）的结果学生不难发现规律：在 $\triangle ABC$ 中，如果 $\angle C = 90°$，则有 $\sin A = \cos B$，$\cos A = \sin B$。例 2 是对教材练习题稍做改编，一方面培养学生对锐角及对应的每种三角函数值的数感，另一方面满足本课涉及的四种计算情形的训练需要。

（四）归纳概括，验证猜想

（1）使用计算器填写表 1，并回答后面的问题。

表 1　锐角三角函数的数值计算表

锐角 A	…	15°	18°	20°	22°	…	80°	82°	84°	…
$\sin A$										
$\cos A$										
$\tan A$										

随着锐角 A 的度数不断增大，$\sin A$ 有怎样的变化趋势？$\cos A$ 呢？$\tan A$ 呢？你能说明自己的结论吗？

（2）利用上面的结论，直接比较下列三角函数值的大小。

① $\sin 23°$ ＿＿＿＿＿ $\sin 56°$；② $\cos 72°$ ＿＿＿＿＿ $\cos 45°$；③ $\tan 37°$ ＿＿＿＿＿ $\tan 89°$；④ $\sin 23°$＿＿＿＿＿ $\cos 66°$.

设计意图：本题为教材上的"拓广探索"习题，由此可见教材此处的目的是要让学生的深度学习延伸到对锐角三角函数性质的整体认知，感受其连续性和单调性，并能进行简单应用。其中题④由于两角非常接近互余，单从数感或角的张开程度的直观想象很难比较三角函数值的大小，促使学生将 $\sin 23°$ 化为 $\cos 67°$ 与 $\cos 66°$ 比较，或将 $\cos 66°$ 化为 $\sin 24°$ 与 $\sin 23°$ 比较，培养学生等价转化的数学思想和学以致用的学习习惯。

（五）回顾反思，总结提升

（1）任意锐角都有三种三角函数值吗？且它的某种三角函数有几个值与这个锐角对应？

（2）分别叙述锐角的三种三角函数值随锐角大小变化而变化的规律。

（3）用计算器计算 $\sin 37°$，$\cos 37°25'43''$ 的值，按键的顺序分别是怎样的？已知 $\tan\alpha = 2.4$，求 α 角并将其换为"度分秒"，按键顺序是怎样的？

（4）如果没有本学案提供的操作"说明"，除了教材你还能想到哪些获取帮助的渠道？（至少两条）

设计意图： 通过一系列反思性的问题链，一是深化学生对锐角三角函数的定义本质——"锐角与其三角函数值之间满足单值对应"的认识，有助于在有关三角函数的推理解题中自然想到等角转换。二是完善对锐角三角函数性质（单调性）的系统认知。三是自我检测本节课的基本技能掌握情况，梳理在解决实际问题中积累的基本活动经验，从而学会有层次地自主评估学习目标的达成情况。

三、结束语

学生适度摆脱教师的"掌控"，才得以有时间自主进行深度思考，摸索经验。然而，从阅历上，学生自主学习的能力和经验毕竟有限，越是低龄的学生越需要教师的管理和指导，要发挥教师的主导作用。在教学内容的组织上，需要教师从系统性、整体性的角度站位，从而为学生的取舍提供科学的选择。

中篇

学之识

——掌握初中数学学习的技巧

明确算理　优化算法　算有章法

——以人教版八年级教材的三个运算为例

新疆昌吉回族自治州第一中学　李刚

同学们在解题过程中惯用"粗心"来解释出错，其实粗心是表象，运算素养的缺失和能力不足才是问题的本质。初中数学的解题过程中，计算比重很大，从有理数的运算到实数的运算，从整式的加减到整式的乘除，从分式的约分到分式的加减乘除，从解一元一次方程到解分式方程、一元二次方程，计算遍布选择、填空、解答等各种题型。

训练有素的运算能力直接决定了解题速度和准确率。很多同学苦于会算而算不对，尤其是考场上时间有限，加之精神紧张，稍微复杂的运算准确率总也无法提高。这其中一个重要的原因在于平时没能注重基本数学活动经验的积累，所以没能养成科学、规范的运算习惯。毫无章法、盲目随意的运算方式，往往导致错误百出。优秀运算能力的形成，不是一蹴而就的，需要科学方法的引导，要明确每种运算的算理，养成"有章有法"的运算习惯。

一、分子分母是单项式的分式乘除运算——先整体乘得一个分式再约分

例1：化简 $\left(\dfrac{x^3}{y^2z}\right)^2 \div \left(-\dfrac{xz^2}{y^4}\right)^3 \times \left(\dfrac{z^2}{xy^2}\right)^4$

低效算法：先算分式的乘方，然后各个分式分子分母分别约分，再从左往右把分子分母分别乘到一起。

优化算法：原式 $= \dfrac{x^6}{y^4 z^2} \div \left(-\dfrac{x^3 z^6}{y^{12}} \right) \times \dfrac{z^8}{x^4 y^8} = \dfrac{x^6}{y^4 z^2} \times \left(-\dfrac{y^{12}}{x^3 z^6} \right) \times \dfrac{z^8}{x^4 y^8} = -\dfrac{x^6 y^{12} z^8}{x^7 y^{12} z^8}$

$= -\dfrac{1}{x}$

此例题是笔者所在学校 2017—2018 学年第一学期期末数学试卷上的原题，笔者在考后的《学习导报》中做了如下的点评：①大部分学生先算乘方后直接约分，然后再分子分母分别乘到一起。由于有多次累加约分，加之有些同学字迹不清，因此失分率很高。②有很多学生第二个因式乘方后丢掉了" – "号，有的即使有" – "号，也不写括号。③出错的学生有三分之一是最后结果丢掉了" – "号。

课堂学习中推崇的优化解法是：当分式的分子分母是单项式时，先将所有分式分子分母分别相乘，使积的分子分母均为单项式，此时同底数幂相除的关系一目了然，然后约分成功率会高很多。笔者所教的两个班中，采用优化算法"先乘再约"的有 65 人，其中正确的有 41 人，正确率约为 63%；采用低效算法"先约再乘"的有 22 人，其中正确的有 13 人，正确率约为 59%。

二、整数指数幂的乘除运算——遵循幂的运算性质最后化成分式

例 2：计算 $(3x^3 y^2 z^{-1})^{-2} (5xy^{-2} z^3)^2$

低效算法：原式 $= \dfrac{1}{(3x^3 y^2 z^{-1})^2} \cdot \left(5x\dfrac{1}{y^2} z^3 \right)^2 = \dfrac{1}{\left(3x^3 y^2 \dfrac{1}{z} \right)^2} \cdot \left(\dfrac{5xz^3}{y^2} \right)^2$

$= \dfrac{1}{\left(\dfrac{3x^3 y^2}{z} \right)^2} \cdot \dfrac{(5xz^3)^2}{y^4} = \dfrac{1}{\dfrac{9x^6 y^4}{z^2}} \cdot \dfrac{25x^2 z^6}{y^4} = \dfrac{z^2}{9x^6 y^4} \cdot \dfrac{25x^2 z^6}{y^4} = \dfrac{25x^2 z^8}{9x^6 y^8} = \dfrac{25z^8}{9x^4 y^8}$

优化算法：原式 $= 3^{-2} x^{-6} y^{-4} z^2 \cdot 25x^2 y^{-4} z^6 = \dfrac{1}{9} \times 25 \cdot (x^{-6} x^2) \cdot (y^{-4} y^{-4}) \cdot$

$(z^2 z^6) = \dfrac{25}{9} \cdot x^{-4} \cdot y^{-8} \cdot z^8 = \dfrac{25}{9} \cdot \dfrac{1}{x^4} \cdot \dfrac{1}{y^8} \cdot z^8 = \dfrac{25z^8}{9x^4 y^8}$

让我们回归教材，仔细来研究课本上有关知识的布局：本课时以正整数指数幂的运算性质开始，然后演绎推理得出 0 指数和负整数指数幂的概念，随后是思考"引入负整数指数和 0 指数后，$a^m \cdot a^n = a^{m+n}$（m，n 是正整数）这条性质能否推广到 m，n 是任意整数的情形"。经过归纳推理得出结论："随着指数的取值范围由正整数推广到全体整数，前面提到的运算性质也推广到整数指数幂。"接着给出四道例题，都是先执行幂的运算性质，最后再用负整指数幂的

性质化为分式。课本以归纳整数指数幂的运算性质（也可以看成公式）作为结尾。

可以看出，其本意是将有负整数指数幂参与的"幂的运算"作为重点，幂的运算性质是整个运算过程的基本框架。理解到这个深意，我们就会自觉遵循这里的"优化解法"，就能够避免课下运算步骤的盲目性。

三、二次根式的乘除混合运算——先整体乘除最后再化成最简二次根式

例3：回答下列三个问题。

（1）计算 $\frac{3}{2}\sqrt{20} \times \left(-\frac{1}{3}\sqrt{48}\right) \div \sqrt{2\frac{2}{3}}$

低效算法：原式 $= \frac{3}{2} \times 2\sqrt{5} \times \left(-\frac{1}{3} \times 4\sqrt{3}\right) \div \sqrt{\frac{8}{3}} = 3\sqrt{5} \times \left(-\frac{4}{3}\sqrt{3}\right) \div 2\sqrt{\frac{2}{3}} =$

$3\sqrt{5} \times \left(-\frac{4}{3}\sqrt{3}\right) \div \frac{2}{3}\sqrt{6} = -4\sqrt{15} \div \frac{2}{3}\sqrt{6} = -4 \times \frac{3}{2}\sqrt{\frac{5}{2}} = -6 \times \frac{\sqrt{10}}{2} = -3\sqrt{10}$

优化算法：原式 $= \frac{3}{2} \times \left(-\frac{1}{3}\right)\sqrt{20 \times 48 \div \frac{8}{3}} = -\frac{1}{2}\sqrt{20 \times 48 \times \frac{3}{8}} =$

$-\frac{1}{2}\sqrt{360} = -\frac{1}{2} \times 6\sqrt{10} = -3\sqrt{10}$

（2）计算 $\frac{\sqrt{3a}}{2b} \cdot \left(\sqrt{\frac{b}{2a}} \div 2\sqrt{\frac{1}{3b}}\right)$

低效算法：原式 $= \frac{\sqrt{3a}}{2b} \cdot \left(\frac{\sqrt{2ab}}{2a} \div \frac{2\sqrt{3b}}{3b}\right) = \frac{\sqrt{3a}}{2b} \cdot \frac{\sqrt{2ab}}{2a} \cdot \frac{3b}{2\sqrt{3b}} =$

$\frac{3\sqrt{6a^2b}}{8a\sqrt{3b}} = \frac{3a\sqrt{6b}}{8a\sqrt{3b}} = \frac{3a\sqrt{18b^2}}{8a \cdot 3b} = \frac{3b\sqrt{2}}{8b} = \frac{3\sqrt{2}}{8}$

优化算法：原式 $= \frac{\sqrt{3a}}{2b} \cdot \sqrt{\frac{b}{2a}} \cdot \frac{1}{2}\sqrt{3b} = \frac{1}{4b}\sqrt{3a \cdot \frac{b}{2a} \cdot 3b} = \frac{1}{4b}\sqrt{\frac{9b^2}{2}} = \frac{1}{4b} \cdot$

$\frac{3b}{\sqrt{2}} = \frac{3}{4} \cdot \frac{\sqrt{2}}{2} = \frac{3\sqrt{2}}{8}$

（3）计算 $\left(\sqrt{48} + \frac{1}{4}\sqrt{6}\right) \div \sqrt{12}$

低效算法：原式 $= \left(4\sqrt{3} + \frac{1}{4}\sqrt{6}\right) \div 2\sqrt{3} = 4\sqrt{3} \div 2\sqrt{3} + \frac{1}{4}\sqrt{6} \div 2\sqrt{3} = 2 + \frac{1}{4} \times$

$$\frac{1}{2}\sqrt{6\div 3}=2+\frac{1}{8}\sqrt{2}$$

优化算法： 原式 $=\sqrt{48\div 12}+\frac{1}{4}\sqrt{\frac{1}{2}}=\sqrt{4}+\frac{1}{4}\times\frac{\sqrt{2}}{2}=2+\frac{\sqrt{2}}{8}$

这里的第（3）题也是笔者所在学校 2017—2018 学年第二学期期中考试数学试卷上的原题，笔者所教的两个班采用低效算法的有 49 人，其中正确的有 35 人，正确率为约 71%；采用优化算法的有 48 人，其中正确的有 39 人，正确率约为 81%。低效算法是"先分别开方再乘除"。整个运算过程既烦琐又冗长，式子变换频繁，很容易出错。优化解法是"先乘除最后再开方"，把各二次根式中的被开方数集中统一处理，不仅减少了运算变换次数，节约了运算时间，还避免了可能出现的错误。

四、优秀运算素养的形成——要重视挖掘教材中例题算法的内涵

以上的优化解法均体现了"化零为整"的解题思想。不论是老师的课前备课，还是同学们课上的自主探究，除了关注课本上的知识内容外，还应该深挖例题解题过程的细节。在教学中，笔者常常按照例题学习的"四部曲"，即"例题上怎样解—为什么这样解—还可以怎样解—我们怎样解"，指导同学们归纳提炼，明确算法。在课堂上，不仅要注意听讲，仔细观摩优化示范，后续练习时更要自觉落实纠错，改变自己"不管方法只要算对就行"的粗放意识。

《普通高中数学课程标准（2017 年版）》提出六大数学核心素养：数学抽象、逻辑推理、数学建模、直观想象、数学运算、数据分析，其中"数学运算"是学生所有数学素养形成的基础之一。我国的数学教学具有重视基础知识、基本技能训练的传统，新世纪的高中数学课程应发扬这种传统。将来升入高中后，高中数学的学习难度比起初中来大得不止一点儿，同学们的数感直接影响新知接受的敏捷性，从现在起，培养自己有条不紊、有章有法的运算素养，使运算既快又准，还"优美"，为后续的学习打好坚实的基础。

参考文献：

［1］中华人民共和国教育部．普通高中数学课程标准（2017 年版）［M］．北京：人民教育出版社，2018．

［2］史宁中，马云鹏．基础教育数学课程改革的设计、实施与展望［M］．南宁：广西教育出版社，2009．

以逆向思维和整体符号观破解易错顽疾

——求平方根、立方根解方程的教学建议

新疆昌吉回族自治州第一中学 李刚

逆向思维是数学学习的一种必备思维模式。运算的互逆关系，是逆向思维的重要表现形式之一。学生在面对加与减、乘与除、乘方与开方这样单一的互逆运算时一般没有什么问题，但在学习人教版七年级下册"平方根""立方根"时，面对形如 $4(x-1)^2=9$ 和 $(x+2)^3-3=24$ 这样，将三种互逆运算整合在一起的运算时，一开始大都不知如何下手，这也是历届学生都容易出错的一个典型问题。在笔者看来，这主要与初次接触此类问题时教师的思维导向有关。很多教师在引导学生模式识别时，往往会从方程的视角切入，此时学生自然会试图将一元一次方程的解法迁移而来，他们已驾轻就熟的"去括号、移项、合并同类项、系数化为1"解题模式在这里必然会遭遇"水土不服"和认知冲突。笔者在学生的作业练习和单元测试中整理出以下两种典型错误，并尝试给出相应的教学改进建议。

一、运算顺序混淆

运算本质上也是一种推理，无论是数与式的运算，还是解方程和不等式的运算，不仅要关注运算技能的形成，更要指导学生对"怎么算""为什么要这样算""怎样算更好"等问题进行经常性的思考，力求使运算符和算理，正确熟练、合理简洁。基础工作是首先要弄清运算的层级和先后顺序。

例1：求式子 $4(x-1)^2=9$ 中 x 的值。

错解1：$4(x-1)=\pm 3$；

错解2：$(4x-4)^2=9$.

（一）错因分析

教材中此类习题的题文均以"求下列各式中 x 的值"的形式给出，而没有表述为"解下列方程"，是考虑到学生不可能掌握此类方程的规范系统解法，只能按照式子的运算意义进行逆向解析。现行的人教版教材淡化了"用字母表示数"中"叙述代数式的运算意义"的内容，所以教师们尤其是年轻教师会忽略学生从数字运算过渡到字母运算后，对代数式的混合运算意义的辨析，而直接将重点放在了单项式和多项式概念的单一抽象过程，学生主要经历的是对单项式（数或字母的积）和多项式（几个单项式的和）概念的模型化认知，可能会忽略对形如 $4(x-1)^2-9$ 这样的复合型代数式的运算意义的辨析。因此，当已知 $4(x-1)^2$ 的值需要逆向求解 x 的值时，分不清运算的层级和先后顺序，难免出现程序性和条理性错误。

（二）教学建议

1. 降维分析，做好铺垫

不要从"解方程"的视角切入，应将重点放在对式子的运算意义的辨析，可以先做一个降维铺垫，先求式子 $4x^2=9$ 中 x 的值。首先，让学生叙述这个式子的运算意义：4 与 x^2 的乘积等于9。要算 x 的值就要先算出 x^2 的值，这实际上是已知因数4和乘积9，求另一个因数 x^2，因此因数 x^2 就等于乘积9除以因数4，再由 x^2 的值依据平方根的意义求出 x 的值。

2. 类比推广，固化思维

接着给出例1的问题，先让学生叙述这个式子的运算意义：因数4与式子 $(x-1)^2$ 的乘积等于9，$(x-1)^2$ 是 x 与1的差的平方，应看作一个整体，因此逆向运算顺序应遵循：先求 $(x-1)^2$ 的值，再求 $x-1$ 的值，再求 x 的值。类比铺垫问题的求解，使学生明确这实际上是已知4与 $(x-1)^2$ 的乘积等于9，先求因式 $(x-1)^2$ 的值，它等于乘积9除以因数4，即 $(x-1)^2=\dfrac{9}{4}$，这个式子表示 x 与1的差的平方值是 $\dfrac{9}{4}$，要求 x 的值就要先算出 x 与1的差，而 $x-1$ 的差整体上是 $\dfrac{9}{4}$ 的平方根，$\dfrac{9}{4}$ 的平方根用符号表示为 $\pm\sqrt{\dfrac{9}{4}}$，因此有了 $x-1=\pm\sqrt{\dfrac{9}{4}}$，进一步有 $x-1=\pm\dfrac{3}{2}$，学生容易知道这里需要分类讨论 $x-1=\dfrac{3}{2}$ 和 $x-1=-\dfrac{3}{2}$ 两种情况，分别求出 x 的两个根即可。

对于式子 $(x+2)^3 - 3 = 24$，先让学生明确其运算意义：x 与 2 之和的立方与 3 的差等于 24。总体上应看作 $(x+2)^3$ 的整体减 3 等于 24，因此逆向运算顺序为：先求被减数 $(x+2)^3$ 的值，再求底数 $x+2$ 的值，再求加数 x 的值。因此被减数 $(x+2)^3$ 整体等于差 24 加上减数 3，即 $(x+2)^3 = 27$，$x+2$ 的整体是 27 的立方根，即 $x+2 = \sqrt[3]{27} = 3$，x 与 2 的和是 3，则 x 的值是 1。

教师比较重视正向运算的层级及顺序性教学，但是这里的问题提醒我们，对于七年级的学生，含字母的较复杂的逆向运算更需要教师耐心仔细地对算理和算法进行解析。

二、求平方根时"漏根"

学习数学不仅要重视夯实知识和技能基础，主动提炼思想和方法，也应高度重视观念的学习和养成——良好、优化的运算观念的建立，或许可以有效提高学生解题的自我监控水平。

例 2：求式子 $4x^2 = 100$ 中 x 的值。

错解 1：$x^2 = 25$，$x = 5$；

错解 2：$x^2 = 25$，$x = \sqrt{25} = \pm 5$。

（一）错因分析

学生在面对式子 $x^2 = 25$ 时，潜意识是"什么数的平方是 25"。由于学生自我监控水平的差异，或者受惯性思维主导，容易想到 $5^2 = 25$，进而出现运算结果的"漏根"。还可能是由于概念教学时对内涵的分析和强调不够充分，部分学生不重视开平方和开立方运算的符号表示。再者，不少学生平时不重视运算的过程，急于追求运算的结果，也会导致出现运算结果的"漏根"。

（二）教学建议

1. 一脉相承的整体观

如图 1，对代数运算的主线分析可知，有必要在学生心中树立一种观念，应将开方运算整体地置于同加、减、乘、除、乘方一起构成的代数运算体系中。因此，符号"$\sqrt{}$""$\pm\sqrt{}$""$\sqrt[3]{}$"同符号"＋""－""×""÷""$()^2$"一样，本质上也是一种运算符号。遇到运算的题目时肯定会先进行运算的模式识别，对于 $x^2 = 25$，说明 x 是 25 的平方根，这就是"求 25 的平方根"的运算，同其他运算一样，这个运算就应当纳入和其他运算一脉相承的运算体系中来进行符号表示。

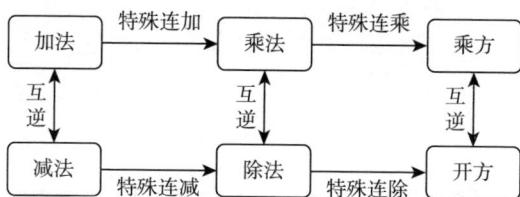

图1 代数运算的主线分析图

2. 符号专用的算式观

如同"求9与5的和"要先列出算式"9+5"一样，是什么运算就应该使用这种运算的专用符号列出相应的算式。例如：要求某数（式）的算术平方根，就要先用算术平方根的专用符号，在该数（式）的外面加上"$\sqrt{}$"；要求某数（式）的平方根，就要先用平方根的专用符号，在该数（式）的外面加上"$\pm\sqrt{}$"；要求某数（式）的立方根，就要先用立方根的专用符号，在该数（式）的外面加上"$\sqrt[3]{}$"。然后，依据逆运算的关系分析出相应结果，例如"求25的平方根"的运算，要先列出算式 $x=\pm\sqrt{25}$，因为 $\pm\sqrt{25}=\pm5$，所以 $x=\pm5$。如此，这种运算观念的改进或许能有效避免"漏根"的出现。

参考文献：

［1］教育部基础教育课程教材专家工作委员会. 义务教育数学课程标准（2011年版）解读［M］. 北京：北京师范大学出版社，2012.

［2］郑毓信. 数学"深度教学"的理论与实践［M］. 南京：江苏凤凰教育出版社，2020.

"全等三角形"的小结与复习教学建议

——人教版八年级上册数学教材第十二章

新疆昌吉回族自治州第一中学　李刚

通过对《义务教育数学课程标准（2011 年版）》的研读，我们不难认识到，中学阶段重点研究的两个平面图形间的关系是全等和相似。全等三角形研究的问题和研究方法将为后面相似的学习提供类比思路。在"全等三角形"这一章中，我们要逐步教会学生用分析法分析条件与结论的关系，用综合法书写证明格式，以及掌握证明几何命题的一般过程，从而初步培养学生规范的推理论证能力。如果学生利用全等三角形证明线段、角等基本几何元素相等的能力能够顺利建构，必将为后面等腰三角形、四边形、圆等内容的学习打下坚实的基础。

笔者在二十年的初中数学教学生涯中，先后经历了老人教版、北师大版、新人教版等各版本教材的教学，对"全等三角形"这一章中的重难点和教学目标有自己的独特理解。本文针对本章重点概念的内涵和外延、要为学生培养的五大基本能力，以及笔者二十年来为学生总结出的必须事先避免的七种易错点，进行了整理和归纳，配合典型例题进行佐证和示范，旨在帮助年轻老师更好地驾驭教材，为本章的小结与复习课的设计提供参考。

一、知识体系架构

全等三角形知识体系架构图，如图 1 所示。

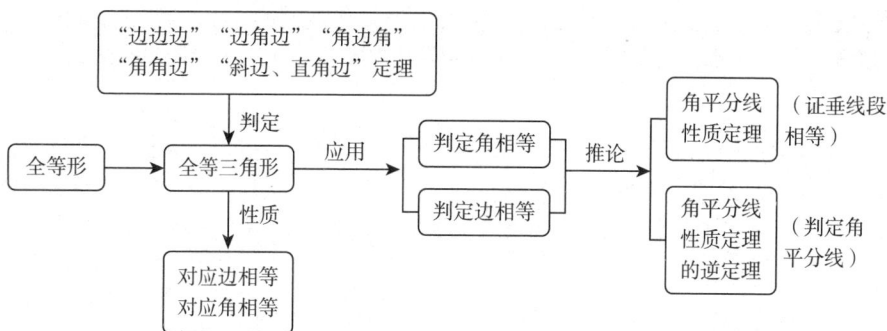

图1　全等三角形知识体系架构图

二、重点概念再认识

全等三角形重点概念分析表，见表1。

表1　全等三角形重点概念分析表

重点概念	重点概念内容	概念的内涵	概念的外延
全等三角形定义	能够完全重合的两个三角形叫全等三角形。	"完全重合"——大小相同，形状也相同。	1. 可以作为第一个判定方法。 2. 和三角形所处位置无关。
"边边边"定理	三边分别相等的两个三角形全等。	1. 三边长确定则三角形唯一确定。 2. 公共边的对应边是它本身。	可以和三角形的稳定性相互印证。
"边角边"定理	两边和它们的夹角分别相等的两个三角形全等。	1. 公共角的对应角是它本身。 2. "两边夹一角"，就是这个角的两边。	两边和其中一边的对角对应相等的两个三角形不一定全等，即"两边一对角"是不成立的。
"角边角"定理	两角和它们的夹边分别相等的两个三角形全等。	夹边是两个角的公共边。	无论哪个判定方法，都离不开对应边的条件，即证明三角形全等至少要找到一对相等的对应边。
"角角边"定理	两角分别相等且其中一组等角对边也相等的两个三角形全等。	"角角边"和"角边角"可以互相转化。	

重点概念	重点概念内容	概念的内涵	概念的外延
"斜边、直角边"定理	斜边和一条直角边分别相等的两个直角三角形全等。	1. 有一个直角是应用前提。 2. 可以是两条直角边中的任意一条。	1. 除了"HL"以外,"边边边、边角边、角边角、角角边"对于直角三角形全等的判定同样适用。 2. 证明直角三角形全等时首先考虑"斜边、直角边"定理。
角平分线性质定理	角平分线上的点到角的两边的距离相等。	一是平分线,二是点到角两边的垂线段,两个条件缺一不可("三推一")。	1. 用于较快地证明垂线段相等。 2. 两个垂足到角的顶点距离也是相等的。
角平分线性质定理的逆定理	角的内部到角的两边距离相等的点在角的平分线上。	一是点到角两边的垂线段,二是两线段相等,两个条件缺一不可。	1. 主要用于角平分线的判定。 2. 平面内到三角形三边所在直线距离相等的点有四个(一个在内部,是内角的平分线交点,其余三个在外部,是外角平分线的交点)。

三、必须掌握的基本能力

(一) 尺规作图能力

(1) 画一个角等于已知角。

(2) 画角的平分线。

(3) 画一个三角形与已知三角形全等。

(二) 全等三角形证明过程的规范书写能力

像写说明文一样构思,分自然段,按照"准备全等—证明全等—应用全等"的步骤写证明过程。

(三) 初步的作辅助线能力

本着"缺什么画什么"的原则,每一种辅助线背后都有一个定理应用背景,主要分为两种情形:构造全等三角形、构造垂线段。

1. 构造全等三角形

主要分为两种情形：分割法、延补法。

（1）分割法举例

例1：如图 2 所示，已知线段 AB，CD 相交于点 O，AD，CB 的延长线交于点 E，$OA = OC$，$EA = EC$，求证：$\angle A = \angle C$。

（通过连接 OE，由"边边边"定理得 $\triangle AOE \cong \triangle COE$）

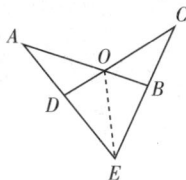

图 2 例 1 图

（2）延补法举例

例2：如图 3 所示，在 $\triangle ABC$ 中，$AB = 6$，$AC = 2$，AD 是 BC 的中线，求 AD 的取值范围。

（延长 AD 至 E 使 $DE = AD$，连接 BE，由"边角边"定理得 $\triangle BED \cong \triangle CAD$）

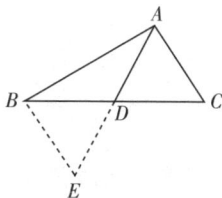

图 3 例 2 图

例3：如图 4 所示，已知在 $\triangle ABC$ 和 $\triangle DBC$ 中，$\angle A = \angle D$，$AB = DB$，求证：$CA = CD$。

（分别延长 CA 和 CD，分别过 B 点作 $BE \perp CA$ 的延长线于点 E，作 $BF \perp CD$ 的延长线于点 F，由"角角边"定理得 $Rt\triangle BAE \cong Rt\triangle BDF$）

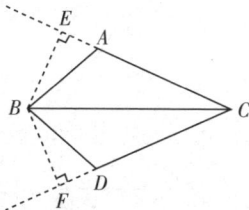

图 4 例 3 图

2. 构造垂线段相等

例4：如图5所示，已知△ABC的两个外角∠CBD和∠BCE的平分线交于点P，求证：点P在∠A的平分线上。

（构造表示外角平分线到边的距离的垂线段）

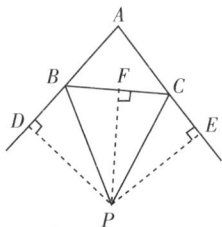

图5 例4图

例5：如图6所示，在△ABC中，AD为∠BAC的平分线，DE⊥AB于点E，△ABC的面积是28cm²，AB=20cm，AC=8cm，则DE的长是多少？

（作一个内角平分线上的点到两边的垂线段，构造两个等高的三角形，从而为等面积法创造条件）

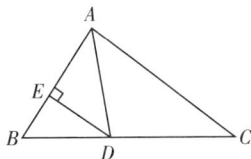

图6 例5图

例6：如图7所示，DC∥AB，∠CDA和∠BAD的平分线交于点E，过点E作一条直线垂直于CD，垂足为C点，CE延长线交AB于B点。观察CE，BE的数量关系，你有什么发现？并说明理由。

（过E作EF⊥AD，由两个内角的平分线的交点引出一条公共垂线段，搭建使CE和BE相等的"桥梁"）

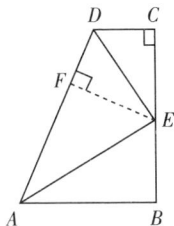

图7 例6图

（四）审题时快速找出隐含条件的能力

常见的隐含条件有：公共边（如图 8 所示）、公共线段（如图 9 所示）、公共角（如图 10 所示）、对顶角（如图 11 所示）。

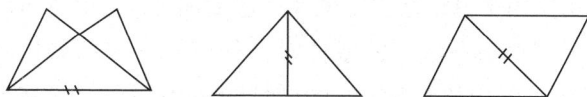

图 8 公共边图例

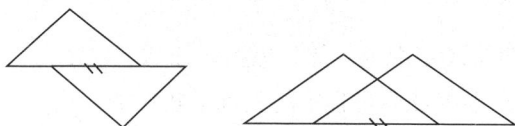

图 9 公共线段图例

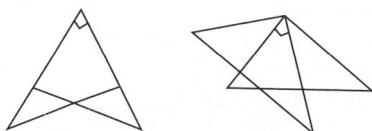

图 10 公共角图例

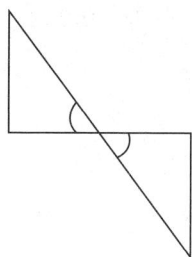

图 11 对顶角图例

（五）能完整写出文字性命题证明的三个步骤的能力

（1）依据题意画出图形。

（2）找出命题中的题设和结论部分，转换为符号语言，分别写出"已知"和"求证"。

（3）分析思路，写出证明过程。

四、易错点归纳

易错点 1：得出全等的结论后，忘记写判定定理依据。

易错点 2：表示三角形全等的关系时字母顺序不对应。

易错点 3：有公共线段、公共角的条件，在必要的情况下，忽略了在等式两边同时加公共线段或公共角的中间过程，而直接得出对应边或对应角相等。

易错点 4：运用角平分线性质定理及其逆定理时，忽略垂直的条件。

易错点 5：有"两边一角"的条件时，分辨不清"两条边和它们的夹角"和"两条边和其中一条边的对角"，尤其对后者的成立与否没有足够的重视。

易错点 6：有"两角一边"的条件时，在书写证明过程中，分辨不清"角边角"和"角角边"。

易错点 7：简单推理不细致，凭着想当然任意"跳步"。

部分易错点在例题的证明过程中的表现形式如下：

例 7：如图 12 所示，已知点 A，B，D，E 在同一直线上，$AD = EB$，$BC /\!/ DF$，$\angle C = \angle F$. 求证：$AC /\!/ EF$.

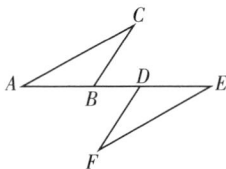

图 12　例 7 图

证明：$\because AD = EB$，

$\therefore AB = DE$. （易错点 3）

又 $\because BC /\!/ DF$，

$\therefore \angle CBA = \angle FDE$. （易错点 7）

在 $\triangle ABC$ 和 $\triangle EDF$ 中，

$\angle C = \angle F$，$AB = DE$，$\angle CBA = \angle FDE$，

$\therefore \triangle ABC \cong \triangle DEF$（ASA），（易错点 2 和易错点 6）

$\therefore AC /\!/ EF$. （易错点 7）

五、解题方法优化提示

（1）看到题目中有直角三角形全等的证明，优先考虑"斜边、直角边"定理。

（2）看到有角平分线的条件，一定要想到用角平分线性质定理。

（3）摒弃"将全等进行到底"的习惯思维，遇到求证边相等或角相等，要有优化解法的意识，不要一味地依赖证全等来解决问题。

例8：（人教版八年级上册数学教材51页，习题12.3第5题）如图13所示，OC 是 $\angle AOB$ 的平分线，P 是 OC 上的一点，$PD \perp OA$，$PE \perp OB$，垂足分别为 D，E，F 是 OC 上的另一点，连接 DF，EF。求证：$DF = EF$。

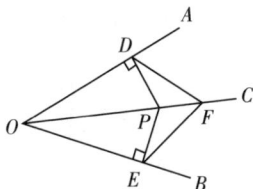

图13　例8图

解法1：$\because OC$ 平分 $\angle AOB$，且 $PD \perp OA$，$PE \perp OB$，

$\therefore PD = PE$，$\angle PDO = \angle PEO = 90°$。

在 $Rt\triangle POD$ 和 $Rt\triangle POE$ 中，

$PD = PE$，$OP = OP$，

$\therefore Rt\triangle POD \cong Rt\triangle POE$（HL），

$\therefore \angle DPO = \angle EPO$，

$\therefore \angle DPF = \angle EPF$。

在 $\triangle DPF$ 和 $\triangle EPF$ 中，

$PD = PE$，$\angle DPF = \angle EPF$，$PF = PF$，

$\therefore \triangle DPF \cong \triangle EPF$（SAS），

$\therefore DF = EF$。

解法2：$\because OC$ 平分 $\angle AOB$，且 $PD \perp OA$，$PE \perp OB$，

$\therefore PD = PE$，$\angle PDO = \angle PEO = 90°$，$\angle DOP = \angle EOP$。

又 $\because \angle DPF = \angle PDO + \angle DOP$，

$\angle EPF = \angle PEO + \angle EOP$，

$\therefore \angle DPF = \angle EPF$。

在 $\triangle DPF$ 和 $\triangle EPF$ 中，

$PD = PE$，$\angle DPF = \angle EPF$，$PF = PF$，

$\therefore \triangle DPF \cong \triangle EPF$（SAS），

$\therefore DF = EF$。

在全等三角形之后的"轴对称"一章中，我反复指导学生能不用全等证明

的尽量不用，能用新的定理证明的一定比用全等证明来得简单，在解决等腰三角形和线段的垂直平分线证明问题中都收到了很好的效果。

学生的数学思想方法的形成，靠教师平时教学中的渗透和提炼。而分析问题、解决问题的技能靠的是平时的训练和反思。在这样的章节复习课中，引导学生多归纳、反思、对比，不断优化解法，这样才能逐步提高学生的数学素养，培养他们的数学学习兴趣。

"技巧"变"通法"

——"倍长中线"法对三角形两个性质及其外延的探究

新疆昌吉回族自治州第一中学　李刚

我国数学教学十分重视新授知识的理解，对新知识还要做进一步辨析和深层次理解。或是对新概念或新命题中关键性语句进行咬文嚼字的分析，特别是对关键词的理解更是突出强调；或是利用变式教学（辨析题、变式题）深入认识新知识的本质属性，概括出新知识的要义或注意点，梳理新旧知识间的联系，在辨析中加强理解。笔者认为数学教学质量的判断，当然要以学生能否学好数学为依据，无论采用什么样的教学方法与教学手段，都必须为数学教学的内容服务，每讲到一个新知识点必须对概念（命题）的内涵与外延进行深入地推敲。

对概念（命题）的内涵解读，主要是为了让学生"用得对"——知道怎样用；对概念（命题）外延的拓展，主要是为了让学生"用得好"——知道什么时候用。笔者分析概念（命题）内涵的经验有：①分化揭示本质属性；②关键词的解读、强调；③分析适用前提（范围）及功能指向；④等价命题的表述；⑤正反例辨析。对外延的拓展经验有：①与含义或表述相近的命题对比；②建立与上下位概念（命题）的联系；③辨析逆命题；④改变条件或结论的变式。其中"与上下位概念（命题）的联系"不仅是指知识逻辑上的关系，还应当包括诸如类比、联想、化归等研究方法上的传承关系。

"倍长中线"法起初是解决"三角形一边的中线与其余两边数量关系"问题的特殊方法。在学习三角形的中位线和直角三角形斜边的中线这两个性质时，笔者引导学生分别从"辨析逆命题"和"改变条件或结论"两个角度对命题进行变式，联想"倍长中线"法将变式得到的外延命题化归为平行四边形（矩形）进行论证，在系统的学习进程中，"小技巧"逐渐化为"大方法"，实现了从知识技能到思想方法的全面发展。

一、特例技巧

在相继学习了"三角形"和"全等三角形"之后，笔者的学生们遇到了一道稍有难度的题目。

例1： 如图1所示，点 D 是 $\triangle ABC$ 的 BC 边上的中点，AB 边的长为6，AC 边的长为4，求线段 AD 的长度的取值范围。

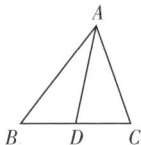

图1 例1图

由于学生在七年级主要学习的是直线、射线、线段，以及相交线与平行线等平面几何入门知识，在"三角形"和"全等三角形"这两部分内容中，学习的重点在于初步了解几何图形研究的基本思想和方法，经历探究过程初步发展合情推理能力，能以较严谨和规范的格式独立完成证明过程，让学生切实提高推理论证能力。学生还没有丰富的画辅助线分析解决问题的经验，所以不容易想到解决办法，笔者引导学生做了如下分析：

已知两边长求中线的取值范围你会联想到什么？（两边之和大于第三边、两边之差小于第三边）；以往我们求三角形一边的取值范围都是在怎样的条件下？（已知三角形的两边求第三边的取值范围，即已知边和所求边在一个三角形中）；这道题目中已知边和所求边是怎样分布的？（所求边和已知边分布在两个三角形中，且所求边是两个三角形的公共边）；要想运用三角形三边的关系势必要将它们化归到一个三角形中，可以采用如下的办法：

如图2所示，将线段 AD 延长1倍至点 E，连接 B，E 两点，然后就构成了我们所熟悉的"8"字形全等模型，从而将边 AC 等量转化为边 BE，将两条已知边和所求边化归到了一个三角形中，这种画辅助线的方法为"倍长中线"法，当已知三角形一条边的中线，需要讨论此中线与其他两边的关系时可以考虑此方法。

显然，此时"倍长中线"法只是解决这道题目的一个"小技巧"，还看不出其广泛的迁移价值，称不上所谓重要的"大方法"。但在之后学习平行四边形时，在三角形中位线定理和直角三角形斜边的中线的性质及其外延命题的证明中，"倍长中线"法发挥了关键作用。

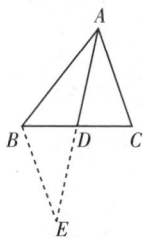

图2 例1变形图

二、通性通法

（一）三角形中位线定理及其外延的探究

1. 证明三角形的中位线定理

例2：如图3所示，D，E分别是△ABC的AB边、AC边的中点。求证：DE // BC，$DE = \dfrac{1}{2}BC$。

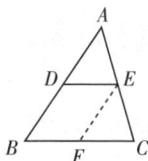

图3 例2图1

学生由经验往往易想到"割"的办法，如图3所示，过点E作EF // AB交BC边于点F，事实证明，这个方法不可行。反之，提示用"补"的办法，学生易联想到"倍长中线"法，从而"倍长中位线"。

如图4所示，延长DE到点F，使$EF = DE$，连接AF、CF、DC，又由E是边AC的中点，易得平行四边形$ADCF$，所以CF平行且等于AD，因为D是AB的中点，所以CF平行且等于BD，可得平行四边形$DBCF$，从而DF平行且等于BC，从而结论得证。

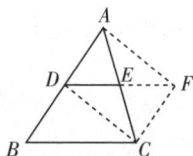

图4 例2图2

139

结论：三角形的中位线平行于三角形的第三边，并且等于第三边的一半。

2. 判定三角形的中位线

例3： 如图5所示，点 D 是 $\triangle ABC$ 的 AB 边的中点，过点 D 作 $DE /\!/ BC$ 交 AC 边于点 E. 求证：DE 是 $\triangle ABC$ 的中位线。

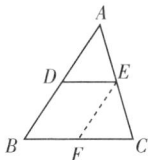

图5 例3图1

方法1："内部分割"法

由于学生还未学习相似三角形的知识，所以只能致力于证明点 E 是 AC 边的中点，这时采用"割"的办法是奏效的。如图5所示，过点 E 作 $EF /\!/ AB$ 交 BC 边于点 F，由 $DE /\!/ BC$ 易得平行四边形 $DBFE$，突破了关键——$AD = DB = EF$，从而得证 $\triangle ADE \cong \triangle EFC$，所以 $AE = EC$，结论得证。但这个证明过程相对烦琐，因为有 AB 边的中点 D，经提示采用"补"的办法，学生也能联想到"倍长中线"，从而"倍长中位线"。

方法2：联想"倍长中线""倍长中位线"法

如图6所示，反向延长 DE 至点 F，使 $DF = DE$，由 D 是 AB 边的中点，易得平行四边形 $AFBE$，所以 FB 平行且等于 AE，$FB /\!/ EC$，由条件 $DE /\!/ BC$，可得平行四边形 $FBCE$，$FB = EC$，所以 $AE = EC$，E 是 AC 边的中点，DE 是 $\triangle ABC$ 的中位线。

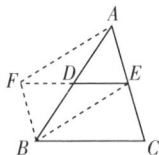

图6 例3图2

结论：联结三角形一边的中点和另一边上一点，并且平行于第三条边的线段是这个三角形的中位线。

3. 进一步的变式

例4： 如图7所示，点 D 是 $\triangle ABC$ 的 AB 边的中点，E 为 AC 边上一点，并

且 $DE = \frac{1}{2}BC$，那么 DE 是 $\triangle ABC$ 的中位线吗？

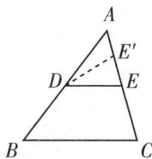

图7 例4图

如图7所示，在 AC 边上符合条件的点 E 可能有两个位置，故结论不一定成立。

（二）直角三角形斜边的中线性质及其外延的探究

直角三角形斜边上的中线的性质对于解决与直角三角形有关的计算和证明有广泛的应用，这一知识点在教材上的内容很少，教师往往将其和矩形的性质安排在同一课时内，但是笔者以"倍长中线"法为主线，根据解题需要深入挖掘其关联命题，将其单独作为一个课时进行了"深度教学"的尝试，从学生的反馈来看效果比较好。

1. 证明直角三角形斜边的中线的性质

例5：如图8所示，在 $Rt\triangle ABC$ 中，$\angle ACB = 90°$，若点 D 是 AB 边的中点，连接 CD。求证：$CD = \frac{1}{2}AB$。

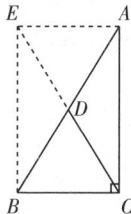

图8 例5图

以矩形的性质"矩形的对角线相等"做铺垫，学生也容易想到"倍长中线"法。如图8所示，延长 CD 至点 E，使 $DE = CD$，由点 D 是 AB 边的中点，可得平行四边形 $AEBC$，因为 $\angle ACB = 90°$，所以平行四边形 $AEBC$ 是矩形，$CE = AB$，则 $CD = \frac{1}{2}AB$。

结论：直角三角形斜边上的中线等于斜边的一半。

2. 已知一条边的中线和这条边的关系判定直角三角形

例6：如图9所示，在△ABC中，点D是AB边的中点，且$CD = \frac{1}{2}AB$，求证：△ABC是直角三角形。

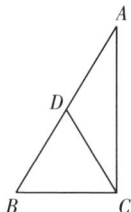

图9 例6图

方法1："设参列方程"法

如图9所示，在△ABC中，点D是AB边的中点，且$CD = \frac{1}{2}AB$，则$CD = BD$，$CD = AD$，所以∠DBC = ∠DCB，∠DAC = ∠DCA。因为∠DAC + ∠DCA + ∠DCB + ∠DBC = 180°，所以2∠DCA + 2∠DCB = 180°，则∠DCA + ∠DCB = 90°，即∠ACB = 90°，所以△ABC是直角三角形，命题得证。

方法2："倍长中线"法

此时的学生对于"倍长中线"法已经很熟悉了，如图10所示，延长CD至点E，使DE = CD，由点D是AB边的中点，可得平行四边形AEBC，EB∥AC，所以∠EBC与∠ACB是同旁内角互补。再依据"边边边"定理证得△EBC≌△ACB，∠EBC = ∠ACB，所以∠ACB = 90°，即△ABC是直角三角形。

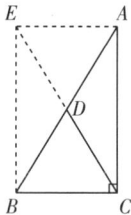

图10 例6变形图

结论：如果一个三角形一条边上的中线等于这条边的一半，那么这个三角形是直角三角形。

3. 已知等长关系判定斜边上的中线

例7：如图11所示，在Rt△ABC的斜边AB上有一点D，且满足DA = DC（或DB = DC），你能提出怎样的猜想？

猜想：DC 是斜边 AB 上的中线。

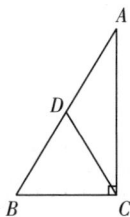

图 11　例 7 图

方法 1：运用"余角性质"法

如图 11 所示，在 Rt$\triangle ABC$ 中，$\angle ACB = 90°$，所以 $\angle DCA + \angle DCB = 90°$，$\angle DBC + \angle DAC = 90°$。因为 $DA = DC$，所以 $\angle DCA = \angle DAC$，则有 $\angle DCB = \angle DBC$，所以 $DB = DC$。故 $DA = DB$，即点 D 是斜边 AB 的中点，DC 是斜边 AB 上的中线。

如果已知 $DB = DC$，证明方法同上。

方法 2："倍长中线"法

如图 12 所示，在 AC 边上取中点 E，连接 DE 并延长至点 F，使 $EF = DE$，可得平行四边形 $ADCF$，CF 平行且等于 DA。因为 $DA = DC$，E 是 AC 的中点，所以 $DE \perp AC$，则 $DE /\!/ BC$，并且 $CF /\!/ DB$，又得平行四边形 $DBCF$，$CF = DB$，所以 $DA = DB$，点 D 是斜边 AB 的中点，DC 是斜边 AB 上的中线。

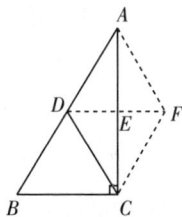

图 12　例 7 变形图

如果已知 $DB = DC$，证明方法同上。

此方法虽不如方法 1 简单，但由于同前述的研究在方法上有着一脉相传的关系，多一种方法相当于多一份解题经验，所以学生也是乐于接受的。

结论：如果直角三角形斜边上的一个点到这条边的一个端点与它到直角顶点的距离相等，那么这个点是斜边的中点。

4. 结论应用举例

例 8：如图 13 所示，在 $\triangle ABC$ 中，$AB = AC$，AD 是 BC 边上的中线，E 是 AB 上一点，且 $AE = DE$，若 $BE = 5$，$BC = 12$，$\triangle AED$ 的周长为_____。

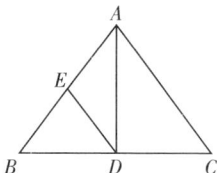

图 13　例 8 图

以上拓展定理的外延得到的小结论虽不在教材中以黑体字呈现，在大题的解答过程中不能作为现成结论直接使用，在遇到填空和选择题时但用无妨。如图 13 所示，在 $\triangle ABC$ 中，由 $AB = AC$，AD 是 BC 边上的中线，依据"三线合一"性质可以证明 $AD \perp BC$，从而 $\triangle ADB$ 是直角三角形，然后借助上述变式 3（已知等长关系判定斜边上的中线）的思路推出 DE 是 $\text{Rt}\triangle ADB$ 的斜边 AB 上的中线，所以 $AB = 2BE = 10$，$BD = \dfrac{1}{2}BC = 6$，由勾股定理求出直角边 AD 长为 8，则 $\triangle AED$ 的周长可以转化为 $AD + AB = 8 + 10 = 18$。

三、教学思考

对于三角形中位线定理的证明，教材中给出的正是"倍长中线"法，但对于直角三角形斜边的中线的性质，教材是在矩形的性质基础上以合情推理的方式直接得出的，没有进行演绎的证明，这样的安排虽然使两个知识点在逻辑上更加紧凑自然，但笔者觉得若仅止于此多少有些缺憾。教材中在此部分之前有一段过渡语："上节我们运用平行四边形的判定和性质研究了三角形的中位线，下面我们用矩形的性质研究直角三角形的一个性质。"这提示我们在实际使用教材时还有很大的发挥空间，不仅要关注知识上的更迭衔接，更要有研究方法上的一脉相传。

类比三角形的中位线定理及其两个外延命题的研究方法来探讨直角三角形斜边的中线性质及其两个外延命题，启发学生一以贯之地用"倍长中线"法将三角形转化为平行四边形（矩形）的模型，形成从"平行四边形性质和判定应用的特例"到"矩形性质和判定应用的特例"这一学习规律的整体认知，强化了学生的类比、转化和建模思想，深化了对三角形这两个特殊性质的本质认识，找到了解决与这两个性质有关问题的切入口，这样的深度学习历程也使学生实现了知识与方法的深度融合。

参考文献：

[1] 涂荣豹.数学教学设计原理的构建——教学生学会思考［M］.北京：科学出版社，2018.

[2] 罗增儒.同课异构与教学的二重性［J］.中学数学教学参考（中旬），2019（8）：1.

[3] 人民教育出版社课程教材研究所，中学数学课程教材研究开发中心.义务教育教科书教师教学用书数学八年级下册［M］.北京：人民教育出版社，2017.

特色点评　事半功倍

新疆昌吉回族自治州第一中学　李刚

一、独辟蹊径，终得跨越

初二数学试卷第 25 题：

原题：如图 1 所示，已知平行四边形 $ABCD$ 的对角线 AC 的垂直平分线与边 AD，BC 分别交于 E，F 点，求证：四边形 $AFCE$ 是菱形。

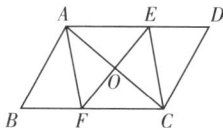

图 1　原题图

点评：大部分同学通常采用如下两种思路。

（1）先由 EF 垂直平分 AC，得出 $\angle AOE = \angle COF = 90°$，$AO = OC$，再由平行四边形 $ABCD$ 的边 $AD /\!/ BC$，得出 $\angle AEO = \angle CFO$，可证得 $\triangle AOE \cong \triangle COF$（AAS），从而 $AE = CF$，由 $AE /\!/ CF$ 可得平行四边形 $AFCE$。由 $EF \perp AC$ 可以证明平行四边形 $AFCE$ 是菱形。

（2）先证明 $\triangle AOE \cong \triangle COF$（方法同上），从而得出 $OE = OF$，由 $AO = OC$，可以证明四边形 $AFCE$ 是平行四边形，再由 $EF \perp AC$，可以证明平行四边形 $AFCE$ 是菱形。

比较独到的思路：

$\because$ 四边形 $ABCD$ 是平行四边形，

$\therefore AD /\!/ BC$，

$\therefore \angle AEO = \angle CFO$。

又 $\because EF$ 垂直平分 AC，

$\therefore AE = CE$，$AF = CF$，

$\therefore \angle AEO = \angle CEO$，$\angle CFO = \angle AFO$（三线合一），

$\therefore \angle AEO = \angle AFO = \angle CEO = \angle CFO$，

$\therefore AE = AF = CF = CE$（等角对等边），

$\therefore$ 四边形 $AFCE$ 是菱形。

此同学独辟蹊径，巧用了等腰三角形"三线合一"（等腰三角形底边的高也是顶角的角平分线）、等角转换以及"等角对等边"等性质，从而实现了由"四边形"出发，通过证"四条边都相等"得出了结论，大大节省了考场上宝贵的时间，实现了思想上的跨越。

二、逆向思维，凸显广度

2013—2014 学年第二学期期末考试初二数学试卷第 27 题巧解赏析。

原题： 已知 $\sqrt{\dfrac{9-x}{x-6}} = \dfrac{\sqrt{9-x}}{\sqrt{x-6}}$，且 x 为偶数，求 $(1+x)\sqrt{\dfrac{x-4}{x+1}}$ 的值。

解法 1：一般解法

对于"＝"号右边部分由二次根式的性质，得出 $6 \leqslant x \leqslant 9$，又由分母的性质，得出 $x \neq 6$，所以 $6 < x \leqslant 9$。

又 $\because x$ 为偶数，

$\therefore x = 8$，

把 $x = 8$ 代入 $(1+x)\sqrt{\dfrac{x-4}{x+1}}$，

可得 $(1+8)\sqrt{\dfrac{8-4}{8+1}} = 9 \times \sqrt{\dfrac{4}{9}} = 9 \times \dfrac{2}{3} = 6$。

解法 2：巧妙解法

前面部分同上，得出 $x = 8$。

在式子中必知 $x + 1 > 0$，

$\therefore$ 可以利用 $\sqrt{a^2} = |a|$ 性质的逆运算，

先将式子 $(1+x)\sqrt{\dfrac{x-4}{x+1}}$ 化简为 $\sqrt{(1+x)^2 \times \dfrac{x-4}{x+1}} = \sqrt{(1+x) \times (x-4)}$，

当 $x = 8$ 时，$\sqrt{(1+x) \times (x-4)} = \sqrt{(1+8) \times (8-4)} = \sqrt{9 \times 4} = \sqrt{36} = 6$。

点评： 能想到将式子 $(1+x)\sqrt{\dfrac{x-4}{x+1}}$ 以外的 $(1+x)$，按原理 $\sqrt{a^2} = |a|$ 的

逆运算再"装回"根号中去，体现了该学生对 $\sqrt{a^2}=|a|$ 这一原理的理解是非常深入和熟练的，而且能想到先分析 $(1+x)$ 的正负性，再考虑化到根号内之后的式子结果与原式正负性保持一致，即 $\sqrt{\dfrac{x-4}{x+1}}$ 的前面保留正号，体现了该学生思维的缜密性，这在初二阶段实属难得，其实看似在整道题的解决步骤上没有节省多少，但从数学分析能力上显示出该学生的思维广度。

三、超纲题型，创新思维

原题： 我们知道，任意一个正整数 n 都可以进行这样的分解：$n = p \times q$（p，q 是正整数，且 $p \leq q$），在 n 的所有这种分解中，如果 p，q 两因数之差的绝对值最小，我们就称 $p \times q$ 是 n 的最佳分解。并规定：$F(n) = \dfrac{p}{q}$。例如，12 可以被分解成 1×12，2×6 或 3×4，因为 $12-1 > 6-2 > 4-3$，所以 3×4 是 12 的最佳分解，所以 $F(12) = \dfrac{3}{4}$。

（1）请根据上述材料写出：$F(30) = $ _____。

（2）求证：对任意一个完全平方数 m，总有 $F(m) = 1$。

赋分标准：（1）（2）问各占 3 分。（2）问能例举一个合适的特殊值分析出正确结果的得 4 分。能列举 2 个及以上特殊值归纳分析出正确结果的得 5 分。能用文字叙述"完全平方数可以分解为两个相同因数的积，所以 p，q 两因数之差的绝对值为 0，两个因数的商总为 1，所以 $F(m) = 1$"；或者，"因为 m 是一个完全平方数，所以总能写成一个数的平方形式，故可设 $m = \sqrt{m} \times \sqrt{m}$（少数学生设 $m = n^2$），其中 m 为正整数，所以 $F(m) = \dfrac{\sqrt{m}}{\sqrt{m}} = 1$ $\left[F(m) = \dfrac{n}{n} = 1 \right]$"，这两种解答都能得满分 6 分。

点评： 此题源于重庆市 2016 年中考数学试卷（B 卷），只不过命题者把最后一问进行了改编，删除了对"完全平方数"概念的陈述，原题的（2）问原文："如果一个正整数 a 是另外一个正整数 b 的平方，我们称正整数 a 是完全平方数。求证：对任意一个完全平方数 m，总有 $F(m) = 1$。"实际上，关于完全平方数的概念到八年级"整式的乘法与因式分解"，学习"完全平方公式"时才会涉及，即便如此，完全平方数的概念也并没有在教材中被明确给出。何况是七年级的学生，因此，此处命题人删去"完全平方数"的概念陈述，实属超纲，大大增加了难度，可见命题人出题不够严谨，对初中数学进度体系把握得不是很清楚。

但在阅卷过程中，还是大大出乎了我们的意料，由于考虑到此题为超纲题，我们预计绝大多数学生会由于不知道"完全平方数"的概念放弃（2）问，本打算把（2）问的分数合并到（1）问。但是我们完全低估了学生的能力，更低估了学生迎难而上的决心。此次考生共有 950 人，经统计，做对（1）问的有 299 人，约占 31.5%；（2）问能举出一个特殊值的约占 13.7%；能举出多个特殊值进行归纳的约占 8.9%；能设字母表示一般情况，并用合情推理证明的约占 29.6%，合计 52.2% 的学生卓有成效地给出了解决办法，最鼓舞人的是：有近三分之一的学生竟能在没学过"完全平方数"概念，以及合情推理的一般方法的情况下，给出了完全正确的证明。

此次考试超纲题除了给我们带来了出乎意料的震撼，更给予了我们启示：学生阅读、理解、知识迁移、分析解决问题的潜力很大。我们今后甚至可以改变课堂教学模式，让学生先学习研究，然后老师再进行指导、点拨，鼓励学生大胆探索、大胆尝试，有利于数学素养的快速形成。

四、一题多解，发散思维

2014—2015 学年第一学期期末考试初二数学试卷第 25 题阅卷点评。

（一）题目分析

原题：如图 2 所示，已知 $AB = AC$，$BD = CD$，$DE \perp AB$ 于点 E，$DF \perp AC$ 于点 F。

求证：$DE = DF$。

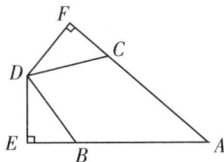

图 2　原题图

（1）知识考查点：全等三角形证明（主要是"SSS""AAS"）、角平分线的性质；

（2）能力考查点：添加辅助线的意识和能力，几何推理的逻辑严密性；

（3）本题阅卷情况：

个人评卷总数：700 份；此题满分：10 分。

此题个人评卷平均分：6.92 分，其中满分卷：436 份，0 分卷：200 份。

（二）解法列举

按使用人数从高到低排列不同辅助线作法。

解法类别 1：如图 3 所示，联结 AD，其后以利用"SSS"证明 $\triangle ABD \cong \triangle ACD$ 为前提。

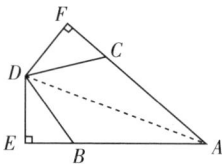

图 3　解法类别 1

解法 1：联结 AD，

在 $\triangle ABD$ 和 $\triangle ACD$ 中，$AB = AC$（已知），$BD = CD$（已知），

$AD = AD$（公共边），

$\therefore \triangle ABD \cong \triangle ACD$（SSS），

$\therefore \angle ABD = \angle ACD$，

$\therefore \angle DCF = \angle DBE$。

在 $\triangle DBE$ 和 $\triangle DCF$ 中，

$\angle E = \angle F$，$\angle EBD = \angle FCD$，$BD = CD$，

$\therefore \triangle DBE \cong \triangle DCF$（AAS），

$\therefore DE = DF$。

（采用此种解法的共有 188 人，推崇指数：☆☆☆☆☆）

解法 2：联结 AD，用"SSS"证 $\triangle ABD \cong \triangle ACD$（同解法 1）。

$\because \triangle ABD \cong \triangle ACD$，

$\therefore \angle BAD = \angle CAD$，

$\therefore AD$ 平分 $\angle BAC$。

又 $\because DF \perp AF$，$DE \perp AE$，

$\therefore DE = DF$。（角平分线上的点到角两边的距离相等）

（采用此种解法的共有 165 人，推崇指数：☆☆☆☆）

解法 3：联结 AD，证明 $\triangle ABD \cong \triangle ACD$（同解法 1），

可得 $\angle FAD = \angle EAD$。

在 $\triangle FAD$ 和 $\triangle EAD$ 中，

$\angle F = \angle E = 90°$，$\angle FAD = \angle EAD$，$AD = AD$，

∴ △FAD≌△EAD（AAS），

∴ DE = DF。

（采用此种解法的共有 48 人，推崇指数：☆☆☆）

解法 4：联结 AD，证明△ABD≌△ACD（同解法 1），

∴ ∠ABD = ∠ACD。

由"三角形的外角等于和它不相邻的两个内角的和"且∠E = ∠F = 90°，可得∠EDB = ∠FDC，

再由∠F = ∠E，∠FDC = ∠EDB，CD = BD，

利用"AAS"证得△DCF≌△DBE，

从而证出 DE = DF。

此种证法侧重"SSS""AAS"全等三角形的证明、三角形外角的性质定理。

（采用此种解法的共有 9 人，推崇指数：☆☆）

解法 5：联结 AD，利用"SSS"证出△ABD≌△ACD，然后利用"AAS"证得△FAD≌△EAD（这部分同"解法 3"）。

所以 AE = AF，再由 AB = AC（已知），可得 BE = CF。

由 BE = CF 和 BD = CD，∠E = ∠F = 90°，依据"HL"定理推出 Rt△DBE≌Rt△DCF，

最后得 DE = DF。

（采用此种解法的共有 4 人，推崇指数：☆）

分析：这部分同学对证全等"情有独钟"，对"HL"定理的应用印象深刻。

解法类别 2：联结 BC，利用"等边对等角"证角相等。

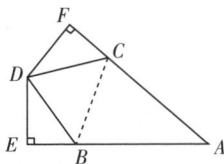

图 4　解法类别 2

解法 6：由 AC = AB，DC = DB，利用"等边对等角"性质，

可得∠ACB = ∠ABC，∠DCB = ∠DBC，

进一步又得∠DCF = ∠DBE，

再由∠F = ∠E = 90°，∠DCF = ∠DBE，DC = DB，依据"AAS"定理，

证得△DCF≌△DBE，可得 DE = DF。

151

（采用此种解法的共有 57 人，推崇指数：☆ ☆ ☆）

解法类别 3：分别联结 AD 和 BC 交于点 O。

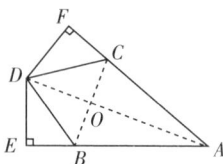

图 5 解法类别 3

解法 7：由 $AC = AB$，$DC = DB$ 可知，AD 垂直平分 BC，

又由"等腰三角形三线合一"性质，可得 AD 平分 $\angle CAB$，

再由"角平分线性质定理"从而证明得 $DE = DF$。

（采用此种解法的共有 5 人，推崇指数：☆ ☆ ☆ ☆）

采用此种解法的同学对知识融会贯通的能力强，证明、推理题的规划能力强，形成了解题的反思习惯，每题力求最简解法。

解法 8：先证 AD 垂直平分 BC，然后依据"SAS"或"HL"定理，

证出 $\triangle ACO \cong \triangle ABO$，从而可得 $\angle FAD = \angle EAD$，

再由"角平分线性质定理"得出 $DE = DF$。

（采用此种解法的共有 2 人，推崇指数：☆）

（三）解法评述

（1）解法 2、解法 7、解法 8 的证明最后都归结到利用"角平分线上的点到角两边的距离相等"来证明 $DE = DF$，共 172 人，约占 36%。解法 1、解法 3、解法 4、解法 5、解法 6 的证明最后的归结点都是证全等，利用"全等三角形对应边相等"来得到 $DE = DF$，共 306 人，约占 64%。这说明学生证全等的意识远强于利用其他定理来解决线段相等的证明题的意识。

（2）利用角平分线性质时，只写"因为 AD 是角平分线"，而不写"$DF \perp AF$，$DE \perp AE$"条件的有 7 人，约占 1.5%。

（3）知道怎样画辅助线，而且在证明过程中也写明了画辅助线，却在答题卷的图中不画辅助线的有 16 人，约占 3.3%，主要原因是学生在原卷图中画了辅助线，在往答题卷上抄写时忽略了这个环节，应引起注意。

（4）采用解法 4、解法 5 的同学明显走了"弯路"，说明这些同学平时做证明题没形成事前规划先厘清思路的习惯，往往想一步写一步，想到哪就写到哪。

（5）笔者最推崇解法 7，用该解法的这部分同学平时养成了寻求最简解法的习惯，思维灵活。

五、善始善终，过程之美

笔者在批阅这两道题时，发现学生失分原因主要是解答过程不完整。在做解答题，特别是涉及几何推证说理，很多学生只重"其然"，忽略"其所以然"，只求结果正确，不求推理过程的逻辑严谨，解答过程很粗糙。不是因为不会做，而是因为不规范的解答失分的同学不在少数，实在是为这些学生感到遗憾，也着实该让他们引以为戒。

原题 1：如图 6 所示，一架梯子 AC 长 2.5 米，斜靠在墙上，梯子底端离墙 0.7 米。

（1）这个梯子的顶端距地面有多高？

（2）如果梯子的顶端下滑了 0.4 米到 A'，那么梯子的底端在水平方向滑动了几米？

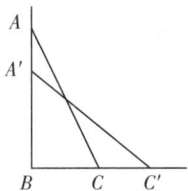

图 6 原题 1 图

标准解答：

解：（1）由题意可知，$\angle ABC = 90°$，

$\therefore AB = \sqrt{AC^2 - BC^2} = \sqrt{2.5^2 - 0.7^2} = \sqrt{5.76} = 2.4$，

$\therefore$ 这个梯子的顶端距地面有 2.4 米高。

（2）$\because$ 梯子的顶端下滑了 0.4 米，

$\therefore AA' = 0.4$，则 $A'B = AB - AA' = 2.4 - 0.4 = 2$。

又 $\because A'C' = AC$，

$\therefore BC' = \sqrt{A'C'^2 - A'B^2} = \sqrt{2.5^2 - 2^2} = \sqrt{2.25} = 1.5$，

$\therefore CC' = BC' - BC = 1.5 - 0.7 = 0.8$，

$\therefore$ 梯子底端在水平方向滑动了 0.8 米。

粗略解答 1：

解：（1）$\sqrt{2.5^2 - 0.7^2} = \sqrt{5.76} = 2.4$，

$\therefore$ 梯子的顶端距地面有 2.4 米高。

（2）$2.4 - 0.4 = 2$，

$\sqrt{2.5^2 - 2^2} = \sqrt{2.25} = 1.5$，

$1.5 - 0.7 = 0.8$。

∴ 梯子底端在水平方向滑动了 0.8 米。

点评：此案例反映了个别学生把几何问题按照小学时的算术题模式来解答，只注重计算结果，而忽视运算依据的原理，以及条件、定理，从而忽视"合情合理"的逻辑推理过程。

粗略解答 2：

解：（1）∵ $AB \perp BC$，

∴ $AB = \sqrt{AC^2 - BC^2} = \sqrt{2.5^2 - 0.7^2} = \sqrt{5.76} = 2.4$。

（2）∵ $AA' = 0.4$，

∴ $A'B = AB - AA' = 2.4 - 0.4 = 2$，

∴ $BC' = \sqrt{A'C'^2 - A'B^2} = \sqrt{2.5^2 - 2^2} = \sqrt{2.25} = 1.5$，

∴ $CC' = 1.5 - 0.7 = 0.8$。

点评：参照教材中例题的解答过程，一般在计算过程和答案中不带单位，只在最后下结论时带上单位。此案例的主要问题是"虎头蛇尾"，整个解答过程任何数量单位都未涉及，解答过程最后也没有下结论，也就是缺少我们平时强调的要"答"。

此题赋分标准：运算对，没有"答"减 1 分；两问的解答中，没有指出直角，且没有用勾股定理体现三边关系的，减 2～3 分。全年级平均得分 6.73 分。

原题 2：某校要把一块形状是直角三角形的废地开发为生物园，如图 7 所示，$\angle ACB = 90°$，$AC = 80\text{m}$，$BC = 60\text{m}$，若线段 CD 为一条水渠，且 D 点在 AB 边上，已知水渠的造价是 1000 元/米。问：当水渠的造价最低时，CD 长为多少米？最低造价是多少元？

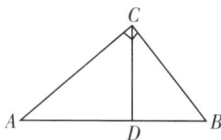

图 7　原题 2 图

标准解答：

解：由题意可知，$CD \perp AB$ 时造价最低。

∵ $\angle ACB = 90°$，$AC = 80$，$BC = 60$，

∴ $AB = \sqrt{AC^2 + BC^2} = \sqrt{80^2 + 60^2} = 100$。

由等面积法得 $\dfrac{1}{2}AC \times BC = \dfrac{1}{2}AB \times CD$，

$\dfrac{1}{2} \times 80 \times 60 = \dfrac{1}{2} \times 100 \times CD$，

解得 $CD = 48$，

最低造价：$48 \times 1000 = 48000$，

∴ 当水渠的造价最低时，CD 长为 48 米，最低造价是 48000 元。

粗略解答 1：

解：设 CD 为 x，

$\dfrac{100x}{2} = \dfrac{60 \times 80}{2}$，解得 $x = 48$，

$48 \times 1000 = 48000$ 元，

∴ CD 长为 48 米，最低造价为 48000 元。

粗略解答 2：

解：$\sqrt{80^2 + 60^2} = 100$，

$60 \times 80 = 4800$（m^2），

$4800 \div 100 = 48$（m），

$48 \times 1000 = 48000$（元），

∴ CD 长为 48 米，最低造价为 48000 元。

点评：粗略解答 1 解答过程少了第一个关键步骤——用勾股定理求出斜边 AB 的长，也没能说明等式列出的依据；粗略解答 2 解答过程虽然有应用勾股定理的算式，但是没能说明为什么能用勾股定理，哪条边是斜边，哪些边是直角边，也没有体现等面积法的关系式，所以不能充分解释运算的合理性。

此题赋分标准：能规范求出斜边 AB 的可得 3 分，没有"答"的减 1 分，没有提前说理铺垫的减 2 分。全年级平均得分 6.06 分。

对策及建议：让学生给同学讲题是最好的复习，平时课堂教学中，一是训练学生口述解答过程，二是有针对性地让一些学生上黑板写板书展示解答过程，然后让同伴点评他的解答过程。自习课可以以学习小组的方式让学生互相讲题纠错，能讲得清才是真会。

六、学会说不，少走弯路

2014—2015 学年下学期初二数学试卷第 25 题的阅卷点评。

到初二，相当一部分学生学习数学不得方法，积累太少，以至相当多的学生"逢证明必证全等"，只知道用证全等的方法，绕了很多远路，这反映出学生平时做题不喜欢归纳、反思的现象。

原题：如图 8 所示，已知在▱$ABCD$ 中，AE 平分 $\angle BAD$，BF 平分 $\angle ABC$，连接 EF。

求证：四边形 $ABEF$ 是菱形。

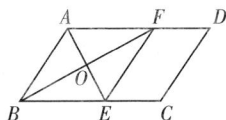

图 8　原题图

（一）最佳证法

证明：∵ AE 平分 $\angle BAD$，BF 平分 $\angle ABC$，

∴ $\angle FAE = \angle BAE$，$\angle ABF = \angle EBF$。

又∵ ▱$ABCD$ 中 $AD \parallel BC$，

∴ $\angle FAE = \angle AEB$，$\angle AFB = \angle EBF$，

∴ $\angle BAE = \angle AEB$，$\angle ABF = \angle AFB$，

∴ $AB = EB$，$AF = AB$，

∴ $EB = AF$。

又∵ $AF \parallel EB$，

∴ 四边形 $ABEF$ 是平行四边形，

由 $AB = EB$，得出 $ABEF$ 是菱形。

此种证法干净利落、简洁高效，今后应在平时的教学中，引导和培养学生养成做题后反思、对比、归纳的习惯，每道题都去自问有没有更好的解法，久而久之，学生积累的解题方法多了，数学素养的积淀也必然会深厚。比如，此例就体现出很多学生高明的方法，用"等角对等边"加"等量代换"向"将'全等'进行到底"说不，大大节省了考场上的时间。

（二）典型错误归纳

（1）证明全等条件不全，比如用"AAS"证明 $\triangle ABO \cong \triangle AFO$ 时，只说明两对对应角相等，却不说公共边相等，"不说隐含条件"是个通病。

（2）证明题书写布局混乱，造成"左看不是、右看也不是""横看不是、竖看也不是"的现象。

（3）滥用"三线合一"。"三线合一"的已知条件是"等腰"加"一线"，

结论是另外两线。而学生对于已经明确是"两线"不去证等腰三角形或全等三角形，直接用"三线合一"得到另一线，没有搞清楚"三线合一"的题设、结论和定理的用途。

（4）证明菱形不讲究思维和说理的层次性，比如，证明了两条对角线互相平分，再加上一组邻边相等，直接得出菱形。第一步应该由两条对角线互相平分先证明平行四边形，在平行四边形基础上再加上"一组邻边相等"才能得出该平行四边形是菱形的结论。

（5）方法积累得太少，以至相当多的学生"逢证明必证全等"，只知道用全等来证，绕了很多远路。从侧面反映出学生平时解题不喜欢归纳、反思，因此缺乏主动优化解法的创新意识。

"纠错"是巩固基础性和
普及性目标的关键

新疆昌吉回族自治州第一中学　李刚

　　笔者任教的七年级两个班在2023—2024学年第一学期期中考试中班级平均成绩都位于年级前列，这两个班的学生能取得这样的学业成绩，一定程度上与半学期以来系统的纠错措施是分不开的。

一、坚持纠错日日清

　　笔者每天必须在上午将两个班的所有作业批改完，每天中午提前20分钟到一个班，争取在这20分钟内对该班部分学生进行纠错面批，一部分学习程度较好的学生由于错题少，且思维能力强，很快就能把错题纠正过来，当即一一给予批改过关。另一部分学困生由于基础知识和基本技能过于薄弱，错题多，自主纠错有困难，则针对部分错题一一给予当面辅导，第一是指出解题过程中的错误之处，第二是对出错原因溯源，第三是指导学生进行正确解答。另一个班则利用下午5节课的课间进行同样步骤。一般情况下，两个班下午都各有一节数学延时服务课，对于各班都出现的典型、共性的错误或有难度的题目，则利用半节延时服务课进行集体讲评，讲评后对剩余学生进行逐个过关面批，实现作业纠错日日清。

二、不放弃每个学生

　　《义务教育数学课程标准（2022年版）》的"课程理念"中提出："……使得人人都能获得良好的数学教育，不同的人在数学上得到不同的发展，……"在七年级的起始阶段笔者争取不让一个学生掉队，虽然很难做到百分之百不掉队，但我会将其作为尽力实现的目标，使学习最困难的学生也切实感受到老师没有放弃他，经过努力后，他的作业会做几道就做几道，纠错能纠几道就纠几道，关键是实事求是，一定不能抄作业，不搜答案，不自我放弃，力争一点一点地进步。义务教育数学课程具有基础性、普及性和发展性，争取不让一个学生掉队，在例题、练习题的选取和作业的布置方面不任意拔高难度，注重"双基"落实的同时适度进行思维的拓展，要下决心把难度切实地降下来，教学的进度放慢一点儿。学生还要明白一点——不会做主要是能力的问题，而抄作业则可能是人格问题。

三、精准纠错，纠错到人

笔者认为习题的纠错应包含三个层面："揪"错——揪出错误类型和出错的人，"究"错——对出错的原因深究溯源，"纠"错——纠正错误给出正确解答。不论是作业还是考试卷的批改，我会把出现的典型的，或意想不到的，或纠正多次依然出现的错误记录下来，并在旁边附上出现相应错误的学生姓名，要么课下一对一找这些学生当面纠错，要么针对每种错误集体讲评时让相应的学生暂时起立听课，以起到分化强调的效果，争取做到精准纠错，纠错到人。笔者一直致力于培养学生的一项习惯：在试卷或作业集体讲评时，在自己的错题旁用红笔写笔记，一个是记录自己出错的本质原因，另一个是记录老师补充的教材上没有的结论，还有他人与自己不同的思路和解法等。

四、考前少讲，以考带练，鼓励自主纠错

期中考试前的几天，笔者每天安排学生做一份期中模拟试卷，一共有三份，每个班上午和下午各有一节课，一份试卷上午做一半，下午做另一半，上午的一节课做到哪儿算哪儿，下课就收卷，然后立即批改，但是只批改到学生已答部分的倒数第二道题（有可能答的最后一道题学生会做但没答完），下午的那节课将试卷发下去继续答题，鼓励如有时间可对上午已批改部分进行纠错，如果纠对仍可以得分，下课后立即收卷。笔者下班回家后加班批改，第二天一早出示成绩，也可以只批改并赋分，发卷后由学生自己合计总分，让学生形成对卷面得失分数的直观感受。

五、保护学生的自尊心和自信心

作业和考试卷的纠错对事不对人，教师可以分析学生出错的原因乃至深究

至其日常学习的习惯问题，但不能上升到学生的人格问题，即使面对再落后的学生，讲题就是讲题，慢慢讲，学生不会就再讲一遍，或者换种方式方法讲，力戒个人情绪和态度上出现的变化，坚决做到不急不恼，学生实在不会可以暂时先放一放。对学习有困难的学生多关心、多鼓励，有时在课下休息时可以开玩笑，消除学生对老师的敬畏感，使学生来到老师身边时能放松下来，可以显著提高当面辅导纠错的效果。

参考文献：

［1］中华人民共和国教育部．义务教育数学课程标准（2022 年版）［M］．北京：北京师范大学出版社，2022.

对培养初一学生数学运算
解题监控能力的初探

新疆昌吉回族自治州第一中学 李刚

一、问题的提出

（一）概念的界定

喻平在《数学学习心理的 CPFS 结构理论》中将"解题监控"界定为解题过程的自我监控，是指解题者为了达到解题目标，在解题过程中将解题活动作为意识对象，对其进行积极主动地计划、监视、调节和控制的过程"，它属于元认知的范畴，它不是解题的某一阶段的认知成分，而是贯穿于整个解题认知过程的始终。

（二）中考对运算能力考查的趋势

对学生运算素养的考查，在近两年的中考试卷中愈发被凸显。一些关键题目运算数字大、算程长、运用算理丰富，而且不再刻意引用好算、巧合的数字；不回避解决实际问题所需引用数据的自然和真实性，如较大数字的通分、约分和二次根式的化简运算，还有一些含有参数的较复杂方程式的推导和变形。

（三）初一学段运算基础性的论证

如图 1 所示，图中加"方框"的部分为初一学段有关运算的学习内容："数"的运算——有理数的加、减、乘、除、乘方运算以及求平方根、立方根运算；"式"的运算——整式的加减；"关系"的运算——解一元一次方程，解二元一次方程组、一元一次不等式（组）。

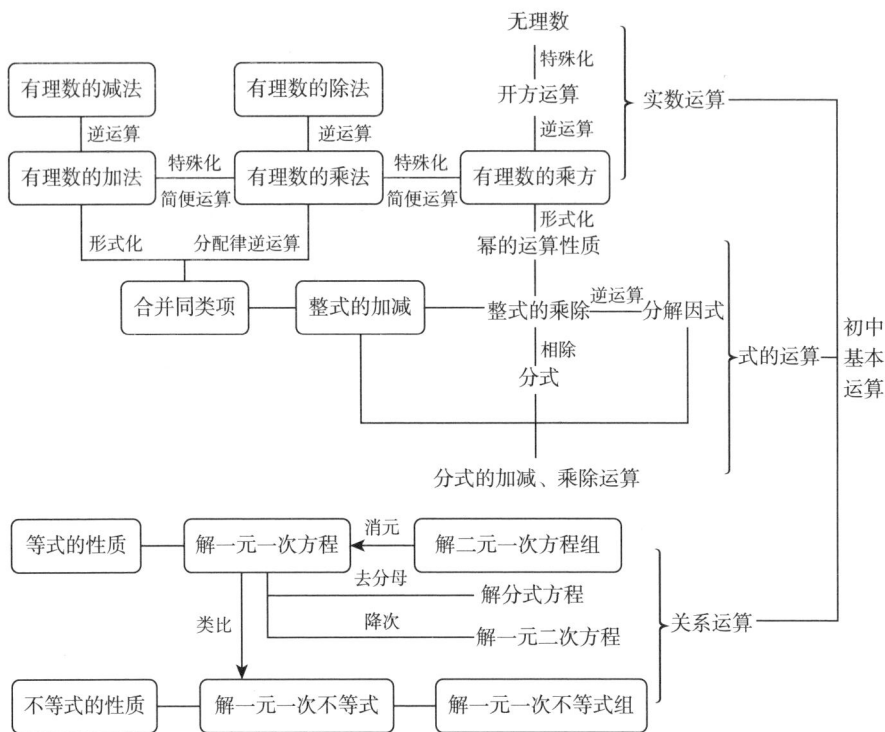

图1 初中基本运算结构图

可以明显看出，初一学段是初中学生数学运算能力的根基所在，学生在起始学段的运算基础对于整个初中阶段的数学运算素养的发展起着关键作用。

（四）作业和试卷中发现的问题

（1）面对繁复的运算，学生普遍存在惧怕和回避心理，缺乏一算到底并且准确无误的意志和信心。

（2）相当多的学生没能养成优良的运算习惯。主要表现在不主动检视明确每一步骤的算理；在拟定解题计划时不能自觉地采取优化算法；在运算的过程中任意跳步、弄错符号、漏乘、算不彻底等问题比比皆是，整体表现为缺乏运算的条理性，还有数量结果的表述不规范等。部分学生的"学困"与运算基础的薄弱有很大的相关性。

（3）很少有学生接受过元认知方面的指导和训练，因而大部分学生很少会自觉并有效地调控自己的解题行为，解答完毕后不会主动检验答案的正确性，更不会去反思运算过程是否合理，是否可以改进算法。

二、理论的概述

喻平等人的研究认为，解题监控能力和个体的 CPFS（"概念域""概念系""命题域""命题系"）与数学学业成绩之间有密切联系，个体形成完善的 CPFS 结构，即形成符合数学学习特征的图式，是解题监控能力发展的一个前提。优良的 CPFS 结构有助于自我监控的运作和实现，两者有密切的联系。

章建跃的研究指出，培养中学生的自主意识，使学生树立正确的数学观念，有机会经历数学活动的真实过程，掌握数学思想方法，加强"数学学习共同体"成员间的相互交流是培养中学生数学学科自我监控能力的关键，培养学生对数学学习过程的自我检验意识和技能，是培养中学生数学学科自我监控能力的突破口。

检验是中学生数学学科自我监控能力的核心，因此，检验意识和技能的培养在中学生数学学科自我监控能力培养中也占据了核心地位，必须对学生加强检验与反思习惯教育，提高他们的检验技能。

三、理论的实践

（一）理论的直接引介

笔者认为直接向学生介绍以自我思维监控为主的元认知知识，并且在教学和解题实践中常提及并主动运用，来逐渐引起学生对此方面的重视，这样的方式是培养学生解题监控能力行之有效的举措。学生具有一定的主观能动性，他们会对这些原理性知识产生兴趣，继而主动地从一些媒体渠道获取这方面的资料，这可以说是在一定程度上教学生学会学习，以下就是一个学生的反思。

学生甲：学会自我监控，学会自主学习。

我上初中以来，我们数学老师一直在给我们讲一个词——自我监控，后来我在网上查了一下：

自我监控又称"自我管理""自我调整"和"自律性管理"，是自我意识的重要组成部分，是指个体对自身的心理与行为的主动掌握，调整自己的动机与行动，以达到所预定的模式或目标的自我实现过程，它是一种人格特征。

在这学期，我发现初中学段的解题过程涉及大规模的运算，在运算中也发现了自己的缺点：比如去分母时会漏乘，去括号时要变号的不变号。老师就会问我们："你们有没有自我监控？"自我监控对我来说就是：首先，当你思想抛锚，它能不能像个探测器一样发出警告；其次，每做一步会不会仔仔细细地检查一遍，检查有没有出错。可是往往这样一个简单的事情我就是做不好，心里总是想：不管了，应该做对了，每次都因为不该错的错了而失分，就是没有回头看看做对了没有。

（二）强调不同算法的检验

G·波利亚在《怎样解题：数学思维的新方法》中指出：在一步一步地检验一个论证时，我们应该避免单纯的重复，……我们至少应该改变一下这些步骤的次序或组合，来引入一些变化。有一部分学生执行了教师给予的"换种算法检验"的建议，在第一学期的期中考试中有效提高了运算的正确率。

（三）树立适宜的解题观念

任何专业工作都是在一定观念指导下进行的，为了成为一名合格的专业工作者，不仅应当高度重视专业知识的学习与能力的培养，也应高度重视观念的学习和养成。良好、有用的运算观念的建立，为解题时有效地自我监控提供了很好的背景和参照。

1. 强调"一步只做一件事"的运算观念

从"有理数的运算""整式的加减"到"解一元一次方程"，持续指导学生养成"一步只做一件事"的解题习惯，避免任意"跳步"的运算观念。

例如，题目 $\left(\dfrac{5}{6} + \dfrac{1}{3} + \dfrac{9}{14}\right) \div \left(-\dfrac{1}{42}\right)$ 的解答，印证了"一步只做一件事"运算习惯成功的一面：将除以 $-\dfrac{1}{42}$ 转化为乘以 -42 以后，算法一是将括号内的各分数直接与 -42 分别相乘（要兼顾约分相乘和符号处理）；算法二分为两步，先将"$-$"留在括号外，只把 42 与括号内各分数分别相乘，下一步再去括号，专门处理是否变号的问题。经统计，学生采用算法一的正确率为 78.4%，采用算法二的正确率为 100%。

2. 以括号来凸显"整体"的观念

笔者为了有效防止和纠正初一第一学期学生在主要运算中的普遍性错误，在期末复习阶段安排了一节专题课，强调和凸显及时加括号来体现运算中的整体思想，目的是将"整体"的观念根植于学生的内心，使他们在运算时心中时时刻着"整体"。

（1）整式的加减运用交换律和结合律时不能割裂项的符号，项的系数包括符号是一个整体。

（2）负数、分数的乘方运算时底数要加括号，以负数为底数，"$-$"与"绝对值"是一个整体；以分数为底数，分子和分母是一个整体，都要加括号来体现这个整体。

（3）整式相减要加括号，两式相减时不是只减第一项，要保持减号后的式子是一个整体，所以要加括号。

（4）表示整式的相反数时，为表示是式子整体的相反数，要在整式外加上括号，再在括号前加"－"。

（5）运算符号后面跟负数时要加括号，不允许运算符号与性质符号连写。

（6）多项式后带单位的整个多项式要加括号。

（7）多项式的倍数运算是倍数与多项式整体相乘，所以多项式要加括号。

（8）混合运算减号后跟乘法分配律的，展开结果也是一个整体要加括号。

（9）解一元一次方程去分母时，与分母约分后分子的多项式是作为一个整体与余下的因数相乘的，所以要加括号。

（四）经历真实问题的解决

章建跃在《中学生数学学科自我监控能力》中指出：使学生有机会经历数学活动的真实过程，……领悟寻找真理和发现真理的方法和手段，培养分析问题、解决问题的能力，提高自我监控能力。

课题组在 2020—2021 学年第一学期的寒假中尝试给学生布置了"综合与实践"作业，选项如下：

（1）"我是有维度的雪雕家"——和家人同伴一起用雪堆出你喜欢的几何体。

（2）"上册知识过滤器"——将七年级上册数学教材中的数学知识设计成思维导图。

（3）"我家年货最划算"——新年为自己家购置年货提出最省钱的选购方案。

（4）"生命之源，你喝贵了吗?"——通过计算比较散装纯净水与桶装纯净水，哪种购买方式更划算。

（5）"学理财，我能行"——亲自到银行柜台将压岁钱按五年定期存入银行，计算到期后税后的本息和。

（6）"舌尖上的数学"——按签子的数量或按签子的克数来计费，哪种计费方式对"串串香"店家更有利。

（7）"用智慧丈量昌吉"——请与同伴合作，用自己的办法来丈量本市儿童公园内的红色健步道的周长。

（8）"自家产业 CFO 已上线"——家有店铺或其他生产经营的同学，统计其一天（或一周、一月）的营业收入情况，并计算出这一天（或一周、一月）的利润率（亏损率），然后预估 2021 年全年的盈利情况。

（9）"我是行走在书香墨韵里的平面设计师"——选择本市图书馆任意一层，估算其面积和藏书种类以及册数，并在 A4 纸上制作平面设计图，在图上对不同类别的书籍区域进行标注。

这样的实践作业能有效调动学生对数学的兴趣，锻炼他们的自主学习能力、团队合作能力、与外界沟通能力；通过综合运用有关知识与方法解决实际问题，培养了学生的问题意识和应用意识，特别是检验意识，积累了丰富的活动经验并增长了解决问题的智慧。

四、进一步的思考

（一）还学生思考的时间

培养学生的反思和优化能力是发展解题监控能力的关键。学校的管理部门应协调各科目的任课教师所布置的作业量，如果学生每天疲于应付各科作业，他们就不能拥有长时间思考的时间和精力，以下就是一位学生的想法。

学生乙：作业量大以至没有时间反思。

关于做题时的自我监控，我一直都做得不是很到位。翻看之前的试卷可以发现，在计算题中，我往往是会解却解不对，应用题也是会做却做不对，总结原因的话就是两点：一是跳步严重，二是只为了算出答案，没有再仔细检查……

还有一个问题就是家庭作业。因为回家后短短的两三个小时，要做四五门的家庭作业，我就不会那么认真地检查，作业量实在太大，就会选择快快做完，草草了事。因为做完作业还会有别的任务，可能就做不到自我反思了。

（二）纠正对"快"的片面追求

在当下，不少学校想方设法地在初三第一学期将初中所有新授内容结课，为最后一学期争取尽可能多的中考复习时间。我们的数学教学中也普遍强调运算速度和解题速度，课堂上也是希望学生反应快、思考快、动手快，"题海战术"更是要求学生熟能生巧，因此现在的学生普遍都是拿到题目上手就做，没有意识也没有时间充分审题，拟定计划。

郑毓信教授在《数学"深度教学"的理论与实践》中指出：如何有效地防止与纠正对于"快"的片面追求？我们应当努力帮助学生学会长时间的思考，从而有效减少由于不自觉地采用"快思"在各方面所可能产生的消极后果。

（1）在课堂教学中，当问题被抛出后，应尽可能留给学生足够的时间用于思考和交流。

（2）严控作业的数量和质量，如果作业太多，学生势必要"快"才能完成任务；作业的难度梯度设置得不合理，就不能有效调控学生从低阶到高阶的思维进程。

（3）在平时的考试中应合理控制题量、难度，不要一味地追求题量越多越好，题目越难越体现命题的水平，应认真考虑考试的导向是要检测学生的达标情况，明确努力方向，而非考倒学生，使之丧失信心。

（三）从"算对"到"算好"

从第一学期学生对自我的解题监控能力的反思来看，由于教师对这一问题的认识不够深刻和全面，因而学生对于自我的解题监控能力的认识仅局限于对步骤和答案的检验，目标仅限于答案的正确性，即满足于"算对"。解题监控不是某一阶段的认知成分，而是贯穿于整个解题认知过程的始终。学生在解题中虽然能注重对于步骤的自我质疑和检验，但受到一味强调"快"的影响，往往会忽视审题和拟订解题计划。学生有时还忽视了对算法优化的及时调控，缺乏对更好解决问题的寻求，以及思想方法和经验的积累及推广，即怎样使我们以后的运算越来越便捷和可靠。

参考文献：

[1] 喻平. 数学学习心理的 CPFS 结构理论［M］. 南宁：广西教育出版社，2008.

[2] 章建跃. 中学生数学学科自我监控能力［M］. 上海：华东师范大学出版社，2003.

[3] G·波利亚. 怎样解题：数学思维的新方法［M］. 涂泓，冯承天，译. 上海：上海科技教育出版社，2011.

[4] 郑毓信. 数学"深度教学"的理论与实践［M］. 南京：江苏凤凰教育出版社，2020.

在"数学日记"中培养学生
反思归纳的学习素养

新疆昌吉回族自治州第一中学　李刚

当我首次听到别的备课组推行"数学日记"时没给予太多关注，但本学期我们备课组将"数学日记"确定为本组的校本教研课题后，我着实扎扎实实地试验了一把，之后就有很多收获和感想，也看到了一些有趣的现象，从内心里也很想为此总结一下，写点东西，也算作一次整理思绪吧。

一、推行"数学日记"的本意

（1）学习数学不能死学，经我们跟踪研究发现，数学学得好的学生并没有用"题海战术"，而是有很强的反思、归纳、提炼和举一反三的能力，即"做一道题"能提炼出解决"十道这类题"的"沉淀性"东西。而针对不具有这样能力的学生，我们要去培养他们"初步"具有这样的能力甚至是意识，于是决定要求他们每天写"数学日记"，来归纳、整理、提炼，甚至拓展当天数学课上的收获。

（2）语言是大脑思维的工具，但是语言的准备和整理过程不是每个人都拿手，对于大多数学生来讲，先"写下来"再"说出来"就要稳妥得多，所以写文章就是整理思绪的最好方式，通过写"数学日记"，有助于学生清楚而全面地整理、归纳自己当天的"所有收获"或"重点收获"。

二、推行之初，我的两个"担心"

一是这既然是一项"创举"，就没有一个成熟的模式可以借鉴，也不好规定日记的内容和格式，因此担心学生都写成一个模式——当天学习内容的"流水帐";二是怕由于学生学习任务重,写数学日记会成为学生的额外负担,其实就是对学生写数学日记的积极性没自信。经过一学期试验后,这两个"担心"有了答案:第一个"担心"是多余的,我完全低估了学生的能力,第二个"担心"在一部分学生身上得到了印证,他们的确很消极地在完成任务,而且个别学生还常"忘"写。下面就来阐述这两个结果的背后都发生了哪些事实,以及由此带来的分析和深思,这可以让我们更好地改进这项工作,只要是对学生的学习有利的事,我们就会坚定地推行下去。

学生们的归纳、整理、提炼,甚至挖掘能力是让人吃惊的,我们常常犯这样的错误——怀疑他们的能力,不信任他们的毅力,事实印证了我又一次犯了同样的错误。学生们写出了丰富的、让人感到可喜的各种"数学日记",更重要的是,我通过实验得到一个发现——不同的学生群体,对应着不同风格的数学日记,不同风格的数学日记,反过来又给予这些学生差异很大的"助学作用力"。下面我逐层地推介几种不同类型、不同水平和深度的数学日记,并做简要分析。

(一)"应付"型

学生甲:张同学　　　2010 年 12 月 7 日

今天我们学习了球赛积分问题,这种类型的题很难掌握,要求课堂上必须认真听讲。

学生乙:陈同学　　　2010 年 12 月 24 日

今天老师给我们画了一黑板的正方体的展开图,我也找到且知道了几种方法。

日记特点:①常常"忘"写;②只字片语,草草收笔;③字迹潦草;④"高度"概括,差不多就是对今天课题的叙述而已,既不说清楚今天到底收获了哪几个概念、哪几种题型,应避免哪几种解题中易出现的错误,也不想搞清到底在哪些环节上还有不清楚的地方。说难,也不说到底难在哪?是自己的原因,还是老师的原因?完全是一种回避的态度,在这里体现出该学生群体:学习主动性差,归纳概括、提炼意识淡薄,特别是懒于反思、意志力薄弱、责任心不强等不良学习习惯和学习意识,学习方法不成体系。这些可能就是他们"学困"的主要原因。

（二）"实话实说"型

学生甲：朱同学　　　　2010 年 10 月 20 日

今天学了所含字母相同，并且相同字母的指数也相同的项叫作同类项；把多项式中的同类项合并成一项，叫作合并同类项，这两个知识点。但是我学得还是不扎实，比如在上面的（3）（4）题中，还不太会合并同类项，希望老师可以再讲解一下。

学生乙：马同学　　　　2010 年 11 月 19 日

今天我们学习了解一元一次方程，了解了解一元一次方程的步骤，解一元一次方程共分为三步：①移项；②合并同类项；③将未知数的系数化为 1。移项的目的是让左边全部是未知项，右边为常数项。移项时，移动的项要变号，不移的项不变号。

日记特点：①机械、较全面地复述当天所学的基本知识点、概念、法则、突出注意点；②只知道老师讲到的内容，没有点明的绝对想不到；③态度上是实事求是的，很朴实，也很诚恳、谦虚；④没有数学思想、数学方法的提炼，更没有质疑的地方；⑤话说得中规中矩，没有感情的流露。

（三）"深挖、自创、发挥"型

学生甲：丁同学　　　　2010 年 12 月 7 日

关于分段计费巧解（标题）

分段计费问题由于每一部分的收费单价不同，所以首先要弄清是否分段收费，若分段，则分为几段？是区别计费还是累计计费？再列出相关的表达式。根据题目中所包含的相等关系，列出方程解答。特别注意用表格来进行对比分析。

学生乙：周同学　　　　2010 年 12 月 24 日

今天，在老师的带领下，我们一起探究了立体图形的展开图。

一部分的立体图形是由平面图形围成的，因而可展开成平面图形，这样的平面图形，称为相应立体图形的展开图。我们以正方体为例，找到了 11 种不同的展开图，"四个一排"（6种）"三个一排"（4 种），"两两相错"（1 种）。

另外，正方体的展开图相对应的面一定不可相连，"凵""田""凹"字形的一定不是正方体的展开图。

日记特点：①真正的"青出于蓝而胜于蓝"，常常是想"老师所没有想到的"、让老师也佩服的学生；②达到小论文水平，甚至有的还有标题；③除了很全面地记述今天能收获的知识点外，还能自主提炼、归纳、整合知识网络以及解题技巧和方法，发现规律，注意规避易错点；④富有质疑精神，质疑老师，质疑自己，深究不放。

（四）"情感态度，三维目标"型

学生甲：马同学（数学课代表）　　　2010 年 12 月 8 日

今天我们主要对"一元一次方程解决实际问题"进行了归纳，并且又练了许多练习题。知道了解决实际问题最重要的两点：①清楚地进行解、设未知数，不偷工减料，将"设"写完整、写全面，让人一目了然；②注意单位，在解方程时最后结果不带单位，"设""答"时要带单位。

今天我还悟出了两个人生道理：①成功的秘诀是做任何事都要认真；②今天学习的态度就是明天工作的态度（态度决定一切，态度决定未来），今天这堂课让我获益匪浅，谢谢老师的辛勤教导！

学生乙：王同学（班长）　　　2010 年 12 月 3 日

关于提高方程运算速度（标题）

终于在六道题的陪伴下，度过了今天的方程应用巩固历程，解六道题其实并不难，主要是找出等量关系，并列出方程，再其次就是解方程，由于今天数学课上同学们解方程的速度较慢，所以为提升解题速度，我罗列出以下两条：①厘清思路，在做题时找出等量关系，做出适当的"解""设"，并在解方程中加以小心，又用高效的运算方法计算，往往会事半功倍。②良好心态，其实心态或心情会影响到解题速度的，对于方程应用题应不急躁、不焦虑，这常常会影响做题的准确率与解题速度。

　　日记特点：除了具备第三类"深挖、自创、发挥"型所具备的学科专业素养外，还额外具备：①注重情绪和心态对学习的影响因素，具有自我调节的意识和能力；②情商较高，能揣摩老师的心思和喜好；③说话如同办事能力，有条理、有重点、有先后、能分清轻重缓急。

三、经过以上的归纳和分析，大致得出两个结论

　　一是不同的学生通过写"数学日记"，对自己的数学学习素养、学习方法指导和数学成绩的提高是不一样的。但不管怎样，大部分学生坦言已尝到"甜头"。二是逐渐演变出"两极分化"的趋势：写得好的学生，收获越大，越爱写"数学日记"，越爱反思、归纳，越重视这个事情；而越是学困生，越不想

写，懒得动脑，懒于反思、归纳，正因为缺乏反思、归纳，学习上更被动，积累越少，方法越欠缺，成绩得不到提高，学习越困难。

四、反思与归纳

反思这一学期的这项试验，对于写得不好的学生，我自己尤其感到内疚不安，也感到压力刻不容缓，如何采取一些措施来激发他们的反思、归纳的主动性和热情，找到刺激他们自信心的突破点？我分析得出了三条措施：

（一）培育民主、活跃的课堂文化

鼓励课堂上的"相异构想"，在"相异碰撞"中引发争论、引发思考，创造热点、焦点时刻，加深学困生印象，辅之以增加他们发表看法和提问的机会这一手段，先想办法让他们把课"听全"。

（二）控制作业量

对学困生一定与学优生的作业量区别开来，一个简单道理：如果他连作业都做不完，哪有反思、提炼和写日记的时间？

（三）激发学生写"数学日记"的主动性

最重要的一条，肯定能激发他们写"数学日记"的主动性，这也是向同组其他老师借鉴的，即在他们的日记后面批语，同他们进行纸上沟通，帮他们解决一些问题，也可以有机会鼓励他们，如果不能做到每次每个人都批，可以隔几天写一次，分批写，总比一次没有强。对于学优生，则用一条就行，让他们明白"日记是写给自己的"，这些学生很聪明、很明理，他们很清楚学习的目的，根本不用叮嘱他们写"数学日记"。

总之，写"数学日记"只是培养学生反思、归纳的数学学习方法和习惯的手段之一，我们还有辅助手段，如个人"纠错本"和考后个人试卷分析等，不管什么措施，都是围绕一个思想：不要把孩子教死板了，培养他们的学科素养和学科情感，培养他们的思维，才是真正对他们的未来负责。

下 篇

考之悉

——运用考试分析学生掌握初中数学的情况

题型解析

化折为直　缩放迂回

新疆昌吉回族自治州第一中学　李刚

自 2019 年新疆中考施行自治区、兵团、乌鲁木齐市"三卷合一"以来，其选拔性在选择和填空的最后一题上多有侧重，考查意图明显指向学生的学习过程和思维品质。2020 年中考试卷填空的最后一题题干简练、考点专一，非常考验考生的经验积累和策略素养。

一、原题呈现

（2020 年新疆中考第 15 题）如图 1 所示，在 $\triangle ABC$ 中，$\angle A = 90°$，$\angle B = 60°$，$AB = 2$，若 D 是 BC 边上的动点，则 $2AD + DC$ 的最小值为_____。

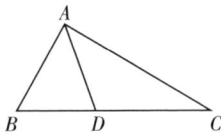

图 1　原题图

二、特色解读

（一）"化折为直"凭经验

解决最值问题的经验通常有：代数模型——函数极值问题，利用增减性或顶点坐标或配方法讨论出最值；几何模型——线段最短问题，"化折为直"构建"两点之间，线段最短"或"垂线段最短"。若尝试代数模型，无论设 BD 还是 DC 为自变量 x，AD 的表示都无法回避被开方数含 x^2 的二次根式，经过一系

174

列代数推导后发现，$2AD + DC$ 的解析式无法用一次函数或二次函数的一般形式来表示，也就不能用这两种函数常规的代数模型来解决。于是凭经验应转向几何模型思路，设法将不同线段的和转化为一条"直"线段，构造出"确定的两点间线段"或"确定的直线外一点到这条直线的垂线段"的模型。

（二）"缩放迂回"讲策略

欲直接将 $2AD$ 和 DC 续接为一条"直"线段，在辅助线的构造上肯定有障碍，充分审视条件发现 $\angle C = 30°$ 这一关键后，提示我们易构造出线段"$\frac{1}{2}DC$"，自然相应地将 $2AD$ 减半。于是顺理成章地采取"缩"的策略，将 $2AD + DC$ 的最小值转化为 $AD + \frac{1}{2}DC$ 的最小值问题。待求解后，再施以"放"的策略，将 $AD + \frac{1}{2}DC$ 的最小值扩大 2 倍，使问题得到圆满解决。"缩""放"之间尽显进退、迂回的问题解决策略和艺术。

三、解法赏析

解法 1：标准解法

分析：如图 2 所示，由于点 A 为定点，AD 为动直线，考虑直接在 AD 上续接 $\frac{1}{2}DC$，以 C 为顶点，BC 为一边，在 $\angle ACB$ 的外部作 $\angle BCE = 30°$，构造一条"定直线"，从而构建出"确定的直线外一点到这条直线的垂线段"问题模型，故由 A 向 CE 边作垂线，垂足为 E 点，则 $\angle ACE = 60°$，$DE = \frac{1}{2}DC$，则 $2AD + DC = 2AD + 2DE = 2\ (AD + DE)\ = 2AE$，由于点 A 和 CE 所在直线的位置均为确定的，因此垂线段 AE 最短，即 $2AD + DC$ 有最小值。

解题过程：如图 2 所示，作 $\angle BCE = 30°$，由点 A 作 $AE \perp CE$ 于 E 点。因为 $\angle BAC = 90°$，$\angle B = 60°$，所以 $\angle ACB = 30°$，$\angle ACE = 60°$，$\angle EAC = 30°$。由 $AB = 2$，可得 $AC = \sqrt{3}AB = 2\sqrt{3}$，则 $AE = AC \cdot \cos 30° = 2\sqrt{3} \cdot \frac{\sqrt{3}}{2} = 3$，故 $2AD + DC = 2AE = 6$。

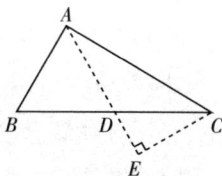

图 2　解法 1 图

解法 2：迂回解法

分析： 如图 3 所示，因为 $\angle BAC = 90°$，$\angle B = 60°$，所以 $\angle C = 30°$，容易想到作 $DE \perp AC$ 于点 E，可将 DC 的长转化为 $2DE$，于是有 $2AD + DC = 2（AD + DE）$，从而将 $2AD + DC$ 的最小值转化为 $AD + DE$ 的最小值问题，容易联想到"将军饮马"模型，但由于点 E 随点 D 而动，点 A 位置固定，因此去找点 A 关于 BC 的对称点 A'，然后连接 $A'D$，则问题转化为 $A'D + DE$ 的最小值，因为点 A' 位置固定，所以当 A'，D，E 三点共线且 $A'E \perp AC$ 时 $A'E$ 最短，即 $A'D + DE$ 有最小值，即 $AD + DE = A'D + DE$ 取得最小值，这个最小值的 2 倍即为 $2AD + DC$ 的最小值。

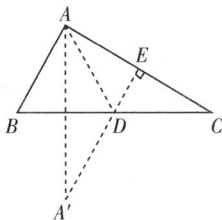

图 3 解法 2 图

解题过程： 如图 3 所示，作点 A 关于 BC 的对称点 A'，由点 A' 作 $A'E \perp AC$ 于点 E，$A'E$ 与 BC 的交点即为符合条件的 D 点，然后联结 AD。因为 $AA' \perp BC$ 且 $\angle B = 60°$，所以 $\angle BAA' = 30°$。又因为 $AB = 2$，易求得 $AA' = 2\sqrt{3}$。因为 $\angle DEC = 90°$，$\angle C = 30°$，所以 $\angle BDA' = \angle EDC = 60°$，则 $\angle A' = 30°$，因此 $AE = \frac{1}{2} AA' = \sqrt{3}$，$A'E = \sqrt{3} AE = \sqrt{3} \cdot \sqrt{3} = 3$，所以 $AD + DE = A'D + DE = A'E = 3$，则 $2AD + DC = 2（AD + DE）= 6$，故 $2AD + DC$ 的最小值为 6。

四、教学启示

（一）定"适用前提"条件

众所周知，概念（命题）的教学是中学数学教学的重心，为使学生透彻全面地理解概念（命题）的本质，就要深刻剖析其内涵和外延。对于内涵的教学，笔者的经验是从适用前提、结构逻辑、运用指向、等价表述四个角度进行剖析。从本题来看，教学中应首先强调对概念（命题）适用前提的界定。例如，"两点之间，线段最短"的适用前提是"两点的位置确定"；"垂线段最短"的适用前提是"直线外一点及这条直线的位置确定"，这一模型的本质即为

"定点"与"定直线"。教学中明确概念(命题)的前提,相当于为学生的模型联想"起头",若非此关键前提的明确,则本题的转化将不会得以实现。

(二)寻"变中不变"的本质

动点问题一向是考生不易突破的难点问题,与最值问题的结合更是让许多考生束手无策。在此类问题的教学中,要充分调动学生的实践操作、空间想象、分析转化等能力,引导学生在变中探寻不变的本质,在不变的本质中发现变的规律,并能自主运用于之后的解题实践中。本题中,随着 D 点的移动"变"的有 AD,DC 的长以及 AD 的位置,且 AD 与 DC 间有"此消彼长"的关系,所以不可将其割裂而应以整体考虑。DC 的长虽变但位置不变,而 AD 不仅长度变且位置亦存在"斜向"和"垂直"的互变趋势,因此寻"变中不变"的研究主体应在 AD 上。围绕这一主体,除了有定点 A,C 以外,还有不变的量——$\angle C = 30°$,更有不变的关系——$\angle C$ 的对边 $= \frac{1}{2}DC$,然后能想到隐藏的定点 A' 或隐藏的定直线 CE,于是得以产生上述两种解法的模型联想。

"不可或缺"的等腰三角形

新疆昌吉回族自治州第一中学　李刚

近些年来，笔者所能见到的各地的中考试卷中，或专题考查或环节嵌入，等腰（等边）三角形似乎成了不可或缺的命题素材，尤其是借助等角、等边实现化归转换的更是随处可见。见表1，笔者采样了2019年全国40份中考试卷，大致统计了其中等腰（等边）三角形的考查情况，并按自己的理解进行了分类归纳。

表1　2019年40份中考试卷中涉及等腰（等边）三角形的考题数

总计69道题			
基础运用	化归转换	抽象建模	综合解析
21道	28道	14道	6道

其中"基础运用"多指：以填空、选择的形式对其性质（等边对等角、三线合一）、判定（等角对等边）的简单运用。"化归转换"包括：一是添加辅助线构造等腰三角形，以求"等边转化""等角转化"、构造垂直平分及角的倍分等关系的目的；二是等腰三角形在四边形、圆中的几个常见模式，如平分一同旁内角成等腰三角形、内角设参列方程、连弦成底、连半径成腰。"抽象建模""综合解析"主要指：将等腰三角形置于平面直角坐标系中的边角计算，以及二次函数背景下的等腰三角形存在等问题。

可以看出，诸如"已知等腰三角形的两边长分别为1和2，求其周长"这类考查审题严谨性的"挖坑"型题目，在中考中已难见踪影。现在的考查方向依笔者看：一是对概念内涵、外延的理解运用；二是检验学习过程中积累的经验和思想方法，以及养成的思维品质；三是综合使用已掌握的对象，应用于新的情境，选择或创造适当的方法解决问题。

一、基础运用

（一）等边对等角

例1：（成都 2019）如图 1 所示，在 $\triangle ABC$ 中，$AB = AC$，点 D，E 都在边 BC 上，$\angle BAD = \angle CAE$，若 $BD = 9$，则 CE 的长为 _____。

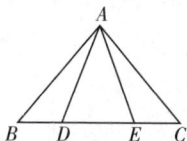

图1　例1图

教学示范：让学生观察图形并先猜测 CE 的长度，进而将问题转化为证明 $CE = BD$。显然，证明出 $\triangle ABD \cong \triangle ACE$，即得 $CE = BD$。要证明 $\triangle ABD \cong \triangle ACE$，除了 $AB = AC$，$\angle BAD = \angle CAE$ 的已知条件，有没有发现有用的隐含条件？学生较易发现由 $AB = AC$，"等边对等角"可得 $\angle B = \angle C$。再由"角边角"定理即可证出 $\triangle ABD \cong \triangle ACE$，所以 $CE = BD = 9$。

（二）等角对等边

例2：（南京 2019）如图 2 所示，$\odot O$ 的弦 AB，CD 的延长线相交于点 P，且 $AB = CD$。求证：$PA = PC$。

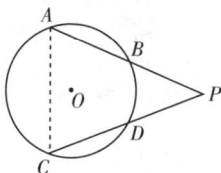

图2　例2图

教学示范：PA 和 PC 是圆的两条什么线？通过启发，让学生自己提出联结 AC，将问题转化为证明等腰三角形。而证明等腰三角形就要证明 $\angle A = \angle C$，$\angle A$ 和 $\angle C$ 是圆内的什么角？在同圆中怎样证明两个圆周角相等？$\angle A$ 和 $\angle C$ 所对的弧分别是什么？由 $AB = CD$，弦相等则弧相等，可得弧 AB 与弧 CD 相等。又因为 BD 是公共弧，所以弧 ABD 与弧 CDB 相等，从而 $\angle A = \angle C$，证得 $PA = PC$。

（三）三线合一

例3：（北京 2019 改）如图 3 所示，在菱形 $ABCD$ 中，AC 为对角线，点 E，F 分别在 AB，AD 上，$BE = DF$，联结 EF。求证：$AC \perp EF$。

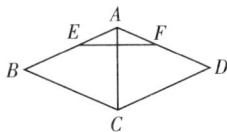

图 3　例 3 图

教学示范：由菱形性质可得 $AB = AD$，AC 平分 $\angle BAD$，再推得 $AE = AF$，由"三线合一"易证 $AC \perp EF$。

二、化归转换

（一）辅助线示例

1. 构造"三线合一"

例 4：（宁夏 2019）如图 4 所示，在 $\triangle ABC$ 中，$AB = BC$，以 AB 为直径作 $\odot O$ 交 AC 于点 D，联结 OD。

（1）求证：$OD \parallel BC$；

（2）过点 D 作 $\odot O$ 的切线，交 BC 于点 E，若 $\angle A = 30°$，求 $\dfrac{CD}{BE}$ 的值。

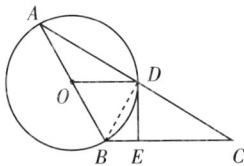

图 4　例 4 图

教学示范：问题（1）启发学生联想到"三角形中位线"，从而引发联结 BD 的必要性，先给出"一线"——直径 AB 所对的圆周角 $\angle ADB$ 是直角，再由"三线合一"得出点 D 为 AC 的中点，继而 OD 是 $\triangle ABC$ 的中位线，所以 $OD \parallel BC$。问题（2）联结 BD 后，由上一问可知 $DE \perp BC$，启发学生熟悉的"子母"型相似三角形关系：$\triangle BDE \backsim \triangle DCE \backsim \triangle BCD$，但 CD 与 BE 间无论如何都不是对应边的比值关系，这时看到 30° 的特殊角，可以利用其三角函数值，使其中任两条边可以互相表示，通常采用"设参"思想，表示出 CD 和 BE，通过比值消参。若设 BE 为 x，则 $DE = \sqrt{3}x$，$CD = 2\sqrt{3}x$，所以 $\dfrac{CD}{BE}$ 的值为 $2\sqrt{3}$。

2. 构造"等边对等角"

例 5：（陕西 2019）如图 5 所示，AB 是 $\odot O$ 的直径，EF，EB 是 $\odot O$ 的弦，且

$EF = EB$，EF 与 AB 交于点 C，联结 OF，若 $\angle AOF = 40°$，则 $\angle F$ 的度数是多少？

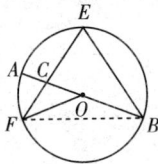

图 5　例 5 图

教学示范：观察、联想，联结 FB，便可构造出 $\angle EFB = \angle EBF$，$\angle OFB = \angle OBF$，并使 $40°$ 的 $\angle AOF$ 成为等腰 $\triangle OFB$ 的一个外角，则 $\angle OFB = \angle OBF = 20°$，$\angle FOB = 140°$，$\angle FEB = 70°$，所以 $\angle EFB = 55°$，易得 $\angle F = \angle EFB - \angle OFB = 35°$。

（二）经验模式示例

1. 平分一同旁内角成等腰三角形

例 6：（海南 2019）如图 6 所示，在 Rt$\triangle ABC$ 中，$\angle C = 90°$，$AB = 5$，$BC = 4$，点 P 是边 AC 上一动点，过点 P 作 $PQ /\!/ AB$，交 BC 于点 Q，D 为线段 PQ 的中点。当 BD 平分 $\angle ABC$ 时，AP 的长度为多少？

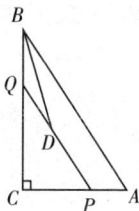

图 6　例 6 图

教学示范：学生对这个模式比较熟悉，由 BD 平分 $\angle ABC$ 可得 $\angle ABD = \angle CBD$，再由 $PQ /\!/ AB$ 可得 $\angle QDB = \angle ABD$，故 $BQ = QD$，且 $PQ = 2QD$，$CQ = BC - BQ$，CQ 与 PQ 在同一个直角三角形中，提示我们可以用方程求解。因为 $\angle C = 90°$，$AB = 5$，$BC = 4$，所以 $AC = 3$。设 BQ 为 x，则 $CQ = 4 - x$，$PQ = 2x$，$\dfrac{CQ}{PQ} = \dfrac{4-x}{2x} = \dfrac{4}{5}$，解得 $x = \dfrac{20}{13}$，$CQ = \dfrac{32}{13}$。设 AP 为 y，则 $CP = 3 - y$，因为 $\dfrac{CP}{AC} = \dfrac{CQ}{BC}$，所以 $\dfrac{3-y}{3} = \dfrac{\frac{32}{13}}{4} = \dfrac{8}{13}$，解得 $y = \dfrac{15}{13}$，则 $AP = \dfrac{15}{13}$。

2. 内角设参列方程

例 7：（武汉 2019）如图 7 所示，在 $\square ABCD$ 中，E，F 是对角线 AC 上两点，$AE = EF = CD$，$\angle ADF = 90°$，$\angle BCD = 63°$，求 $\angle ADE$ 的度数。

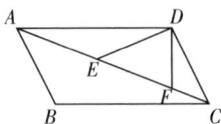

图7　例7图

教学示范：由 $\angle ADF = 90°$，$AE = EF$ 易想到 $DE = AE$，$DE = EF$，$DE = DC$。提示学生尽可能地找出图中角的相等或倍分关系，$\angle EAD = \angle ADE = \angle ACB$，$\angle DCE = \angle DEC = 2\angle EAD$，$\angle EDF = \angle EFD$。而 $\angle DCE + \angle ECB = 63°$，显然要用到方程模型。故设 $\angle EAD = \alpha$，则 $\angle ECB = \alpha$，$\angle DCE = \angle DEC = 2\alpha$，所以有 $\alpha + 2\alpha = 63°$，解得 $\alpha = 21°$，即 $\angle ADE$ 为 $21°$。

三、抽象建模

（一）直观建模

例8：（天津2019）如图8所示，海面上一艘船由西向东航行，在 A 处测得正东方向上一座灯塔的最高点 C 的仰角为 $31°$，再向东继续航行 $30m$ 到达 B 处，测得该灯塔的最高点 C 的仰角为 $45°$。根据测得的数据，计算这座灯塔的高度 CD（结果取整数）。参考数据：$\sin 31° \approx 0.52$，$\cos 31° \approx 0.86$，$\tan 31° \approx 0.60$。

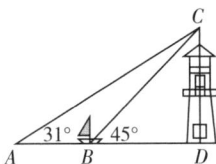

图8　例8图

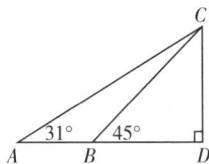

图9　例8教学示范图

教学示范：在入手阶段应凸显问题的抽象过程，即"去情境化"，一是将情境图形抽象为几何图形；二是将文字语言抽象为符号语言。如图9所示，条件的数学本质是在 $\triangle CAD$ 和 $\triangle CBD$ 中，$\angle D$ 是直角，$\angle A = 31°$，$\angle CBD = 45°$，$AB = 30$；问题的数学本质是求等腰直角三角形 CBD 的腰长 CD。因为 $\triangle CBD$ 是等腰直角三角形，求的是 CD 边，$CD = BD$，BD 与 AB 的和又与 CD 有什么数量关系，故考虑设参列方程。设 CD 长为 x，则 $AD = x + 30$，$\tan A = \dfrac{CD}{AD}$，故 $\tan 31°$

$= \dfrac{x}{x+30}$，即 $\dfrac{x}{x+30} \approx 0.60$，解得 $x \approx 45$，所以灯塔高度约为 $45m$。

（二）方程建模

例9：（衢州 2019）"三等分角"大约是在公元前五世纪由古希腊人提出来的。借助如图10所示的"三等分角仪"能三等分任一角。这个三等分角仪由两根有槽的棒 OA，OB 组成，两根棒在点 O 相连并可绕 O 转动，C 点固定，$OC = CD = ED$，点 D，E 可在槽中滑动，若 $\angle BDE = 75°$，则 $\angle CDE$ 的度数是（　　）。

A. 60°　　　　　B. 65°　　　　　C. 75°　　　　　D. 80°

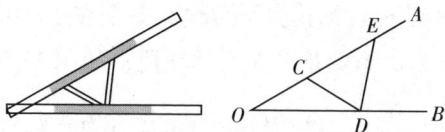

图10　例9图

教学示范：让学生充分观察图形，如图10所示，尽可能地找出其中角的关系，可建立系列关系 $\angle COD = \angle CDO$，则 $\angle DCE = \angle DEC = \angle COD + \angle CDO = 2\angle COD$，有闭合的等量关系，考虑方程模型。设最小的角 $\angle COD$ 为 α，则 $\angle DEC = 2\alpha$，由 $\angle EDB = \angle COD + \angle DEC = 75°$，可列出 $\alpha + 2\alpha = 75°$，可解得 $\angle COD = 25°$，$\angle DCE = \angle DEC = 50°$，故 $\angle CDE = 80°$。

（三）函数建模

例10：（抚顺 2019）如图11所示，在等腰 Rt$\triangle ABC$ 中，$\angle ACB = 90°$，$AB = 8$cm，CH 是 AB 边上的高，正方形 $DEFG$ 的边 DE 在高 CH 上，F，G 两点分别在 AC，AH 上。将正方形 $DEFG$ 以每秒1cm的速度沿射线 DB 方向匀速运动，当点 G 与点 B 重合时停止运动。设运动时间为 t（s），正方形 $DEFG$ 与 $\triangle BHC$ 重叠部分的面积为 S（cm²），则能反映 S 与 t 的函数关系的图象是（　　）。

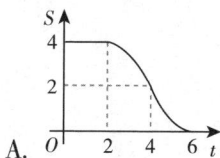

A.

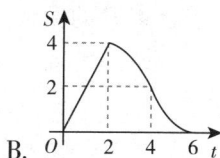

B.

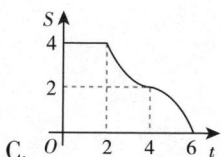

C.

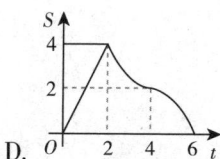

D.

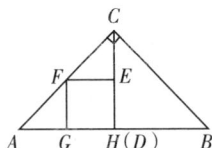

图11 例10图

教学示范： 由题目已知条件先求出易得的线段，$AH = BH = CH = 4$，正方形 $DEFG$ 的边长为2。如图12所示，引导学生试画、分析正方形 $DEFG$ 运动的过程中重叠部分有哪几种情形。当正方形 $DEFG$ 完全在 $\triangle CAB$ 的内部时，即当 $0 \leqslant t \leqslant 2$ 时，$S = S_{矩形DEMH} = 2t$，图象是斜向上的线段；如图13所示，当 $2 < t < 4$ 时，$S = S_{正方形DEFG} - S_{外三角形} = 2^2 - \dfrac{1}{2}(t-2)^2 = -\dfrac{1}{2}t^2 + 2t + 2$，图象为开口向下的抛物线段；如图14所示，当 $4 \leqslant t < 6$ 时，$S = S_{内三角形} = \dfrac{1}{2}(6-t)^2 = \dfrac{1}{2}t^2 - 6t + 18$，图象为开口向上的抛物线段。故可以选出 B 答案。

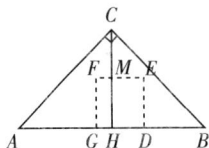

图12 例10教学示范图1　**图13 例10教学示范图2**　**图14 例10教学示范图3**

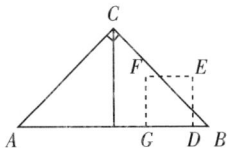

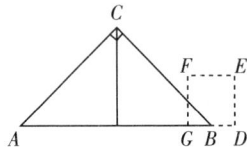

四、综合解析

例11：（甘肃2019）如图15所示，抛物线 $y = ax^2 + bx + 4$ 交 x 轴于 A（-3，0），B（4，0）两点，与 y 轴交于点 C，联结 AC，BC。点 P 是第一象限内抛物线上的一个动点，点 P 的横坐标为 m。

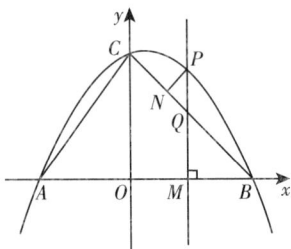

图15 例11图

（1）求此抛物线的表达式；

（2）过点 P 作 $PM \perp x$ 轴，垂足为点 M，PM 交 BC 于点 Q。试探究点 P 在运动过程中，是否存在这样的点 Q，使得以 A，C，Q 为顶点的三角形是等腰三角形。若存在，请求出此时点 Q 的坐标；若不存在，请说明理由；

（3）过点 P 作 $PN \perp BC$，垂足为 N。请用含 m 的代数式表示线段 PN 的长，并求出当 m 为何值时，PN 有最大值，最大值是多少？

教学示范：问题（1）学生普遍易求得表达式为 $y = -\dfrac{1}{3}x^2 + \dfrac{1}{3}x + 4$。问题（2）如图 16 所示，学生经过前期的学习已经具备按腰、底分类讨论的意识，难点普遍在于用含参的式子表示 AC^2，CQ^2，AQ^2，凸显出不少学生运算能力的短板。由题意，点 C（0，4），求出直线 BC 解析式为 $y = -x + 4$。设 Q（m，$-m+4$）（$0 < m < 4$），先思维铺垫，坐标系内横向距离等于"右减左"，纵向距离等于"上减下"，把 AC，AQ，CQ 分别纳入一个直角三角形中，继而表示出三边的平方值：$AC^2 = 25$，$AQ^2 = (m+3)^2 + (-m+4)^2$，$CQ^2 = m^2 + (4+m-4)^2$。利用勾股定理，分 $AC = AQ$，$AQ = CQ$，$AC = CQ$ 三种情形，分别求出 m 的有效值为 1 或 $\dfrac{5\sqrt{2}}{2}$，从而求出符合条件的 Q 点的两个位置 （1，3）或 $\left(\dfrac{5\sqrt{2}}{2}, \dfrac{8-5\sqrt{2}}{2}\right)$。问题（3）学生易想到 $\triangle PNQ$ 与 $\triangle BMQ$ 相似，但用边长的相似比来讨论显然很麻烦，这时候再反复检视条件不难发现 $OB = OC$，从而推得 $\angle MQB = \angle QBM = 45°$，学生已很熟悉 $PN = \dfrac{\sqrt{2}}{2}PQ$，设点 $P\left(m, -\dfrac{1}{3}m^2 + \dfrac{1}{3}m + 4\right)$，则点 Q（m，$-m+4$），$PQ = -\dfrac{1}{3}m^2 + \dfrac{4}{3}m$，所以 $PN = \dfrac{\sqrt{2}}{2}\left(-\dfrac{1}{3}m^2 + \dfrac{4}{3}m\right) = -\dfrac{\sqrt{2}}{6}(m-2)^2 + \dfrac{2\sqrt{2}}{3}$。故当 $m = 2$ 时，PN 有最大值为 $\dfrac{2\sqrt{2}}{3}$。

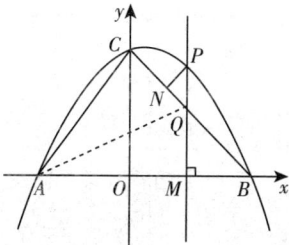

图16 例11 教学示范图

落实素养教学 能力品格并重

新疆昌吉回族自治州第一中学 李刚

在新疆 2019 年中考首次"三卷合一"（自治区、兵团卷，内高班卷，乌鲁木齐卷）的背景下，数学试卷的第 15 题承担了部分选拔功能。本题的解决算程长、易失误、运算量大、算理丰富。从低起点——待定系数法求解析式入手，到解含参的方程组、平面内两点的纵坐标之差表示纵向距离、含分式的二项式乘积化简、含绝对值式子的讨论化简、一元二次方程的求解等，非常考验学生的运算、推理、想象等素养和意志品质。面对这样富有挑战性的好题，学生不仅要有长期解题所积累的智慧，更要有无数考验下练就的耐心细致、攻坚克难的意志品质。

一、试题呈现

如图 1 所示，在平面直角坐标系 xOy 中，已知正比例函数 $y = -2x$ 的图象与反比例函数 $y = \dfrac{k}{x}$ （$k < 0$）的图象交于 A （a，-4），B 两点。过原点 O 的另一条直线 l 交双曲线 $y = \dfrac{k}{x}$ （$k < 0$）于 P，Q 两点（P 点在第二象限），若由点 A，P，B，Q 为顶点组成的四边形面积为 24，则点 P 的坐标是_____。

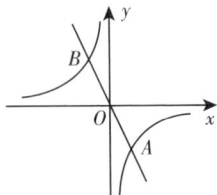

图 1 试题图

二、试题观察

（一）延伸概念内涵，考验思维品质

把握数学知识的本质就要充分挖掘概念、命题的内涵和外延。本题提示我们，在初中阶段研究函数的图象和性质，除了关注增减性以及相应的定义域外，是否充分关注了其对称性？对于双曲线的中心对称性应如何深刻且发散地去理解？（任意一对对应点不仅横、纵坐标互为相反数，而且它们到原点的距离相等）再如，由平行四边形的性质"平行四边形的两条对角线互相平分"能否进一步认识到"它们将平行四边形分成两对全等三角形且面积都相等"？

本题最具挑战之处在于：学生对反比例函数 $y = \dfrac{k}{x}$ 中 k 的几何意义的内涵认识是否深入，模型储备是否丰富。由于近五年的新疆卷上很少有涉及 k 的几何意义题目（仅 2015 年卷有简单涉及），所以在教学中对这个问题普遍涉入不深。一般多为已知 k 的值求双曲线上一点与两坐标轴所形成的矩形（三角形）面积，即 $|k| = S_{矩形} = 2S_{三角形}$。或者是反过来，已知双曲线上一点与两坐标轴所形成的矩形（三角形）面积和所在象限，求 k 的值。这就造成师生们普遍对反比例函数 $y = \dfrac{k}{x}$ 中 k 的几何意义单一的、静态的肤浅理解，应用上一般多限于单点构图。

通过本题的解决应当认识到，要注重培养学生思维品质的灵活性和深刻性：既然 k 的值已求出为 -8，能求出点 P 的横坐标，则纵坐标易得。故设横坐标为 m，利用反比例函数解析式纵坐标表示为 $-\dfrac{8}{m}$，肯定要构造一个含 m 的等式来求解 m 的值，易想到点 P 与横轴所构成的三角形面积为 4，但与解析式已知条件重复，必然要利用其他面积的条件，分析得出 $\triangle POB$ 的面积为 6，应想到很可能要建立其与 m 的关系，即建立 $\triangle POB$ 的面积与点 P 向横轴作垂线（垂足为点 C）所构成的 $\triangle PCO$ 面积的联系，可以看到 $\triangle POB$ 与 $\triangle PCO$ 组合成四边形 $BPCO$。此时应看看"你用到全部的条件了吗"？还有已知点 B 的坐标（-2，4）没有用到，由于在反比例函数图象的单支上"任意一点与两坐标轴所构成的三角形面积都相等"，过点 B 作横轴垂线，垂足为点 D，易知 $\triangle BDO$ 与 $\triangle PCO$ 面积相等，关键在于能否看到 $\triangle BDO$ 与梯形 $PCDB$ 也组合成四边形 $BPCO$，如此即可实现 $\triangle POB$ 的面积向梯形 $PCDB$ 的等面积转化，即可实现构造一个含 m 的方程的意图。实际上是将"这两个三角形的面积相等"的认识，深化为"任意两个点与原点所构成的三角形面积就等于这两点与同一坐标轴所作垂线的垂

足所构成的梯形面积",这样就将 k 的几何意义的内涵进一步深刻化、丰富化,完全可以将其作为一个自构模型,用于反比例函数图象中 "一般" 向 "特殊" 等面积图形的转化,关键时刻可堪大用。

(二) 多方渗透思想,化归能力为主

这道题的标准解答中,其关键策略就是用转换化归的思想,"变" 中寻 "不变",将不规则 $\triangle POB$ 的面积等价转化为梯形 $PCDB$ 的面积。考完后问了许多同学都没有思路,就是卡在了这个坎儿上。除此以外,这道题还用到了模型思想、数形结合思想、分类讨论思想、方程与函数的思想、字母表示数的思想。

在 "解法 2" 和 "解法 3" 中,当遇到已知不规则三角形的面积时,如果能联想到解二次函数相关面积最大值的综合题,所积累的不规则三角形面积的表示模型,问题则会得到初步解决。这个经验模型是:一般将其分割为两个具有公共底的三角形。当横向分割时,三角形的面积等于公共底与垂直距离(最高点与最低点之间的距离)乘积的一半;当纵向分割时,三角形的面积等于公共底与水平距离(最左边的点到最右边的点之间的距离)乘积的一半。用这个三角形面积的模型列出关于 P 点横坐标 m 的一元二次方程,从而得以解出 m 的值,这是用到了数学模型思想和方程与函数的思想。用反比例函数图象的中心对称性来证明图中由点 A,P,B,Q 为顶点组成的四边形是平行四边形,这是典型的数形结合思想。解题中对于 P 点分别在 B 点的左边和右边的讨论,不但考验学生的空间想象能力,更考验他们是否具备扎实的分类讨论思想和意识。实际上,在 "解法 2" "解法 3" 中用到了 "设参" 的思想,"数据不足参数来凑"。学生应该能想到,当把 P 点的横、纵坐标都用只含有一个字母的式子表示时,不论是直线 PQ 过原点,还是直线 PA 不经过原点(其中点 A 的坐标是已知的),这两种情况下,虽然都不能求出确切的函数解析式,但都可以用含参数 m 的式子表示解析式,从而构造含参数 m 的方程模型来求解。这是用字母表示数的思想方法的体现。

三、解法赏析

解法 1:标准解法——"变" 中寻 "不变",将面积等价转化

如图 2 所示,将不规则 $\triangle POB$ 的面积等价转化为梯形 $PCDB$ 的面积。

分别作 $BD \perp x$ 轴于点 D,$PC \perp x$ 轴于点 C,将点 A(a,-4)代入正比例函数 $y = -2x$ 中,可得 $a = 2$,所以点 A 为(2,-4),则点 B 为(-2,4),$k = -8$,双曲线解析式为 $y = -\dfrac{8}{x}$,$S_{\triangle PCO} = S_{\triangle BDO} = 4$。

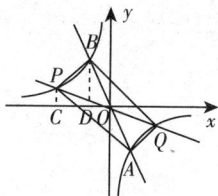

图2　解法1图

由双曲线的中心对称性可知 $BO=AO$，$PO=QO$，所以四边形 $BPAQ$ 是平行四边形。又因为平行四边形的两条对角线互相平分，所以这两条对角线将平行四边形分成了四个面积相等的三角形，所以 $S_{\triangle POB}=\dfrac{1}{4}S_{\text{平行四边形}BPAQ}=\dfrac{1}{4}\times24=6$。

因为 $S_{\triangle PCO}+S_{\triangle POB}=S_{\text{四边形}PCOB}=S_{\triangle BDO}+S_{\text{梯形}PCDB}$，所以 $S_{\text{梯形}PCDB}=S_{\triangle POB}=6$。

设点 P 的横坐标为 m，则纵坐标为 $-\dfrac{8}{m}$。

（1）当点 P 在点 B 的左侧时，$S_{\text{梯形}PCDB}=\left(-\dfrac{8}{m}+4\right)\times(-2-m)\times\dfrac{1}{2}=6$，化简得 $m^2+3m-4=0$，解得 $m_1=-4$，$m_2=1$，因为点 P 在第二象限，所以 $m=-4$，则纵坐标为2，所以点 P（-4，2）；

（2）当点 P 在点 B 的右侧时，$S_{\text{梯形}PCDB}=\left(-\dfrac{8}{m}+4\right)\times(m+2)\times\dfrac{1}{2}=6$，化简得 $m^2-3m-4=0$，解得 $m_1=-1$，$m_2=4$，因为点 P 在第二象限，所以 $m=-1$，则纵坐标为8，所以点 P（-1，8）；

综上所述，点 P 的坐标为（-4，2）或（-1，8）。

解法2： 转化为不规则三角形面积

如图3所示，将 $\triangle POB$ 的面积分割为 $\triangle BPD$ 与 $\triangle BDO$ 的面积之和或差。

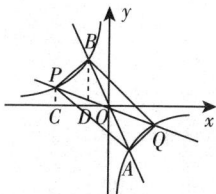

图3　解法2图

由平行四边形 $BPAQ$ 的面积为24，可得 $\triangle POB$ 的面积为6，过 B 点作 y 轴的平行线与 PQ 交于点 D。设点 $P\left(m,-\dfrac{8}{m}\right)$，因为直线 PQ 经过原点，设直

PQ 的解析为 $y = kx$，则有 $-\dfrac{8}{m} = mk$，$k = -\dfrac{8}{m^2}$，所以直线 PQ 的解析式为 $y = -\dfrac{8}{m^2}x$，则点 D 的坐标为 $\left(-2, \dfrac{16}{m^2}\right)$。

（1）当点 D 在点 B 的下方时，公共底 $BD = 4 - \dfrac{16}{m^2}$，$S_{\triangle POB} = S_{\triangle BPD} + S_{\triangle BDO} = BD|m|\dfrac{1}{2} = \left(4 - \dfrac{16}{m^2}\right)(-m)\dfrac{1}{2} = 6$，化简得 $m^2 + 3m - 4 = 0$，解得 $m_1 = -4$，$m_2 = 1$，因为点 P 在第二象限，所以 $m = -4$，则纵坐标为 2，所以点 $P(-4, 2)$；

（2）当点 D 在点 B 的上方时，公共底 $BD = \dfrac{16}{m^2} - 4$，$S_{\triangle BPO} = S_{\triangle BDO} - S_{\triangle BPD} = BD|m|\dfrac{1}{2} = \left(\dfrac{16}{m^2} - 4\right)(-m)\dfrac{1}{2} = 6$，化简得 $m^2 - 3m - 4 = 0$，解得 $m_1 = -1$，$m_2 = 4$，因为点 P 在第二象限，所以 $m = -1$，则纵坐标为 8，所以点 $P(-1, 8)$；

综上所述，点 P 的坐标为 $(-4, 2)$ 或 $(-1, 8)$。

解法3：拼接为含参的不规则三角形面积

运用设参的思想，求出含参数的直线 PA 的解析式，用含参的纵截距整体表示 $\triangle POA$ 的面积。

已知点 $A(2, -4)$，设点 $P\left(m, -\dfrac{8}{m}\right)$，设直线 PA 的解析式为 $y = kx + b$，

则有 $\begin{cases} -4 = 2k + b, \\ -\dfrac{8}{m} = mk + b, \end{cases}$ 解得 $\begin{cases} k = \dfrac{4}{m}, \\ b = -4 - \dfrac{8}{m}, \end{cases}$ 点 $C\left(0, -4 - \dfrac{8}{m}\right)$，直线 PA 的纵截距为 $-4 - \dfrac{8}{m}$。

因为 $S_{\text{平行四边形}BPAQ} = 24$，所以 $S_{\triangle POA} = 6$，可列 $\left|-4 - \dfrac{8}{m}\right| \cdot (2 - m) \cdot \dfrac{1}{2} = 6$。

（1）当点 P 在点 B 的下方时，如图 4 所示，PA 与 y 轴交于负半轴，则有 $\left(4 + \dfrac{8}{m}\right)(2 - m) \times \dfrac{1}{2} = 6$，化简得 $m^2 + 3m - 4 = 0$，解得 $m_1 = -4$，$m_2 = 1$，因为点 P 在第二象限，所以 $m = -4$，则纵坐标为 2，所以点 $P(-4, 2)$；

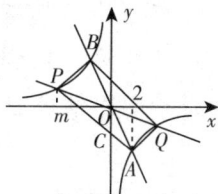

图4 解法3（1）图

（2）当点 P 在点 B 的上方时，如图5所示，PA 与 y 轴交于正半轴，则有 $\left(-4-\dfrac{8}{m}\right)(2-m)\times\dfrac{1}{2}=6$，化简得 $m^2-3m-4=0$，解得 $m_1=-1$，$m_2=4$，因为点 P 在第二象限，所以 $m=-1$，则纵坐标为8，所以点 P（-1，8）；

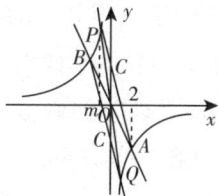

图5 解法3（2）图

综上所述，点 P 的坐标为（-4，2）或（-1，8）。

四、导向启示

（一）坚持"教学生学会思考"的育人观

数学教育的目的不是培养知识的记忆者，而是培养强有力的思考者。G·波利亚认为，中学数学教育的根本目的是"教会学生思考"。教师富有启发性的讲授；创设情境、设计问题，引导学生自主探索、合作交流；组织学生操作实验、观察现象、提出猜想、推理论证等，都能有效地启发学生的思考。课堂教学上教师要格外注重问题的设计，"问题是数学的心脏"，以问题结构推进教学，使每节课问题化，问题结构化。另外，还要设法鼓励学生自己发现问题、提出问题，这是教学生学会思考的一个必要的环节，有利于培养学生的数学情感、创新意识。

（二）坚持"教学生积累模型"的养成观

初中数学的教学一定程度上就是模型教学，一个个有序、完备的模型体系构成了数学的知识网。"积累模型"最好的方法就是反思，笔者多年的教学实践也表明，无论是新授课还是习题课，每个问题解决之后的反思梳理对积累模型是非常有效的，一方面梳理其基本思路，另一方面反思关键突破点是怎样想到的，为什么一开始没有想到，与曾经解决过的问题有无共性通法，对今后的解题有何启示等，这就是一个逐渐积累模型以供日后模仿和迁移的过程。

（三）坚持"教学生思想和方法"的能力观

中学数学思想方法主要有四种：函数与方程思想、数形结合思想、分类讨论思想、等价转换思想。张奠宙教授说："数学中最常用的是化归方法，中学数学解题多半要用化归方法加以证明和求解。"涂荣豹教授指出："如果不能转化为所需要的形式，问题就无法解决。所谓难题往往就难在不知要转化为何种形式或不知如何转化。"在课堂教学中，教师还应当引导学生用数学思想方法进行反思和总结，帮助学生掌握各个数学思想方法的内涵，指导学生运用恰当的数学思想方法解题，促进学生思维品质和数学能力的提高。

（四）坚持"教学生分析内涵外延"的概念观

学生应当从所学习的概念中看到各种问题的本质和特点，并且理解它们对于解决相应问题的意义。因此应格外重视概念和命题教学中内涵和外延的挖掘。通过对概念，定理的内涵（适用前提、功能指向、关键词、等价命题等），外延（与上下位概念的关系、逆命题的思辨、反例的辨析等）的充分挖掘和讨论，使学生对知识点的理解掌握更加透彻和全面，有利于学生解题时模式识别和知识迁移能力的自然生成。利用正例来强化对概念内涵的理解，利用反例来促进对概念外延的把握，这些应当成为概念和命题教学的课堂教学重点。

参考文献：

[1] 喻平. 数学学习心理的 CPFS 结构理论［M］. 南宁：广西教育出版社，2008.

[2] G·波利亚. 怎样解题：数学思维的新方法［M］. 涂泓，冯承天，译. 上海：上海科技教育出版社，2011.

[3] 孙海锋. 再谈初中数学模型及其教学［J］. 中学数学教学参考（中旬），2019（17）：7－10.

[4] 董磊. 初中数学主要思想方法的内涵及层次结构［J］. 中学数学教学参考（中旬），2018（26）：67－70.

［5］张奠宙，宋乃庆．数学教育概论［M］．北京：高等教育出版社，2016.

［6］中华人民共和国教育部．义务教育数学课程标准（2011 年版）［M］．北京：北京师范大学出版社，2012.

［7］涂荣豹．数学教学设计原理的构建——教学生学会思考［M］．北京：科学出版社，2018.

深度审题 本质理解 模型联想

新疆昌吉回族自治州第一中学 李刚

一、原题呈现

（2020 年新疆中考第 9 题）如图 1 所示，在 $\triangle ABC$ 中，$\angle A = 90°$，D 是 AB 的中点，过点 D 作 BC 的平行线交 AC 于点 E，作 BC 的垂线交 BC 于点 F，若 $AB = CE$，且 $\triangle DEF$ 的面积为 1，则 BC 的长为（   ）。

A. $2\sqrt{5}$ B. 5   C. $4\sqrt{5}$ D. 10

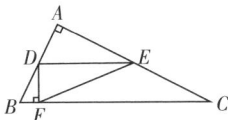

图 1 原题图

二、试题特色

（一）题干简练而内涵丰富

作为选择的最后一题，本题的题干部分表述简练，考生很容易明确题目的要求，但考查的内涵丰富，可以运用到的概念及定理主要有：三角形面积公式、三角形中位线定理、相似三角形的性质之"对应边成比例"及"面积比等于相似比的平方"、相似三角形判定定理的预备定理、相似三角形判定定理之"角角"、勾股定理、形如 $ax^2 = b$ 的一元二次方程解法。涉及到的思想方法有：设参、整体代入、等价转换、数形结合等。可用的经验模型有：等面积法模型、同底等高的三角形面积模型、"A"字形相似模型、$1:2:\sqrt{5}$ 的直角三角形模型、比例式与乘积式的互化模型。

（二）选项周密而规避盲猜

选择题也存在一定的命题困难，有可能被考生利用排除法猜题，本题的正确项是第一项，规避了无法入手的学生盲猜时对于 C 选项的倾向性，而且干扰项与题干之间具有一定的逻辑性和似真性，对考生起到了一定的迷惑作用。正确选项与干扰项的长度、结构、属性、水平相近，其中 C 选项与 A 选项、D 选项与 B 选项分别具有 2 倍的关系。据了解，不少同学分析出了 Rt$\triangle ABC$ 的三边具有 $1:2:\sqrt{5}$ 的比例关系，因此 BC 边与 AB 边有 $\sqrt{5}$ 倍的关系，从而倾向含 $\sqrt{5}$ 的答案，但是 B 选项 "5" 又存在着 $\sqrt{5}$ 的 $\sqrt{5}$ 倍的关系，而且 C 选项也含有 $\sqrt{5}$，因而考生在盲猜答案时左右为难。

（三）图形熟悉而关系隐蔽

解题的前提是深入理解题意，本题的思维难点主要在于几个隐含关系的发掘。G·波利亚说："学生应该专心地、反复地并且从各个方面来考虑题目的主要部分。"题目隐含关系的发掘常体现为对重要信息从不同角度的理解，可以尝试进行等价表征，如题目中 "D 是 AB 的中点，过点 D 作 BC 的平行线交 AC 于点 E" $\Leftrightarrow$ "DE 是 $\triangle ABC$ 的中位线"，"$AB = CE$" $\Leftrightarrow$ "$AB = \frac{1}{2}AC$"，"$\triangle DEF$ 的面积为 1" $\Leftrightarrow$ "DF 与 DE 的乘积为 2"，如果学生能如此等价转换地理解，才算是将题目看 "透" 了，也就理解了问题的本质。

（四）思维设障而入口多元

思维过程的障碍点分析：一是能否设法将 DF 与 DE 的乘积转化为 AB 与 AC 的乘积；二是是否能探寻到条件 "D 是 AB 的中点，过点 D 作 BC 的平行线交 AC 于点 E" 的本质是 "DE 是 $\triangle ABC$ 的中位线"，再由条件 "$AB = CE$" 二次探寻到 "$AB = \frac{1}{2}AC$（$AC = 2AB$）" 这一本质。

思考方向的自然性分析：题目要求解斜边，一般易想到用勾股定理或三角函数，若用三角函数要么有特殊的锐角，如 $30°$、$60°$ 或 $45°$，要么题目提供 "边的比值" 的条件，但这里只有 "边的乘积" 的条件，故利用三角函数解题的可能性非常渺茫。因此，用勾股定理来求解是很可能的方向。而 AB 和 BC 都不知道，因而存在两个未知量，一般经验是探寻二者的运算关系，然后设参逐一求之，于是需要深度审题，看能否发掘出 "$AB = \frac{1}{2}AC$" 这一隐含关系。若得之，则自然要寻求条件 "$\triangle DEF$ 的面积为 1" 与 AB，AC 的联系，于是思维通路得以顺利地展开。

三、解法赏析

解法 1：中位线乘积转化法

如图 2 所示，作 $AG \perp BC$ 于点 G，由 $DF \perp BC$，所以 $DF /\!/ AG$。因为 D 是 AB 中点，所以 DF 是 $\triangle BAG$ 的中位线。又由 $DE /\!/ BC$，所以 DE 是 $\triangle ABC$ 的中位线，故 $DF = \dfrac{1}{2}AG$，$DE = \dfrac{1}{2}BC$，由 $\triangle DEF$ 的面积为 1，可得两中位线 DE 与 DF 的乘积为 2，相应地 $BC \cdot AG = 2DE \cdot 2DF = 4DE \cdot DF = 4 \times 2 = 8$。利用"等面积法"模型 $AB \cdot AC = BC \cdot AG = 8$。

由 $AB = EC$ 且 $AE = EC$，可推得 $AC = 2AB$，故 $AB \cdot AC = AB \cdot 2AB = 8$，所以有 $AB^2 = 4$，$AB = 2$，求得 $BC = \sqrt{5}AB = 2\sqrt{5}$。

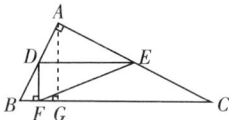

图 2　解法 1 图

解法 2：同底等高三角形面积转化法

如图 1 所示，由 D 是 AB 中点且 $DE /\!/ BC$，所以 DE 是 $\triangle ABC$ 的中位线，则 $\triangle ADE$ 与 $\triangle DEF$ 是同底等高的三角形，因此 $\triangle ADE$ 与 $\triangle DEF$ 的面积相等，故 $S_{\triangle ADE} = 1$。因为 $\triangle ADE \backsim \triangle ABC$，相似比为 $1:2$，所以面积比为 $1:4$，所以 $S_{\triangle ABC} = 4S_{\triangle ADE} = 4$，进而 $AB \cdot AC = 8$。

后续步骤同解法 1。

解法 3：相似的比例式和乘积式转化法

如图 1 所示，由 D 是 AB 中点且 $DE /\!/ BC$，$DF \perp BC$，易证 $\angle FDE = 90°$，$\angle BDF + \angle ADE = \angle ADE + \angle AED = 90°$，有 $\angle BDF = \angle AED$，$\angle BFD = \angle DAE$，所以 $\triangle FBD \backsim \triangle ADE$，则可得比例式 $\dfrac{DF}{AE} = \dfrac{BD}{DE}$，化为乘积式为 $DF \cdot DE = BD \cdot AE$。又 $BD = AD$，所以 $DF \cdot DE = AD \cdot AE$，由 $\triangle DEF$ 的面积为 1，即 $DF \cdot DE = AD \cdot AE = 2$，进而 $AB \cdot AC = 8$。

后续步骤同解法 1。

解法 4：$1:2:\sqrt{5}$ 的直角三角形模型转化法

如图 3 所示，易证 $\triangle FBD$ 与 $\triangle ADE$ 与 $\triangle ABC$ 相似，由 D 是 AB 中点且 $DE /\!/$

BC，则 E 是 AC 中点，再由 $AB = CE$，推得 $AB = \dfrac{1}{2}AC$，此时发现前述三个三角形皆为 $1 : 2 : \sqrt{5}$ 的直角三角形模型。于是设最短直角边 BF 为 x，由模型中三边的比例关系可连续推得 DF 为 $2x$，DE 为 $5x$，AB 为 $2\sqrt{5}x$，由 $\triangle DEF$ 的面积为 1，列出方程 $\dfrac{1}{2} \cdot 2x \cdot 5x = 1$，求得 $x = \dfrac{\sqrt{5}}{5}$，则 $AB = 2\sqrt{5} \cdot \dfrac{\sqrt{5}}{5} = 2$，再次套用模型 $BC = \sqrt{5}AB$，求得 $BC = 2\sqrt{5}$。

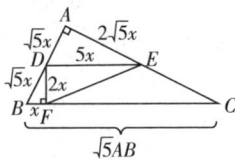

图 3 解法 4 图

四、教学启示

（一）落实解后反思积累模型

有时候，一个顿悟看似无源的智慧，其实是长期思维经验积累的结果，是一个从量变到质变的过程，史宁中教授指出："智慧是对经验的一种升华。"像一些基本图形，如"将军饮马""'A'字形相似""'8'字形相似""一线三等角""$1 : 2 : \sqrt{5}$ 的直角三角形"等模型常被用来作为命题的背景素材。

遇到问题时，怎样使学生有意识地去联想已相识或似曾相识的问题。这个意识和能力不但需要长期的引导和培养，并且需要教师解题时以身示范。解题后要回顾题目与哪些问题有联系，通常从三个角度来反思：与既往解决过的问题情境的联系、策略方法上的联系、结论事实上的联系。通过经常性的反思概括出某种规律或经验而逐渐模型化，使学生学会举一反三，才能有效缩短思维历程。

（二）发展元认知促进深度理解

问题的深层理解是指在问题表层理解的基础上，进一步把问题的每一陈述综合成条件、目标统一的心理表征。据了解，很多学生面对这道题时之所以不知所措，大都是因为没能把题目审"透"，即没能触及条件的本质内涵，不能灵活地转换为等价表述。囿于平时的解题习惯，这部分学生往往止于对题文信息肤浅的字面理解，当条件稍加隐蔽时，不能及时进行转换理解、重组逻辑，从而限制了思维的灵活性，达不到有效的模式识别。故而，在平时的教学特别是解题教学中，要有意识地强化对学生元认知能力的培养，例如，在解数学题的过程中，经常提醒自己注意问题的关键；在分析题意时，多问问自己"要获得结论，现在还缺少哪些条件"？"哪些知识是可能与本题有关的"？如果对一个问题难以入手时，我应该尝试换一种角度来理解题目的条件。我是不是可以先考虑这个问题的特例或最简单的情况。在解题时，我应该先通读题目，对问题有一个整体把握，然后再细化每一个条件。这种在解题过程中，积极主动地调节和控制自己思维活动的过程就是元认知范畴中的解题监控，自我监控学习能力的培养对于提高学习和解决问题的能力是十分有效的。

参考文献：

[1] 刘新平，张运良．教育统计与测评导论［M］．北京：科学出版社，2013.

[2] G·波利亚．怎样解题：数学思维的新方法［M］．涂泓，冯承天，译．上海：上海科技教育出版社，2011.

[3] 马云鹏，史宁中．基础教育数学课程改革的设计、实施与展望［M］．南宁：广西教育出版社，2009.

[4] 涂荣豹．数学教学设计原理的构建——教学生学会思考［M］．北京：科学出版社，2018.

[5] 喻平．数学学习心理的 CPFS 结构理论［M］．南宁：广西教育出版社，2008.

[6] 章建跃．中学生数学学科自我监控能力［M］．上海：华东师范大学出版社，2003.

图形析离：让问题归于"似曾相识"

新疆昌吉回族自治州第一中学　李刚

自今年开始，新疆尝试"自治区及生产建设兵团""内地新疆高中班""乌鲁木齐市"中考试卷"三卷合一"。在这一背景下，命题的难度势必有所增加。既要考虑到南北疆差异，又要照顾农牧区、团场与城市间学业水平的差距，还要兼顾首府顶尖高中的选拔功能，一些关键试题区分度必然高于往年的自治区中考试卷。

从中考结束后部分考生的反馈来看，大都觉得全卷最后一道压轴题反而没有预想中的难，在选择题的最后一道题上却"阴沟翻了船"，主要是对结论②基本无解，最后无奈猜测答案了事。

一、试题呈现

（新疆 2019 中考第 9 题）如图 1 所示，正方形 $ABCD$ 的边长为 2，点 E 是 BC 的中点，AE 与 BD 交于点 P，F 是 CD 上一点，联结 AF 分别交 BD，DE 于点 M，N，且 $AF \perp DE$，联结 PN，则以下结论中：① $S_{\triangle ABM} = 4S_{\triangle FDM}$；② $PN = \dfrac{2\sqrt{65}}{15}$；③ $\tan \angle EAF = \dfrac{3}{4}$；④ $\triangle PMN \backsim \triangle DPE$，正确的是（　　　　）。

A. ①②③　　　　B. ①②④　　　　C. ①③④　　　　D. ②③④

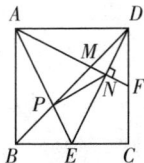

图 1　正方形 ABCD

二、基于核心素养的试题评价

（一）考查学生的模型积累

综合整个解答过程，主要涉及到"▷◁"字形相似模型、"子母"型相似模型、"等积变换"等模型，以及"反证法"的思想。学生之所以觉得这道题很难，主要在结论②，不能将问题化归为曾经解决过的问题模型。先是惯性思维使然，花费大量功夫去证明线段的特殊性，比如线段 PN 会不会垂直于 AE？最终无法确定其特殊身份，没能联想到作垂线来二次构建"子母"型相似模型求出高，继而将求线段的长归结为求直角三角形的斜边问题。有时一个顿悟所体现的思维灵活性和广阔性，其实是多次解题变式后的归纳反思和悉心总结的必然。

（二）考查学生的运算素养

结论②的运算量和运算难度较大，既考查学生对二次根式加、减、乘、除、乘方、开方运算算理的理解，又考验学生的运算技巧，面对大量数据的运算是否能"化繁为简"，更考验学生对常用的整数平方值的经验积累，如 $12^2 = 144$，$15^2 = 225$，$25^2 = 625$ 等。

（三）考查学生的思想方法

从一个简单图形中较易发现其中蕴含的知识点，但当图形复杂时，相互之间就会产生干扰，此时如果缺乏从复杂图形中分离基本图形的能力，就很难寻找到解决问题的方法。从"图形析离"的视角，依四个待判结论，可以分离出各自分析所需的基本图形，继而将其转化为已解决的"似曾相识"的经验模型。从中两次析离出"子母"型相似模型是解决本题的关键。

三、解法赏析

（一）主打"子母"型相似模型

1. 析离出"▷◁"和"K"字形相似模型求解结论①

中考的压轴题一般要求"起点低、坡度缓"，这样有利于区分不同学习水平学生的数学学习成效。结论①的判断对于多数学生来说比较容易。从中析离出"▷◁"字形相似模型，如图 2 所示，以及"K"字形相似模型，如图 3 所示，可知 $\angle EDC = \angle FAD$，再有 $AD = CD$，$\angle ADF = \angle C = 90°$，所以 $\triangle AFD \cong \triangle DEC$，则点 F 也是 CD 的中点，$AB = 2DF$，由相似三角形的面积比等于相似比的平方可得 $S_{\triangle ABM} = 4S_{\triangle FDM}$。故结论①正确。

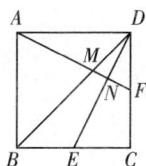

图2 "▷◁"字形相似模型   图3 "K"字形相似模型

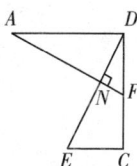

2. 两次析离出"子母"型相似模型求解结论②

（1）一用"子母"型相似模型

如图4所示，因为正方形边长为2，由结论①可知点 E 和 F 分别是正方形 BC，CD 边的中点，所以 $EC = DF = 1$，$AF = DE = \sqrt{5}$。用"等积变换"模型，所以 $AD \cdot DF = AF \cdot DN$，可得 $DN = \dfrac{2\sqrt{5}}{5}$，则 $NE = \dfrac{3\sqrt{5}}{5}$。因为 $\triangle ADN \backsim \triangle DFN \backsim \triangle AFD$，所以 $AN = 2DN = \dfrac{4\sqrt{5}}{5}$。

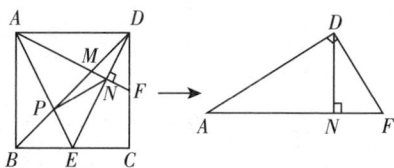

图4 "子母"型相似模型1

（2）二用"子母"型相似模型

如图5所示，作 $NG \perp AE$ 于点 G，假设 $AP > AG$，由图1中"▷◁"字形相似模型 $\triangle ADP \backsim \triangle EBP$，可以求出 $AP = \dfrac{2\sqrt{5}}{3}$。再次采用"等积变换"模型：$AE \cdot NG = AN \cdot NE$，所以 $NG = \dfrac{12\sqrt{5}}{25}$。因为 $\triangle ANG \backsim \triangle NEG \backsim \triangle AEN$，对应边成比例可得 $\dfrac{NG}{AG} = \dfrac{NE}{AN}$，$\dfrac{\dfrac{12\sqrt{5}}{25}}{AG} = \dfrac{\dfrac{3\sqrt{5}}{5}}{\dfrac{4\sqrt{5}}{5}}$，解得 $AG = \dfrac{16\sqrt{5}}{25}$，则 $PG = AP - AG = \dfrac{2\sqrt{5}}{3} - \dfrac{16\sqrt{5}}{25} = \dfrac{2\sqrt{5}}{75}$。

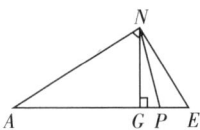

图5 "子母"型相似模型2

（3）利用勾股定理求出 PN 的值

$$PN = \sqrt{PG^2 + NG^2} = \sqrt{\left(\frac{12\sqrt{5}}{25}\right)^2 + \left(\frac{2\sqrt{5}}{75}\right)^2} = \sqrt{\frac{144 \times 5}{25 \times 25} + \frac{4 \times 5}{75 \times 75}} = \sqrt{\frac{144}{125} + \frac{4}{125 \times 9}} =$$

$$\sqrt{\frac{4 \times 36 \times 9 + 4}{125 \times 9}} = \sqrt{\frac{4 \times (36 \times 9 + 1)}{15^2 \times 5}} = \sqrt{\frac{4 \times 65}{15^2}} = \frac{2\sqrt{65}}{15}。$$

故结论②正确。

3. 基于图4得出对结论③的判断

$$\tan\angle EAF = \frac{NE}{AN} = \frac{\dfrac{3\sqrt{5}}{5}}{\dfrac{4\sqrt{5}}{5}} = \frac{3}{4}，\text{故结论③正确。}$$

4. 基于结论②用反证法求解结论④

由 $\angle PMN = \angle AMD$，$\angle DPE = \angle APB$，且 $\angle AMD = \angle APB$，可得 $\angle PMN = \angle DPE$。假设 $\triangle PMN \backsim \triangle DPE$，则 $\angle MPN = \angle MDN$，等角对等边可得 $PN = DN$，与前述 $PN = \dfrac{2\sqrt{65}}{15}$，$DN = \dfrac{2\sqrt{5}}{5}$ 相矛盾，故假设不成立，所以结论④不正确。

综上所述，本题的正确选项为 A。

（二）主打"$1:2:\sqrt{5}$"的直角三角形模型

如图6所示，过点 P 作 AB 的平行线分别交 AD、BC 边于点 H、G，过点 N 作 $NL \perp BC$ 于点 L，NJ 平行于 BC 交 DC 于点 J，过点 P 作 BC 的平行线交 NL 于点 K，则构建出以 PN 为斜边的 $Rt\triangle NPK$，其中 $NJ = LC$。在 $Rt\triangle ADF$ 中，$DF = 1$，$AD = 2$，则 $AF = \sqrt{5}$，则 $Rt\triangle AND$ 与 $Rt\triangle DNF$，$Rt\triangle DJN$，$Rt\triangle NJF$ 相似，且都是三边比为"$1:2:\sqrt{5}$"的直角三角形模型，易求得 $DN = \dfrac{2\sqrt{5}}{5}$，则 $NJ = \dfrac{2}{5}$，$DJ = \dfrac{4}{5}$。$NL = DC - DJ = 2 - \dfrac{4}{5} = \dfrac{6}{5}$，$LC = NJ = \dfrac{2}{5}$。由 $\triangle BEP$ 与 $\triangle DAP$ 的相似比为 $1:2$，且 AB 边为2，可得 $PG = \dfrac{2}{3}$，所以 $KL = \dfrac{2}{3}$，$NK = NL - KL = \dfrac{6}{5} - \dfrac{2}{3} =$

$\dfrac{8}{15}$，因为 BD 平分 $\angle ABC$，所以 $\angle PBG = 45°$，所以 $BG = PG = \dfrac{2}{3}$，$PK = GL = BC$

$- BG - LC = 2 - \dfrac{2}{3} - \dfrac{2}{5} = \dfrac{14}{15}$，所以 $PN = \sqrt{PK^2 + NK^2} = \sqrt{\left(\dfrac{14}{15}\right)^2 + \left(\dfrac{8}{15}\right)^2} = \sqrt{\dfrac{260}{15^2}}$

$= \sqrt{\dfrac{4 \times 65}{15^2}} = \dfrac{2\sqrt{65}}{15}$。

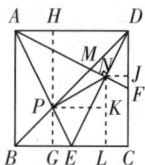

图6 构造"$1:2:\sqrt{5}$"的
直角三角形模型

（三）代数解析法

如图7所示，以正方形 $ABCD$ 的顶点 B 为原点，BC 边所在的直线为 x 轴，AB 边所在的直线为 y 轴建立平面直角坐标系，由题目条件可知点 A（0，2），D（2，2），E（1，0），F（2，1），则易求得直线 AE 解析式为 $y = -2x + 2$，直线 BD 解析式为 $y = x$，直线 AF 解析式为 $y = -\dfrac{1}{2}x + 2$，直线 ED 解析式为 $y = 2x - 2$，

列方程组 $\begin{cases} y = -2x + 2 \\ y = x, \end{cases}$ 解得点 P 的坐标为 $\left(\dfrac{2}{3}, \dfrac{2}{3}\right)$，列方程组 $\begin{cases} y = 2x - 2, \\ y = -\dfrac{1}{2}x + 2, \end{cases}$ 解得

点 N 的坐标为 $\left(\dfrac{8}{5}, \dfrac{6}{5}\right)$，则 $PN = \sqrt{\left(\dfrac{8}{5} - \dfrac{2}{3}\right)^2 + \left(\dfrac{6}{5} - \dfrac{2}{3}\right)^2} = \sqrt{\dfrac{260}{15^2}} = \dfrac{2\sqrt{65}}{15}$。

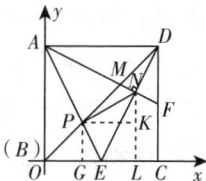

图7 代数解析法

学生能想到用解析几何的原理求 PN，一是源于老师引介过这种解法的例题，二是因为基本图形是正方形，根据边长易得顶点和边的中点坐标。

（四）构造相似三角形模型

如图8所示，过点 P 作 $PG \perp AF$ 于点 G，则 $PG /\!/ EN$，$\triangle APG \backsim \triangle AEN$，由

$DN = \dfrac{2\sqrt{5}}{5}$，$DE = \sqrt{5}$，求得 $EN = \dfrac{3\sqrt{5}}{5}$，由"$1 : 2 : \sqrt{5}$"模型易得 $AN = \dfrac{4\sqrt{5}}{5}$，因

为 $\dfrac{AP}{PE} = \dfrac{AD}{BE} = \dfrac{2}{1}$，所以 $\dfrac{PG}{EN} = \dfrac{AG}{AN} = \dfrac{AP}{AE} = \dfrac{2}{3}$，$\dfrac{PG}{\dfrac{3\sqrt{5}}{5}} = \dfrac{2}{3}$，$PG = \dfrac{2\sqrt{5}}{5}$，$\dfrac{AG}{AN} = \dfrac{AG}{\dfrac{4\sqrt{5}}{5}} = \dfrac{2}{3}$，

$AG = \dfrac{8\sqrt{5}}{15}$，$GN = AN - AG = \dfrac{4\sqrt{5}}{5} - \dfrac{8\sqrt{5}}{15} = \dfrac{4\sqrt{5}}{15}$，则 $PN = \sqrt{PG^2 + NG^2} =$

$\sqrt{\left(\dfrac{2\sqrt{5}}{5}\right)^2 + \left(\dfrac{4\sqrt{5}}{15}\right)^2} = \sqrt{\dfrac{20}{25} + \dfrac{16}{45}} = \sqrt{\dfrac{260}{225}} = \dfrac{2\sqrt{65}}{15}$；更易求得 $\tan \angle EAF = \dfrac{PG}{AG} =$

$\dfrac{\dfrac{2\sqrt{5}}{5}}{\dfrac{8\sqrt{5}}{15}} = \dfrac{3}{4}$。

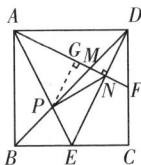

图8 相似三角形模型

四、教学导向分析

（一）培养对复杂问题"图形析离"的意识

将繁纷复杂的图形解构为若干基本图形，尤其将聚焦的关键图形单独研究，转化为熟悉的问题模型。例如，二次函数中的直角三角形存在性问题，当动点在抛物线上，往往要通过相似来讨论其坐标的不同情形，有时可从中析离出"子母"型直角三角形相似模型。再如，平面直角坐标系中的三角形周长最小问题，可从中析离出"将军饮马"问题的图形模型。再如，圆中涉及的相似三角形证明较复杂时，可析离出"共角相似"或"共边相似"的特例单独研究。再如，二次函数的平行四边形存在问题，可依条件析离出"定三找一"的情形，然后以三条连线分别作为对角线找到第四个顶点；或基于"定二找二"的条件，然后以两点连线分别作为边和对角线时，讨论另两个顶点的位置。

将关键问题单独研究，可以有效排除无关图形的干扰，便于学生对题目重要和关键条件的深层理解。

（二）培养解题反思积累模型的意识

《义务教育数学课程标准（2011年版）》提出了"模型思想"，初中数学的教学一定程度上就是模型教学，一个个有序、完备的模型体系构成了数学的知识网，积累模型最好的方法就是反思。一般认为"模型思想"主要有三个层面：①概念、法则、公式的模型；②函数、方程、不等式的关系式模型；③解过的题目的经验模型，例如"子母"型相似模型。

如图9所示，在 Rt $\triangle ABC$ 中，$\angle BAC = 90°$，$AD \perp BC$ 于点 D，则：①$\triangle ADC \backsim \triangle BDA \backsim \triangle BAC$；②已知其中的任意两条边可求出其余所有边；③斜边 BC 上的高 AD 可以用"等面积法"或用"相似比"（$AD^2 = BD \cdot DC$）或勾股定理求出；④蕴含两对"同角的余角相等"关系。

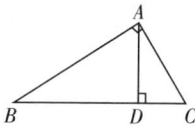

图9　三角形 ABC

《数学学习心理的 CPFS 结构理论》中关于数学解题的认知模式包括问题表征、模式识别、解题迁移、解题监控。其中"模式识别"是指当主体接触到数学问题之后，能将该问题归类，使得与自己认知结构中的某种数学模式相匹配的过程。而先前的解题学习对后继的解题学习的影响即为"解题迁移"。实现迁移的前提是能正确地进行模式识别。因此，培养解题后反思梳理、积累经验模型的学习习惯对学生是十分重要的。

参考文献：

［1］张跃飞. 深度解构析错因　合理建构育素养［J］. 中学数学教学参考（中旬），2019（14）：34-36.

［2］胡玲君，郑旭常. 基于核心素养的一道中考新定义题的命制历程［J］. 中学数学教学参考（中旬），2019（14）：52-55.

［3］喻平. 数学学习心理的 CPFS 结构理论［M］. 南宁：广西教育出版社，2008.

［4］中华人民共和国教育部. 义务教育数学课程标准（2011年版）［M］. 北京：北京师范大学出版社，2012.

第六次月考数学试卷第15题解法赏析

新疆昌吉回族自治州第一中学　李刚

原题：如图1所示，双曲线 $y = \dfrac{k}{x}$ 经过 Rt$\triangle BOC$ 斜边上的点 A，且满足 $\dfrac{OA}{AB} = \dfrac{2}{3}$，与 BC 交于点 D，$S_{\triangle BOD} = 21$，则 $k = $ _____。

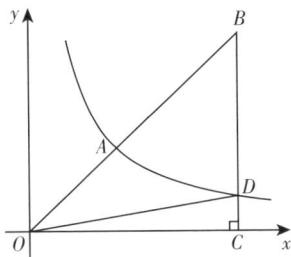

图1　原题图

解法1：如图2所示，作 $AE \perp x$ 轴于点 E，联结 AD，因为 $OA : AB = 2 : 3$，所以 $S_{\triangle AOD} : S_{\triangle ABD} = 2 : 3$，则 $S_{\triangle AOD} = 21 \times \dfrac{2}{5} = \dfrac{42}{5}$。由 $S_{\triangle AOE} + S_{梯形AECD} = S_{\triangle AOD} + S_{\triangle DOC}$，且 $S_{\triangle AOE} = S_{\triangle DOC}$，所以 $S_{\triangle AOD} = S_{梯形AECD} = \dfrac{42}{5}$。因为 $AE \parallel BC$，所以 $OE : EC = OA : AB = 2 : 3$。设点 E 的坐标为 $(2x, 0)$，则点 C 的坐标为 $(5x, 0)$，分别代入解析式 $y = \dfrac{k}{x}$ 中，则点 A 和点 D 的纵坐标分别为 $\dfrac{k}{2x}$ 和 $\dfrac{k}{5x}$，由 $S_{梯形AECD} = \dfrac{42}{5}$，可列出 $\left(\dfrac{k}{5x} + \dfrac{k}{2x} \right) \cdot 3x \cdot \dfrac{1}{2} = \dfrac{42}{5}$，可解得 $k = 8$。

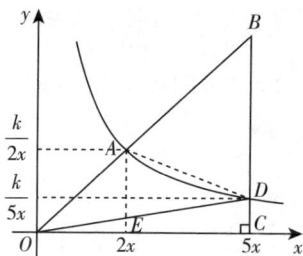

图2 解法1图

解法2：如图 3 所示，作 $AE \perp x$ 轴于点 E，则 $AE \parallel BC$，所以 $\triangle AOE \backsim$ $\triangle BOC$。因为 $\dfrac{OA}{AB} = \dfrac{2}{3}$，所以 $\dfrac{OE}{OC} = \dfrac{AE}{BC} = \dfrac{OA}{OB} = \dfrac{2}{5}$。设 $OE = 2x$，则 $OC = 5x$；$AE = 2y$，$BC = 5y$，则 $k = 2x \cdot 2y = 4xy$。由 $S_{\triangle AOE} = S_{\triangle DOC} = \dfrac{k}{2}$，而 $S_{\triangle BOD} + S_{\triangle DOC} = S_{\triangle BOC}$，可得 $21 + \dfrac{k}{2} = \dfrac{1}{2} \cdot 5x \cdot 5y = \dfrac{25}{2}xy$，由 $k = 4xy$ 可得 $xy = \dfrac{k}{4}$，所以 $21 + \dfrac{k}{2} = \dfrac{25}{2} \cdot \dfrac{k}{4}$，解得 $k = 8$。

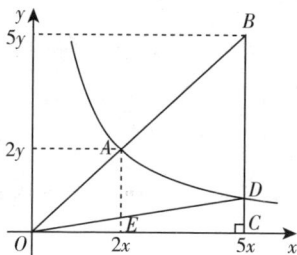

图3 解法2图

解法3：如图 4 所示，作 $AE \perp x$ 轴于点 E，则 $AE \parallel BC$，所以 $\triangle AOE \backsim$ $\triangle BOC$，由 $y = \dfrac{k}{x}$，所以 $S_{\triangle AOE} = S_{\triangle DOC} = \dfrac{k}{2}$，$S_{\triangle BOC} = S_{\triangle BOD} + S_{\triangle DOC} = 21 + \dfrac{k}{2}$，因为 $\dfrac{OA}{AB} = \dfrac{2}{3}$，所以 $\dfrac{S_{\triangle AOE}}{S_{\triangle BOC}} = \dfrac{4}{25}$，就有 $\dfrac{\dfrac{k}{2}}{\dfrac{k}{2} + 21} = \dfrac{4}{25}$，解得 $k = 8$。

解法4：如图 4 所示，作 $AE \perp x$ 轴于点 E，则 $AE \parallel BC$，所以 $\triangle AOE \backsim$ $\triangle BOC$，由 $S_{\triangle AOE} + S_{梯形AECB} = S_{\triangle BOD} + S_{\triangle DOC}$，且 $S_{\triangle AOE} = S_{\triangle DOC}$，所以 $S_{\triangle BOD} = $

$S_{梯形AECB}=21$。因为$\dfrac{OA}{AB}=\dfrac{2}{3}$，所以$\dfrac{S_{\triangle AOE}}{S_{\triangle BOC}}=\dfrac{4}{25}$，则梯形 $AECB$ 的面积占$\triangle BOC$ 面积的 21 份，并且其面积为 21，因此本图中 1 份的面积为 1，因为$\triangle AOE$ 占 4 份，所以 $S_{\triangle AOE}=4$，则 $k=2S_{\triangle AOE}=8$。

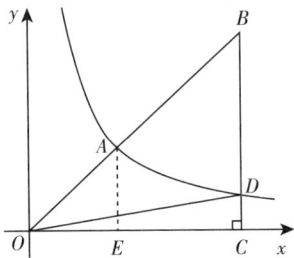

图 4 解法 3 解法 4 图

点评：解法 1、4 中三角形与梯形的等面积转化的关键都是 $S_{\triangle AOE}=S_{\triangle DOC}$；解法 1、2 都体现了设参、消参的思想；解法 3、4 都紧扣性质"相似三角形的面积比等于相似比的平方"。一般地，在解反比例函数图象与面积有关的综合题时，常用到三角形面积的等面积转化，两个模型：一是"双曲线上单点与原点及一坐标轴所构成的三角形面积处处相等"；二是"双曲线上两点和原点所构成三角形面积与这两点到 x 轴或 y 轴的垂线段所构成的梯形面积相等"。

中考专题突破　从通法到巧法

——以二次函数的直角三角形存在问题为例

新疆昌吉回族自治州第一中学　李刚

一、彷徨之问

在准备开启"二次函数"这一单元的教学前，备课组内有教师问笔者：本单元新授部分结束后，要不要逐项突破二次函数背景下的中考压轴题型（以下简称"专题"），如传统的"最大面积问题""特殊三角形存在问题（等腰三角形、直角三角形）""特殊四边形存在问题"等？如果要实施，这些专题涉及的内容和思想方法非常庞大，完全掌握难度极高，需要花费师生很多的课时和精力。况且，"双减"下新疆中考数学试卷的最后一题已经不像几年前在几个专题之间随机切换，"去模式化"的趋势日益明显，这些解题套路大家已经熟悉且创新潜力已被挖尽的经典专题很可能不考。

二、笔者之见

笔者认为，新授单元的学习应重在基础和普及，能理解并运用基本概念和性质，把握概念和性质的内涵及外延，能整体知晓单元知识的体系和脉络，能比较规范、自如地解决一些问题。在"二次函数"这一章之后，还有七章内容没有学习，解二次函数综合题可用的工具很有限。学生尚处于九年级的初始阶段，在这个时期，勉强去完成力所不能及的任务，非但求而不得，还可能使学生产生挫败感和自我怀疑，从而影响后续的学习积极性。

虽然不一定考，但这些专题与各章知识交叉度高，突出对数学思想方法的理解与应用，知识点个数、运算步骤数、推理转折点个数都繁多，情境新鲜，具有探索性、开放性、综合性、应用性、原创性都强的特点，是培养高阶思维能力的良好素材和载体。诚然，考生得分的主要来源是中低档题，但压轴题的瓶颈突破是中考高分突破乃至满分实现的核心、关键和必由之路。所以，本着循序渐进的原则，在"二次函数"章节新授教学的最后，我们可以对上述专题进行低配版的尝试，如仅限"三定一动"的"特殊四边形存在问题"、顶点在对称轴上的"等腰三角形存在问题"、顶点在对称轴或在抛物线上（限定常数边为直角边）的"直角三角形存在问题"等。待进入二轮专题复习时，学生的"四基"体系已基本完整，义务教育阶段的数学知识和思想方法已经融会贯通，综合思维的能力突飞猛进，临考前的紧迫感使他们攻坚克难的意志空前高涨，专门安排课时全面突破这些专题则恰逢其时。

三、探究举例

在这些专题的实际突破中，有些教师试图通过大量例题的讲练，使学生记住这些不同题型的模式及解题套路，甚至是记住一些高中知识工具。笔者认为，中考压轴题瓶颈的突破，不应将题型模式的记忆、解题套路的掌握作为终极目标，应当以指向素养、关注过程、凸显思维、磨炼意志为取向，在扎实掌握一系列通性通法的基础上实现高效巧法的创造性逾越。下面以"二次函数的直角三角形存在问题"为例进行说明。

例题：（2022 年滨州中考第 24 题）如图 1 所示，在平面直角坐标系中，抛物线 $y = x^2 - 2x - 3$ 与 x 轴相交于点 A，B（点 A 在点 B 的左侧），与 y 轴相交于点 C，联结 AC，BC。

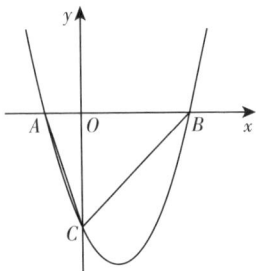

图 1　例题图

（1）求线段 AC 的长；

（2）若点 P 为该抛物线对称轴上的一个动点，当 $PA = PC$ 时，求点 P 的坐标；

（3）若点 M 为该抛物线上的一个动点，当 $\triangle BCM$ 为直角三角形时，求点 M 的坐标。

前两问比较简单，此处略，下面主要讨论第（3）问。

解法 1：将动点横坐标设参，把用参数表示的纵坐标直接代入运算。

如图 2 所示，设点 M $(m,\ m^2-2m-3)$，按三条边分别是斜边的三种情况讨论：$CM^2+BC^2=BM^2$，$BM^2+BC^2=CM^2$，$BM^2+CM^2=BC^2$。其中 $BC^2=18$，$BM^2=(m-3)^2+(m^2-2m-3)^2$，$CM^2=m^2+(m^2-2m)^2$。

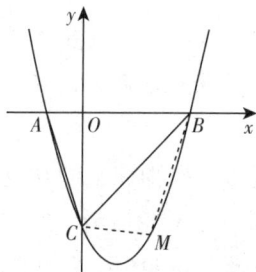

图 2　解法 1 图

① 当 $CM^2+BC^2=BM^2$ 时，$m^2+(m^2-2m)^2+18=(m-3)^2+(m^2-2m-3)^2$，$m^2+m^4-4m^3+4m^2+18=m^2-6m+9+m^4+4m^2+9-4m^3-6m^2+12m$，化简得 $m^2-m=0$，解得 $m_1=0$，$m_2=1$。因为点 M 与点 C 不能重合，所以 $m\neq0$，当 $m=1$ 时，点 M 的坐标为 $(1,\ -4)$。

② 当 $BM^2+BC^2=CM^2$ 时，$(m-3)^2+(m^2-2m-3)^2+18=m^2+(m^2-2m)^2$，$m^2-6m+9+m^4+4m^2+9-4m^3-6m^2+12m+18=m^2+m^4-4m^3+4m^2$，化简得 $m^2-m-6=0$，解得 $m_1=-2$，$m_2=3$。因为点 M 与点 B 不能重合，所以 $m\neq3$，当 $m=-2$ 时点 M 的坐标为 $(-2,\ 5)$。

③ 当 $BM^2+CM^2=BC^2$ 时，$(m-3)^2+(m^2-2m-3)^2+m^2+(m^2-2m)^2=18$，$m^2-6m+9+m^4+4m^2+9-4m^3-6m^2+12m+m^2+m^4-4m^3+4m^2=18$，化简得 $2m^4-8m^3+4m^2+6m=0$。因为点 M 与点 C 不能重合，所以 $m\neq0$。上式可进一步化简为 $m^3-4m^2+2m+3=0$（解这个方程的难度极大），考虑裂项、分组分解因式达到降次目的。$m^3-m^2-3m^2-m+3m+3=0$，交换并结合 $m^3-m^2-m-3m^2+3m+3=0$，$m(m^2-m-1)-3(m^2-m-1)=0$，$(m-3)(m^2-m-1)=0$，$m-3=0$ 或 $m^2-m-1=0$。$m-3=0$ 舍去，由 $m^2-m-1=0$ 解得 $m_1=\dfrac{1+\sqrt{5}}{2}$，$m_2=\dfrac{1-\sqrt{5}}{2}$。此时点 M 的坐标为

$\left(\dfrac{1+\sqrt{5}}{2},\ -\dfrac{5+\sqrt{5}}{2}\right)$ 或 $\left(\dfrac{1-\sqrt{5}}{2},\ -\dfrac{5-\sqrt{5}}{2}\right)$。

综上所述，满足条件的点 M 为（1，－4）或（－2，5）或 $\left(\dfrac{1+\sqrt{5}}{2},\ -\dfrac{5+\sqrt{5}}{2}\right)$ 或 $\left(\dfrac{1-\sqrt{5}}{2},\ -\dfrac{5-\sqrt{5}}{2}\right)$。

分析： 解法 1 是以代数的运算思维为主导，容易想到且入手，对于善于记忆解题套路且运算自我监控能力强的学生，不难得分。但运算量和运算难度极大且含三项的完全平方公式，展开时极易因漏项、变号等问题出错。而当动点在抛物线上时，往往会面临解四次方程。其中，在常数边为直角边时的两种情况下，方程展开后，四次项和三次项一般会在等式的左右两边抵消掉，只要含两项及含三项的完全平方公式运算基础牢固，这两种情况下的四次方程就能解出来。

瓶颈所在： 当常数边为斜边（抛物线上的动点为直角顶点）时，展开后的四次项和三次项都在等式的同一边不能抵消，这时就需要大量尝试不同的拆项方案进行多步骤的分组因式分解，对初中生来讲难度极大。

解法 2： 利用特殊的边角关系构造含参等式。

由（1）知 B（3，0），C（0，－3），$OB = OC = 3$，设 M（m，$m^2 - 2m - 3$），因为 $\triangle BCM$ 为直角三角形，可以按照不同顶点处的角为直角分三种情况讨论：

① 如图 3 所示，当 $\angle BCM = 90°$ 时，过点 M 作 $MH \perp y$ 轴，垂足为点 H，则 $MH = m$，因为 $OB = OC$，易得 $\angle HMC = 45° = \angle HCM$，所以 $CH = MH$。因为 $CH = -3 - (m^2 - 2m - 3) = -m^2 + 2m$，所以 $-m^2 + 2m = m$，舍去 $m = 0$ 的情况，解得点 M 的坐标为（1，－4）。

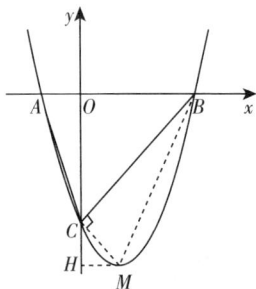

图 3　解法 2①图

② 如图 4 所示，当 $\angle CBM = 90°$ 时，过点 M 作 $MH \perp x$ 轴，垂足为 H，$BH = 3 - m$，$MH = m^2 - 2m - 3$。由①$\angle OBC = 45°$，可知 $\angle HBM = \angle HMB = 45°$，所以 $BH = MH$。可得 $m^2 - 2m - 3 = 3 - m$，化简得 $m^2 - m - 6 = 0$，舍去 $m = 3$ 的情况，解得点 M 的坐标为（ -2，5）。

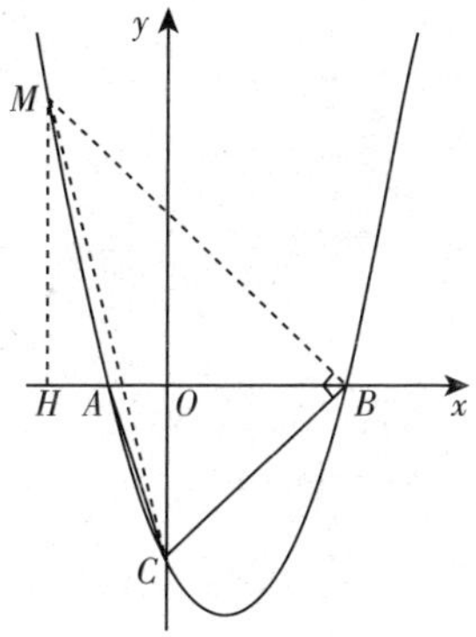

图 4 解法 2②图

③ 如图 5 所示，当 $\angle CMB = 90°$ 时，联想"一线三等角"构造"K"字形相似模型。过点 M 作 $MD \perp y$ 轴，垂足为 D，过点 B 作 $BE \perp MD$，交 MD 的延长线于点 E，则易证 $\triangle CDM \backsim \triangle MEB$，则 $\dfrac{CD}{ME} = \dfrac{MD}{BE}$。因为 $MD = m$，$CD = -m^2 + 2m$，$ME = 3 - m$，$BE = -m^2 + 2m + 3$，可列 $\dfrac{-m^2 + 2m}{3 - m} = \dfrac{m}{-m^2 + 2m + 3}$，有 $\dfrac{-m\ (m-2)}{-\ (m-3)} = \dfrac{m}{-\ (m-3)\ (m+1)}$。因为 $m \neq 0$，所以可以化简为 $-\ (m-2) = \dfrac{1}{m+1}$，得 $m^2 - m - 1 = 0$，解点 M 的坐标为 $\left(\dfrac{1-\sqrt{5}}{2},\ \dfrac{\sqrt{5}-5}{2} \right)$ 或 $\left(\dfrac{1+\sqrt{5}}{2},\ \dfrac{-5-\sqrt{5}}{2} \right)$。

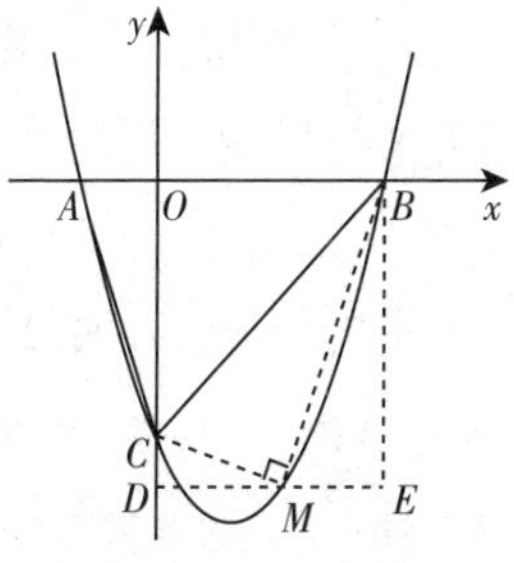

图 5 解法 2③图

分析：解法 2 是从问题的几何特性入手，重在考验直观想象能力，相比解法 1 运算量少很多，也容易得分，一般多见于抛物线与 x 轴交点的横坐标和与 y 轴交点的纵坐标绝对值相等，因而常以等腰直角三角形的特殊边角关系建立动点与定点之间的坐标联系，构造含动点横坐标参数的等式来求解。

瓶颈所在：当讨论直角顶点在抛物线上时是难点，不容易联想到"一线三等角"构造"K"字形相似三角形模型。有时也会因图形想象不全面而漏讨论某种情况。

解法 3：设双参——"便于携带"，以消元、降次、整体代换巧妙简化运算。

设点 M 时用两个参数来分别表示横、纵坐标，不把纵坐标用含 m 的代数式表示，目的是在运算过程中"便于携带"。如图 2 所示，设点 M（m，n），则 $n = m^2 - 2m - 3$。连接 BM，CM，则 $BM^2 = （m - 3）^2 + n^2$，$CM^2 = m^2 + （n + 3）^2$，$BC^2 = 18$。仍然按照不同顶点处的角为直角分三种情况讨论：

① 当点 C 为直角顶点时，$CM^2 + BC^2 = BM^2$，$m^2 + （n + 3）^2 + 18 = （m - 3）^2 + n^2$，展开得 $m^2 + n^2 + 6n + 9 + 18 = m^2 - 6m + 9 + n^2$（避免了四次及三次项），化简得 $m + n + 3 = 0$，将 $n = m^2 - 2m - 3$ 代入并化简得 $m^2 - m = 0$，舍去 $m = 0$ 的情况，解得点 M 的坐标为（1，-4）。

② 当点 B 为直角顶点时，$BM^2 + BC^2 = CM^2$，$（m - 3）^2 + n^2 + 18 = m^2 + （n + 3）^2$，展开得 $m^2 - 6m + 9 + n^2 + 18 = m^2 + n^2 + 6n + 9$，化简得 $n + m - 3 = 0$，将 $n = m^2 - 2m - 3$ 代入并化简得 $m^2 - m - 6 = 0$，舍去 $m = 3$ 的情况，解得点 M 的坐标为（-2，5）。

③ 当点 M 为直角顶点时，$BM^2 + CM^2 = BC^2$，$（m - 3）^2 + n^2 + m^2 + （n + 3）^2 = 18$，展开并化简得 $m^2 + n^2 - 3m + 3n = 0$，容易想到分解为 $m（m - 3） + n（n + 3） = 0$。如果将 $n = m^2 - 2m - 3$ 直接代入，则得到四次方程，将大幅增大运算难度。为了达到既消元又降次的目的，考虑将 $n = m^2 - 2m - 3$ 的右边分解因式得 $n = （m - 3）（m + 1）$，用以替换 $（n + 3）$ 前的 n，同时 $n = m^2 - 2m - 3$ 中含有的"-3"项与因式 $n + 3$ 中的"$+3$"项可以抵消，则 $n + 3 = m^2 - 2m = m（m - 2）$。然后整体代换可得 $m（m - 3） + （m - 3）（m + 1）·m（m - 2） = 0$，进一步分解因式可得 $m（m - 3）[1 + （m + 1）（m - 2）] = 0$。

由①②可知 $m \neq 0$，$m \neq 3$，所以有 $1 + （m + 1）（m - 2） = 0$，解得点 M 的坐标为 $\left（\dfrac{1 + \sqrt{5}}{2}，-\dfrac{5 + \sqrt{5}}{2}\right）$ 或 $\left（\dfrac{1 - \sqrt{5}}{2}，-\dfrac{5 - \sqrt{5}}{2}\right）$。

　　瓶颈突破巧法点评：解法 3 也是以代数的运算思维为主导，但在解法 1 的基础上，考虑到直接代入用横坐标参数表示的纵坐标运算过于庞杂且易出错，故将动点的纵坐标设成另一个参数，目的是在运算过程中"便于携带"，待到含两个参数的等式化到最简时含横坐标参数的式子再出场，这就是本题的瓶颈突破，从通法到巧法的逾越。在消元、降次、整体代换的思想指导下，在"题目总会有出路"的意念下，通过不断尝试得到了意想不到的化简效果，体现了高超的抽象能力与高深的运算能力。

四、一点思考

（一）数形结合先从几何特性入手

　　我们要养成解代数几何混合综合题从几何特性入手的习惯。二次函数背景下的几何综合题，其背后的学科思想其实就是解析几何，数形结合是解决这类问题的主要思想方法之一。一些学生因为记住了一些问题的解题套路，拿到题目后常常直接套用代数工具进行运算解决。实际上，这类问题往往需要分类讨论，要做到不重不漏，就要明确分类的依据和标准，这就要先从题目图形的几何特性入手，仔细分析直接条件和隐含条件，充分发掘图形信息，尤其要看有没有特殊边、特殊角、特殊的边角关系等。

（二）瓶颈突破需通法向巧法主动进阶

　　上述讨论中的通法有：平面直角坐标系内任意两点间铅垂高和水平距的计算；将抛物线上的动点坐标用含参数的式子表示；直角坐标系内两点间距离的求法；分三种情况构建勾股定理模型列出含参数的等式；含两项（三项）的完全平方公式的展开；多步骤裂项、分组分解因式从而对方程降次；利用特殊的边角关系构造含参的等式；等等。可称为巧法的有：联想"一线三等角"构造"K"字形相似三角形模型；设两个参数在运算中"便于携带"，消元、降次、整体代换。通法是巧法的基础，巧法是通法的进阶。因此，中考专题的关键瓶颈突破中，教师务必高度重视在扎实掌握通法的基础上，再进行巧法的自然升华。

（三）巧法是训练由量变到质变的必然

　　巧法的产生不是无源之水。学生数学技能的习得离不开模仿、重复训练。要想学好数学，肯定要做题，包括适量难题，在一题多解中发展思维的灵活性和广阔性，在多题归一中发展思维的敏捷性和深刻性。教师在日常教学中借助题目对学生进行数学思想方法的渗透，让学生将专题中瓶颈的突破及易错之处记录下来，勤于回顾整理解题的心路历程，这样思维显化的过程更利于思维能力的提升。只有提高技能训练的效率，才能更好地掌握数学知识、数学思想方法；同时，注重数学思想方法的渗透，才能提高技能训练的效率。

参考文献：

［1］罗增儒. 中考数学压轴题的研究［J］. 中学数学教学参考（中旬），2021（14）：46 – 50.

［2］刘克光，王桂滨，秘海霞. 数学核心素养立意下的中考试题命制［J］. 中学数学教学参考（中旬），2022（32）：46 – 48.

基于核心素养的二次函数复习课设计

新疆昌吉回族自治州第一中学 李刚

一、学情分析

本设计之前的学情摸底显示：学生普遍最为自信的是用待定系数法求二次函数解析式；较为自信的是解决与顶点坐标、对称轴以及与坐标轴的交点有关的问题；不太自信的是作为填空或选择压轴题的根据图象综合分析 a，b，c 三个参数及相关的运算推导；最不自信的是作为解答题的压轴题和动点问题、存在性问题、最大面积问题等综合命题；最大的困惑常在于"想不到"——想不到还有这几种情形，想不到可以这样理解，想不到可以转化为那个问题等。

究其背景：①学生对从 $y = ax^2$ 到 $y = ax^2 + k$，$y = a(x-h)^2$ 再到 $y = a(x-h)^2 + k$ 最后到一般式的内在关联性缺乏整体认知，对知识的掌握仍呈碎片化；②学生尚在一轮总复习的阶段，接触新颖、综合的中考真题以积累思想方法和解题经验的机会不多，尚未形成熟练识别模式和灵活转化问题的综合能力；③空间想象和自画图象分析问题的数形结合意识和能力有待于加强；④过往对学生接受挑战、迎难而上的意志品质，乐于探索和尝试的创新精神这些非智力因素的重视不足。

二、复习目标

（1）学生能整体把握二次函数的有关概念和命题的本质及其内在联系，构建二次函数从特殊到一般的知识网络，学生在中考层面的考查中能灵活地迁移应用解决问题。

（2）通过精心设置的 18 个基本问题和解析，学生能建构性地获得"①二次函数的图象与性质概念系；②二次函数 a，b，c 三个参数与图象的关系；③抛物线的对称轴、顶点（对称性）；④抛物线与两坐标轴交点（二次函数与一元二次方程的关系）；⑤二次函数增减性及运用；⑥二次函数图象的平移"这六个关键知识技能交叉应用的数学活动经验。

（3）这六个关键知识、技能与精选的 2018 年中考真题的衔接引入，使学生放眼外界，对这些知识点考什么、怎么考有一个宏观把握，放大学生对二次函数考查方式的认知和能力格局，帮助学生树立解决问题的信心，培养学生面对二次函数综合题迎难而上的精神和意志力。

三、教学过程

（一）二次函数的图象与性质概念系

问题 1：例述特殊到一般的内在联系，学生独立思考并完成表 1。

表 1　特殊到一般的内在联系表

函数	顶点坐标	对称轴	增减性	最值
$y = -2x^2$				
$y = -2x^2 + 3$				
$y = -2(x-2)^2$				
$y = -2(x-2)^2 + 3$				
$y = -2x^2 + 8x - 5$				

问题 2：结合对函数图象从特殊到一般的直观想象，请一位同学描述二次函数 $y = ax^2$ 到 $y = ax^2 + k$，$y = a(x-h)^2$ 再到 $y = a(x-h)^2 + k$ 图象平移的一般规律。

1. 功能分析

（1）问题 1 以具体的实例代替用 a，b，c 的形式化抽象表述，使问题指向更明确，表述难度有所降低。

（2）从问题 1 到问题 2，学生经历二次函数从 $y = ax^2$ 的特殊形式逐步到 $y = ax^2 + bx + c$ 的一般化过程，对知识体系的来龙去脉产生整体性的再认识，进一步揭示了图象平移的本质是顶点的平移。这种上下位的关系网络有助于学生构成较完整的二次函数概念系，形成优良的 CPFS 结构，有利于阅读题目和选择策略时激活相关知识信息，灵活寻求解决方案。

2. 教学示范说明

（1）表 1 除了对相应函数形式下的顶点坐标、对称轴、增减性、最值问题的基本复习外，应着力于图象的平移过程中的"不变性"分析：①抛物线形状不变，即 a 始终不变；②上下平移时对称轴不变；③左右平移时顶点纵坐标与 x 轴交点数以及两交点间距离都不变。

（2）使学生认识到，正是由于顶点的平移是图象平移的本质，所以平移时求解析式要先化成"顶点式"。

（二）二次函数 a，b，c 三个参数与图象的关系

1. 基本知识

问题 3：二次函数 $y = ax^2 + bx + c$（$a \neq 0$）中 a，b，c 三个参数与图象有什么关系？$b^2 - 4ac$，$a + b + c$，$a - b + c$ 的值分别与图象有什么关系？

2. 基本能力

问题 4：抛物线 $y = ax^2 + bx + c$（$a \neq 0$）过第一、二、四象限，则 a ＿＿＿＿0，b ＿＿＿＿0，c ＿＿＿＿0。

问题 5：已知二次函数 $y = ax^2 + bx + c$（$a \neq 0$）的图象如图 1 所示，有下列结论：

①$b^2 - 4ac > 0$；②$abc > 0$；③$8a + c > 0$；④$9a + 3b + c < 0$。其中，正确的结论有＿＿＿＿＿＿。

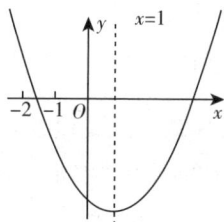

图 1　问题 5 图

3. 中考真题示例

例 1：（兰州 2018）如图 2 所示，已知三次函数 $y = ax^2 + bx + c$（$a \neq 0$）的图象，有下列 5 个结论：①$abc > 0$；②$b - a > c$；③$4a + 2b + c > 0$；④$3a > -c$；⑤$a + b > m$（$am + b$）（$m \neq 1$）。其中正确结论的有（　　）。

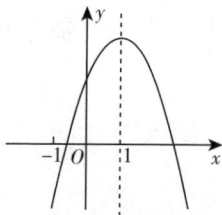

图 2　例 1 图

A. ①②③   B. ②③⑤   C. ②③④   D. ③④⑤

（答案：B）

4. 功能分析

（1）基本知识和能力旨在明确：a 决定开口方向和开口大小，ab 同（异）号决定对称轴所居 y 轴的哪一侧，c 的值决定了图象与 y 轴交点的位置，$b^2 - 4ac$ 的值决定了图象与 x 轴交点个数，$a + b + c$ 和 $a - b + c$ 的值决定了横坐标分别为 1 和 −1 的点纵坐标的值这些常用结论。

（2）例 1 应着力于对 a，b，c 参数，$4a + 2b + c$ 和 $a - b + c$ 的值与图象的关系，不等式变形、对称性和最值等知识和方法的覆盖，拓展学生的灵活分析能力，还可以对一元二次方程根与系数的关系扩展运用。

5. 教学示范说明

引导学生充分理解图象语言。

（1）按开口方向、对称轴位置、与 y 轴交点位置对 a，b，c 的符号逐个分析。

（2）对常见的 $a + b + c$ 或 $a - b + c$，$4a + 2b + c$ 或 $4a - 2b + c$，$9a + 3b + c$ 或 $9a - 3b + c$ 值的图形意义逐一梳理。

（3）揭示常用的推导运算思路，如：对称轴方程 $x = -\dfrac{b}{2a}$ 的变形常用于代入消元，（2）中的式子常进行加减消元，以及正正相加得正、负负相加得负、正减负得正、负减正得负等常用的不等式变形，还包括借助数轴感知数的大小。

（三）抛物线的对称轴、顶点（对称性）

1. 基本知识

问题 6：抛物线的对称轴与顶点的联系是什么？如何理解抛物线的对称性？

2. 基本能力

问题 7：二次函数 $y = 2\left(x - \dfrac{3}{2}\right)^2 + 1$ 图象的开口方向是_____，对称轴是_____；顶点坐标是_____。

问题 8：抛物线 $y = a\,(x + 1)^2 - 2$ 与 x 轴交于点（−3，0），则该抛物线与 x 轴另一交点的坐标是（　　）。

A.$\left(\dfrac{1}{2}，0\right)$ B.（1，0）   C.（2，0）   D.（3，0）

3. 中考真题示例

例 2：（北京 2018）跳台滑雪是冬季奥运会比赛项目之一。运动员起跳后的飞行路线可以看作是抛物线的一部分，运动员起跳后的竖直高度 y（单位：m）与水平距离 x（单位：m）近似满足函数关系 $y = ax^2 + bx + c$（$a \neq 0$）。图 3 记录了某运动员起跳后的 x 与 y 的三组数据，根据上述函数模型和数据，可推断出该运动员起跳后飞行到最高点时，水平距离为（　　）。

A. 10m　　　　　　B. 15m　　　　　　C. 20m　　　　　　D. 22.5m

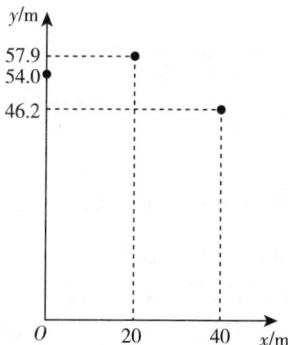

图 3　例 2 图

（答案：B）

4. 功能分析

（1）本环节突显对称轴、顶点对于抛物线的重要性，抓住了对称轴、顶点就是抓住了二次函数问题的"根"，以对称轴和顶点为基准进行直观想象、逻辑推理可以简化二次函数问题的分析过程。

（2）例 2 着眼于训练学生借助数感和直观想象利用排除法解题，抑或是基于一般式的待定系数法求二次函数解析式的能力。

5. 教学示范说明

（1）揭示问题本质：①抛物线顶点的横坐标与对称轴方程右边的值相同；②抛物线的对称性体现在：抛物线上在对称轴两侧的相同高度点到对称轴的距离相等（$|x - x_1| = |x_2 - x|$）⇔抛物线上到对称轴距离相等的点的高度相同（$y_1 = y_2$）。

（2）例 2 可展示两种思路：①由抛物线上与对称轴等距点的对称性可先排除 A，C 两选项，由距离开口向下的抛物线的对称轴越近，点的位置越高可判断对称轴位于直线 $x = 0$ 和直线 $x = 20$ 之间，故可排除 D。②用待定系数法求出抛物线解析式，再用顶点坐标公式求出顶点横坐标。

（四）抛物线与两坐标轴交点（二次函数与一元二次方程的关系）

1. 基本知识

问题 9：请大家独立思考完成表2。

表2 二次函数与一元二次方程的关系表

条件	$\Delta > 0$	$\Delta = 0$	$\Delta < 0$
一元二次方程 $ax^2 + bx + c = 0$ 根的情况			
二次函数 $y = ax^2 + bx + c$ 与 x 轴的交点个数			

2. 基本能力

问题 10：已知抛物线 $y = -x^2 + (6 - 2k)x + 2k - 1$ 与 y 轴的交点位于（0，5）上方，则 k 的取值范围是_____。

问题 11：如果二次函数 $y = ax^2 + bx + c$（$a > 0$）的顶点在 x 轴上方，那么（　　）。

A. $b^2 - 4ac \geqslant 0$　　B. $b^2 - 4ac < 0$　　C. $b^2 - 4ac > 0$　　D. $b^2 - 4ac = 0$

问题 12：若函数 $y = mx^2 + 2x + 1$ 的图象与 x 轴只有一个交点，则 m 的值是_____。

3. 中考真题示例

例3：（南京2018）已知二次函数 $y = 2(x - 1)(x - m - 3)$（m 为常数）。

（1）求证：不论 m 为何值，该函数的图象与 x 轴总有公共点。

解法：将原函数转化为方程 $2(x - 1)(x - m - 3) = 0$，并整理得 $2x^2 - 2(m + 4)x + 2(m + 3) = 0$，计算 $\Delta = 4(m + 2)^2$，所以不论 m 为何值总有 $\Delta \geqslant 0$，所以方程总有实数根，故命题成立。

（2）当 m 取什么值时，该函数的图象与 y 轴的交点在 x 轴的上方？

（答案：$m > -3$）

4. 功能分析

（1）本环节重点在于强调二次函数与一元二次方程的内在联系，分三种情形建立一元二次方程根的情况和抛物线与 x 轴相交情形对应的等价命题，就是扩展了相关的命题域，有利于用代数运算来解析几何结论思想的快速、灵活转化。

（2）例3中问题（1）的解法着力于"一元二次方程 $ax^2 + bx + c = 0$ 总有两个实根" $\Leftrightarrow$ "$\Delta \geqslant 0$" $\Leftrightarrow$ "抛物线与 x 轴有公共点"的化归转化意识，对学生的化简运算能力提出了较高的要求。

5. 教学示范说明

（1）明确求函数图象与 x 轴、y 轴的交点坐标的基本模式：①当 $y = 0$ 时，转化为一元二次方程 $ax^2 + bx + c = 0$；当 $x = 0$ 时，$y = c$，可得（0，c）点；②立足现有条件，尽可能符合条件地画出大致图象，往往由图找到问题解决的思路。例如，问题 11 中可设置问题驱动：由条件 $a > 0$ 你想到什么？由顶点在 x 轴的上方你能想到什么？若将这两个条件结合起来联想图象的大致位置，你又可以想到什么？

（2）利用问题 12 设置若干追问，向学生强调："一元二次方程 $ax^2 + bx + c = 0$ 有两个相等实根"$\Leftrightarrow$"$\Delta = 0$"$\Leftrightarrow$"抛物线与 x 轴只有一个交点"$\Leftrightarrow$"抛物线的顶点在 x 轴上"$\Leftrightarrow$"抛物线与 x 轴相切"的等价命题，并提示学生今后可以尝试扩展其他知识点的命题（概念）域。

（3）例 3 的问题（1）有两种解法。解法 1 是转化为利用 Δ 讨论一元二次方程根的情况来证明。解法 2 可进行如下启发性提示：首先要进行二次函数解析式的模式识别——"交点式"，进而去想交点式的优势是什么？转化为一元二次方程后能直接降次得到两个一元一次方程从而求根，可以形成另一种思维导向。

（五）二次函数增减性及运用

1. 基本知识

问题 13：分析二次函数的增减性应先明确怎样的前提？对于抛物线上两点（x_1，y_1）和（x_2，y_2），若 y 随 x 的增大而增大$\Leftrightarrow$当 $x_1 < x_2$ 时，$y_1 - y_2$ _____ 0；若 y 随 x 的增大而减小$\Leftrightarrow$当 $x_1 < x_2$ 时，$y_1 - y_2$ _____ 0。

2. 基本能力

问题 14：在二次函数 $y = -x^2 + 2x$ 中，当 x _____ 时，y 随 x 的增大而增大；当 x _____ 时，y 随 x 的增大而减小。

问题 15：已知二次函数 $y = -\dfrac{1}{2}x^2 - 3x - \dfrac{5}{2}$，设自变量的值分别为 x_1，x_2，x_3，且 $-3 < x_1 < x_2 < x_3$，则对应的函数值 y_1，y_2，y_3 的大小关系是 _____。

3. 中考真题示例

例 4：（福建 2018 改编）已知抛物线 $y = ax^2 + bx + c$ 过点 A（0，2），且抛物线上任意不同两点 M（x_1，y_1），N（x_2，y_2）都满足：当 $x_1 < x_2 < 0$ 时，（$x_1 - x_2$）（$y_1 - y_2$）> 0；当 $0 < x_1 < x_2$ 时，（$x_1 - x_2$）（$y_1 - y_2$）< 0。以原点 O 为圆心，OA 为半径的圆与抛物线的另两个交点为 B，C，且 B 在 C 的左侧，

$\triangle ABC$ 有一个内角为 60°。求抛物线的解析式。

（答案：$y = -x^2 + 2$）

4. 功能分析

（1）"上升、下降"的"形"是为了辅助"y 随 x 的增大而增大"（"y 随 x 的增大而减小"）的"数"的意义，这是一种几何直观。利用函数的单调性比较大小又是为了更透彻地领悟函数性质的内涵。

（2）例 4 的示例价值首先在于题目表征的过程，通过对题文条件的内涵进行变式挖掘，培养学生思维的深刻性，以及对二次函数增减性的几何与代数意义的相互转化能力。其次是可以考查并复习形如 $y = ax^2 + k$ 的二次函数解析式求法、等边三角形的性质、等边三角形的内心与外心综合分析应用的能力。

5. 教学示范说明

（1）问题 13、14 中提示学生，利用增减性比较大小借助于图象的几何直观比较有效，前提是先确定开口方向和对称轴。"y 随 x 的增大而增大"，即抛物线上两点纵坐标的大小关系与横坐标的大小关系一致，"y 随 x 的增大而减小"，即抛物线上两点纵坐标的大小关系与横坐标的大小关系相反。

（2）例 4 的着力点：①组织学生对"当 $x_1 < x_2 < 0$ 时，$(x_1 - x_2)(y_1 - y_2) > 0$；当 $0 < x_1 < x_2$ 时，$(x_1 - x_2)(y_1 - y_2) < 0$"这一条件怎样理解进行深入探讨；②自主画出大致图象，如图 4 所示。由抛物线的对称性和条件"$\triangle ABC$ 有一个内角为 60°"对 $\triangle ABC$ 的形状进行研究和交流；③提示性设问：等边三角形的内心和外心有什么特殊关系？然后提示学生在正多边形的框架下自行完成余下的解答。

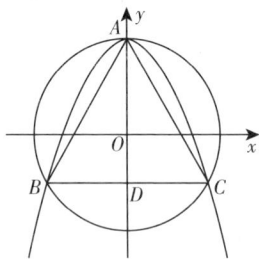

图 4　例 4 图

（六）二次函数图象的平移

1. 基本知识

问题 16：怎样利用平移分析二次函数解析式的变化？对于抛物线 $y = a(x - h)^2 + k\ (a \neq 0)$，其平移的规律是怎样的？

2. 基本能力

问题 17：（哈尔滨 2018）将抛物线 $y = -5x^2 + 1$ 向左平移 1 个单位长度，再向下平移 2 个单位长度，所得到的抛物线为（　　）。

　　A. $y = -5(x+1)^2 - 1$　　　　　　　B. $y = -5(x-1)^2 - 1$

　　C. $y = -5(x+1)^2 + 3$　　　　　　　D. $y = -5(x-1)^2 + 3$

问题 18：（北部湾 2018）将抛物线 $y = \dfrac{1}{2}x^2 - 6x + 21$ 向左平移 2 个单位后，得到新抛物线的解析式为（　　）。

　　A. $y = \dfrac{1}{2}(x-8)^2 + 5$　　　　　　B. $y = \dfrac{1}{2}(x-4)^2 + 5$

　　C. $y = \dfrac{1}{2}(x-8)^2 + 3$　　　　　　D. $y = \dfrac{1}{2}(x-4)^2 + 3$

3. 中考真题示例

例 5：（绍兴 2018）若抛物线 $y = x^2 + ax + b$ 与 x 轴两个交点间的距离为 2，称此抛物线为定弦抛物线。已知某定弦抛物线的对称轴为直线 $x = 1$，将此抛物线向左平移 2 个单位，再向下平移 3 个单位，得到的抛物线过点（　　）。

　　A.（-3，-6）　　　　　　　　B.（-3，0）

　　C.（-3，-5）　　　　　　　　D.（-3，-1）

（答案：B）

4. 功能分析

（1）再次向学生明确：①解决平移问题要先将"一般式"通过配方法转化为"顶点式"，配方法是《义务教育数学课程标准（2011 年版）》明确要求掌握的能力；②左右平移——在 h 的后面"左加右减"，上下平移——在 k 的后面"上加下减"。

（2）例 5 可以训练学生对新定义的理解，以及利用二次函数图象的对称性和平移规律分步解决问题的能力，发展学生思维的灵活性和条理性。

5. 教学示范说明

（1）面向全体学生口头检测"左加右减，上加下减"的规律掌握情况，尤其注意"左加右减"与潜意识认知的相反关系。

（2）例 5 的着力点是由抛物线的对称性对条件"与 x 轴两个交点间的距离为 2"，且"对称轴为直线 $x = 1$"进行分析，即可求得原抛物线的解析式，继而进入运用平移规律解决剩余问题的一般程序。

四、整体设计思想

本复习课的设计部分基于《数学学习心理的 CPFS 结构理论》，以二次函数的"五大关键基础知识和技能"为核心，通过"基本知识"和"基本技能"的设问和梳理，形成了对重点概念和命题整合后的再认识，进一步揭示各个环节知识的本质和内在联系，扩展和明确与二次函数的问题解决相关的命题（概念）域和命题（概念）系；再度明确一般问题解决的常用模式和有用的"非正式"的经验性结论。最终实现学生对于二次函数以概念、图象、性质为主的基本知识、技能和常用解题经验以及思想方法的整体认知。

中考真题是全国各地命题专家们潜心研制的心血之作，应该最大限度地挖掘其教育价值。在示例的教学中，注重用启发性提示语或问题形成思维导向，一方面提高学生面对信息量大、情境新颖的中考题文的表征能力；另一方面外化思维过程，教学生面对各种形式的问题怎样思考、如何入手，提高学生发现和提出问题、分析和解决问题的思维能力。

循思维导图路径　促中考复习实效

新疆昌吉市第五中学　徐梅

思维导图就是借助图表来分析问题，厘清知识脉络，把相关联的知识用相互隶属的层级导图表现出来，建构完善的思维体系，直观且有效，是一种在课堂教学中被广泛使用的思维工具。这种思维方式也被很多教师在课堂教学中沿用，在中考复习中具有更显著的效果，能有效激发学生的思维和想象力。这种课堂思维方式贯穿了笔者中考复习教学的整个过程，在中考复习教学中发挥了重要的作用。

一、板块复习，以课堂笔记形式构建思维导图

数学的一轮中考复习都是按照板块进行，要把教材中的概念梳理出来，经过归纳整合，再把各个板块一一击破。一轮复习涉及的知识面广且琐碎，而中考试卷考查的知识点有限，而且时间间隔久远，学生可能遗忘了部分知识，这就需要学生从记忆中检索知识点，筛选出不知道的知识点，而后把精力放在薄弱的环节上并加以巩固。

《认知天性》一书指出："要想确保新知识在需要时派上用场，你要记住在特定情况下需要担心的事情，把它们排成表：步骤 1 ~ 4，然后花心思钻研。这样在紧急情况、没有时间思考步骤的时候，你才能靠条件反射做出正确的举动。"在中考考场上，时间紧迫，要想考到高分，学生必须在条件反射的驱动下快速完成基础题拿到必拿分。在这一思路的指引下，我在中考复习教学过程中，选择思维导图的方式，我相信眼过千遍不如手过一遍。这种方式我分为三个步骤。

第一步：绘制思维导图

例如，在复习中考专题"实数的运算"期间，我与学生合作完成这一课的

227

思维导图的板书，帮助学生整理出符合自身情况的有针对性的复习资料。同时，我对学生也提出要求，根据自身情况做笔记，如果自己掌握牢固的知识点可以不做记录，只记录已经遗忘的或者不清楚的知识点。课后选取设计和制作思维导图的精品进行全班展示。

第二步：检测

心理学家将检测的威力称为"测验效应"。事实也证明记忆之后进行测验，可以让学生记忆更深刻，掌握得更扎实。中考试卷中每个知识点都有相应的考试题型，根据知识框架，老师出一份检测试题，在复习之后的当天或者第二天及时检测，能起到巩固记忆的目的，同时能筛选出哪些知识点已经掌握，哪些知识点还存在盲点。

第三步：检索

在《认知天性》中讲到"要想达到最佳效果，就必须重复多次检索，而且检索之间要有间隔"。所以在中考复习过程中，根据记忆曲线，有间隔地安排练习。可以隔一周对重点知识进行再次练习或者检测。同时，对于掌握不扎实的学生，也可以根据知识框架自测复习，作为复习方法，我认为这种方式好过于重复阅读。

二、整合知识点构建思维导图

以安徽省 2022 年中考试卷第 19 题的问题（2）为例。

例题：已知 AB 为 $\odot O$ 的直径，C 为 $\odot O$ 上一点，D 为 BA 的延长线上一点，联结 CD。

（1）如图 1 所示，若 $CO \perp AB$，$\angle D = 30°$，$OA = 1$，求 AD 的长；

（2）如图 2 所示，若 DC 与 $\odot O$ 相切，E 为 OA 上一点，且 $\angle ACD = \angle ACE$，求证：$CE \perp AB$。

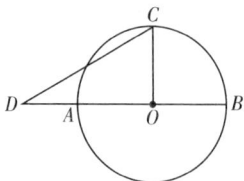

图 1　例题（1）图

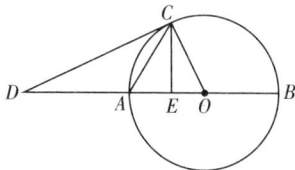

图 2　例题（2）图

我分析了近四年的新疆数学中考试卷，不难发现知识点的考查注重一题多解，突出了试题的灵活性。这道题中的第二问，证明 $CE \perp AB$。这时候就倒逼学生去找证明垂直的方法，这就需要学生从已有的知识体系中，快速检索出证明垂直的方法，需要学生发散思维，总结从初一到初三学习的证明垂直的方法，要想全面的总结概括出来不容易，需要小组合作，激发学生的好奇心和团队合作的意识。比如，以思维导图的形式整理出证明垂直的方法，学生可能会想到多种方法。

把知识点和实际问题结合起来，这对学生而言是能力的培养。这项教学活动的开展需要学生对图形与几何知识进行整合，如图 3 所示，复习中带领学生用思维导图整理出证明垂直的方法，有助于学生数学思维的形成。

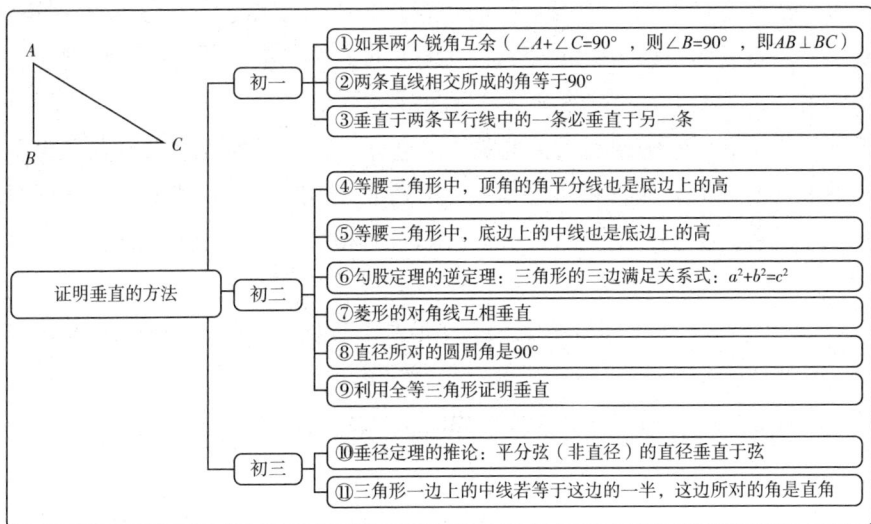

图3 证明垂直的方法思维导图

三、整理错题，培养学生的纠错意识

复习过程中，我们往往有这样的感受，这类题反复练习，但是总有些学生出错，我们此刻不能只怪学生不注意听讲，我们更应该反思，我们该从哪里入手，想个办法帮助这部分学生解决困惑，拿到分数。目前的现状是有一部分学生认为整理错题是多余的，还有一部分学生虽然意识到了整理错题的重要性，但不知道如何下手，缺少方法的指导。于是我开始引导学生构建思维导图，整理错题，建立纠错本。

在复习过程中，从复习卷中找出这一类题，有针对性地检测学生对这个知识点的真实掌握情况，从而发现学生的共性问题。我们接下来要做的就是帮助学生解决疑惑。

重视学生的错题

第一步：扩充专题复习课的形式，可以上专题纠错课，这很有必要，也值得花费时间。以"特殊的平行四边形"这节课为例。

学生做题过程中常见的错题，其实无论是格式出错还是粗心大意，究其根本还是概念和定理不清楚。比如，有一道题目是要证明该四边形是矩形，学生出现的问题：已经证明了该四边形是平行四边形，接下来只需要证明其中一个角是一个直角即可，但学生又证明了三个角是直角。这在考场上势必会耽误时间。这里根本原因还是学生对矩形的判定方法记忆不准确，混用判定方法导致的。所以在教学过程中，利用学生的错误作为课堂教学资源，上一节纠错课，让学生直面自己的错误，引起同学们对细节的重视，从而真正体现出学生的主体地位。

第二步：利用错题的引入，带领学生进行知识点回顾，再次带领学生复习特殊的平行四边形的性质和判定方法，用思维导图的形式构建知识体系，如图4所示，引导学生通过横向、纵向的对比，达到加强记忆的目的。

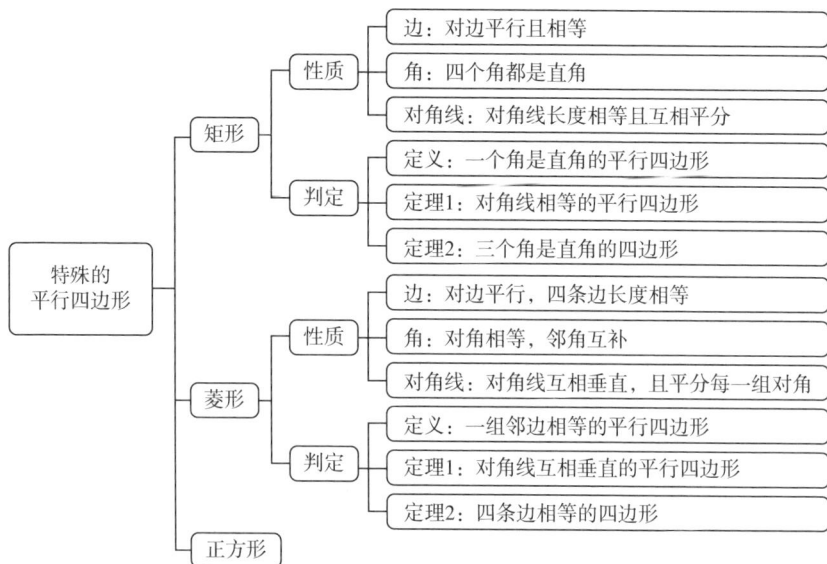

图4 特殊的平行四边形思维导图

第三步：重视错题本。中考复习阶段时间紧迫，我们要尽量做到高效。可以让学生把卷子上的题目连同自己的错误答案一并贴在相应的知识点后，在错题旁边标注错误的原因，还需要学生自己纠错，写出正确答案。今后学生遇见同一类型的错题，可以继续补充在之前的错题本上，对于考试上榜率高且屡次出错的题目，隔一周拿出来，遮住答案，重新做一遍，直到这类问题被解决了，不在同一个知识点出错，那么就可以用红笔在这一页上画"√"，表示这一关可以通过了。利用思维导图严谨的逻辑性和规律性，就能整理出高质量的错题本，当然，错题本是灵活多样的。

第四步：复习一段时间，对学生前期复习中的普遍性问题整合于一张试卷，进行检测。这也达到了检测的目的，便于验收学生的掌握情况，老师再适当调整教学策略。

思维导图不仅仅是一道道的错题和解答过程，我们还要善于总结。我们要引导学生养成纠错的习惯，课堂上老师通过评价语言，引导学生树立正确的"错误观"，增强学生纠错的信心，建立学生学好数学的信心。有些同学以为自己是对的，结果出现各种错误，通过小组合作，指出彼此的错误，在互相说思路的过程中发现问题，一起讨论探究更加简单易懂的解题方法，起到了事半功倍的学习效果。

构建思维导图是我们初中数学教学中普遍使用的教学方法，尤其在中考复习中为我们清晰展示知识脉络，也能够借助思维导图来更好地记录笔记，便于学生归纳总结并且强化记忆，为我们突破重难点提供了很大的帮助，也值得我们在今后的日常的教学中继续沿用并深入挖掘。

参考文献：

[1] 彼得·C. 布朗，亨利·L. 罗迪格三世，马克·A. 麦克丹尼尔. 认知天性：让学习轻而易举的心理学规律［M］. 邓峰，译. 北京：中信出版社，2018.

[2] 钱福明. 思维导图在初中数学教学中的实践研究［J］. 新课程，2022（6）：70.